Reiseführer USA WESTEN

Der handliche Guide für Individualreisende mit Mietwagen

Robin Runck

Vorwort

Mit diesem Reiseführer möchte ich dem Reisenden in den Westen der USA helfen, einen Überblick darüber zu bekommen, was ihn auf einem Roadtrip im Land der unbegrenzten Möglichkeiten erwartet.
Neben einigen Informationen zur Reisevorbereitung, gebe ich umfangreiche Reisetipps und inspirierende Reiseerfahrungen zu den wichtigsten Städten und Nationalparks im (Süd-)Westen der USA.
Diese basieren auf meinen persönlichen Erfahrungen aus insgesamt 5 Monaten und über 30.000 km Roadtrip in die USA über mehrere Jahre verteilt.

In den folgenden Routenvorschlägen, sowie der großen **Reiseroute für 3-4 Wochen** werden dabei alle wichtigen Reiseziele vorgestellt und anschließend in weiteren Kapiteln noch ausführlicher behandelt.

Inhalt dieses Guides für den Westen der USA

Zunächst folgen alle Informationen zur besten **Route durch den Westen der USA**, sowie den **Sehenswürdigkeiten (Städte und Nationalparks)**, die ich alle selbst bereist habe und zu denen ich meine Eindrücke und Tipps weiter gebe.

<u>Dazu gehören unter anderem:</u>

- **San Francisco, Los Angeles, Las Vegas**
- Ausführliche Berichte und Tipps zu **mehr als 10 National- und State Parks**, darunter der Grand Canyon, Bryce Canyon, Arches und Canyonlands Nationalpark, Death Valley und viele mehr

Als Bonus folgen mehrere Kapitel zu den beiden **Hawaii Inseln** „Big Island“ und „Maui“.

Im zweiten Abschnitt des Guides habe ich einige **umfangreiche Reisetipps und Hinweise** vorbereitet, welche dir nicht nur für deinen USA Trip hilfreich sein werden.

Dazu gehören unter anderem:

- Alles zur Mietwagenauswahl und 7 Tipps zur **Mietwagenbuchung**
- **Verkehrsregeln** und umfangreiche Infos und Tipps zum **Autofahren** in den USA
- Eine detaillierte **Kostenübersicht**, damit du genau weißt, wie viel ein Roadtrip in die USA kostet
- 10 Tipps zur Buchung eines möglichst **günstigen Fluges**
- die besten Reise-Kreditkarten und weitere Tipps zu **Finanzen** auf Reisen
- eine detaillierte Liste mit über **50 Ressourcen** für Reisende
- und vieles mehr ...

Die Bilder dieses Reiseführers in Farbe und guter Auflösung?

Um den Verkaufspreis günstig zu halten, wurde dieser Reiseführer in schwarzweiß gedruckt. Die Bilder dienen zwar zur Veranschaulichung – im Vordergrund stehen dennoch die Informationen.

Um die über 250 Bilder und Grafiken trotzdem in Farbe und höherer Auflösung sehen zu können, habe ich diese in einer Galerie hochgeladen. Die Bilder kannst du dort auch herunterladen. Die Nutzung dieser Bilder ist selbstverständlich nur für den Privatgebrauch gedacht.

Alle Bilder findest du unter diesem Link:

http://bit.ly/usa-westen-fotos

Als zusätzlichen **Bonus** biete ich das Buch für alle Käufer als **PDF-Version zum Download** an. Somit kannst du den Reiseführer auch über dein Smartphone, Tablet oder PC ansehen mit allen Bildern in Farbe.

Den Link findest du auf Seite 299 (damit wird verhindert, dass Nichtkäufer den Link in der Buchvorschau sehen können)

Inhalt

Routenplanung USA - Welche Route für den Roadtrip?

Viele die einen Urlaub in den USA unternehmen möchten, machen das in Form eines **"Roadtrips"** mit Mietwagen. Gerade die USA mit dem gut ausgebauten Straßennetz und der gleichzeitig geringen Verkehrsfrequenz (L.A. und andere Großstädte mal ausgenommen) ist dafür natürlich auch bestens geeignet.
Im Großen und Ganzen ist das Verkehrsnetz auch primär auf den **Autoverkehr** ausgelegt. Mit Bussen und Zügen kommt man in manchen Gegenden nicht weit.

Im Folgenden stelle ich zunächst verschiedene **Faktoren und Kriterien** vor, die bei der Planung und der Durchführung eines **Roadtrips** in den USA wichtig sein können. Dabei unterscheide ich zunächst zwischen den verschiedenen **"Reisetypen"**, da jeder ein anderes Reisetempo hat.
Zum Schluss habe ich noch ein paar **Beispielrouten** zu den typischen Gebieten für jeden Reisetyp zusammengestellt.

1. Die Reisedauer

Wichtig bei der Planung einer Rundreise ist die Beachtung der Reisedauer, die einem zur Verfügung steht. Erfahrungsgemäß sollte ein km/Tag-Schnitt von 250 km nicht überschritten werden, damit die Reise nicht in Stress ausartet.
Auf eine Woche wäre das also ein Maximum von 1750 km, bei 3 Wochen ca. 5000 km. Dabei ist der Aufenthalt in Städten, währenddessen gewöhnlich auch mal ein paar Tage gar nicht gefahren wird, mit einberechnet.
Für den Reisetyp, der soviel wie möglich sehen will, sollten also auch 250 km/Tag das Maximum sein.
Für den Reisetyp, der einiges sehen will, aber auch mal den ein oder anderen entspannteren Tag einlegen will, sollten nicht mehr als ca. 180 km/Tag eingeplant werden Der gemütliche Reisetyp sollte mit ca. 100-150 km/Tag im Schnitt gut zurecht kommen.

Anhand dieser Kriterien bezüglich der Reisedauer sollte die Route bzw. die Reiseziele auf der Route entsprechend eingegrenzt werden.
Mehr dazu weiter unten in den Beispielrouten.

2. Die Kosten

Wer Kosten im Zuge der Routenplanung sparen will, wird dies in der Regel damit tun, weniger Zeit in Städten einzuplanen oder weniger Tage den **Mietwagen** zu haben. Empfehlenswert ist daher, die Route insoweit anzupassen, dass Städte wie z.B. San Francisco oder New York am Anfang oder am Ende der Reise liegen, sodass für die **ersten/letzten Tage kein Mietwagen** gebraucht wird.
Ausnahme ist z.b. Los Angeles, das aufgrund der Stadtstruktur besser mit dem Auto zu befahren ist. Insgesamt ist das Stadtleben natürlich auch etwas teurer als der Aufenthalt in Nationalparks (trotz Mietwagen), weshalb derjenige, der mehr Priorität außerhalb der Städte legt, insgesamt auch etwas günstiger weg kommt.

3. Was will man sehen und machen?

Natürlich hängt die Routenplanung dann auch davon ab, was man eigentlich von der Reise erwartet. Ist man eher der **Städtetyp**, sollte man versuchen diese möglichst direkt in der Routenplanung zu verbinden und evt. auch an **Gabelflüge** denken. Diese kosten teilweise bei Vorbuchung nur einen **marginalen Aufpreis**. Klassisches Beispiel wäre hier eine Reise an die Ostküste, bei der von New York nach Miami geflogen werden kann, um von dort aus dann noch Florida mit dem Mietwagen zu erkunden.

Ist man eher der **Naturtyp**, bietet sich z.B. **Las Vegas** im Südwesten der USA als Ausgangspunkt für eine Reise in die Nationalparks gut an. Von hier aus können Roadtrips, auch von nur einer Woche, gestartet werden.
Auch dann kann man an Gabelflüge denken und z.B. über den Yosemite N.P. nach San Francisco und von dort dann, statt von Las Vegas, zurück zu fliegen.

4. Mietwagen für eine USA Rundreise

Zurzeit mache ich die besten Erfahrungen mit dem **Mietwagenvergleich von Check24.de.**

Speziell in den USA buche ich aber auch oft gerne beim Vermieter Alamo. Dazu mehr in den entsprechenden Kapiteln im Verlaufe dieses Taschenbuchs.

Das Wichtigste zum Mietwagen für die USA findest du **auf Seite 231.**

Allgemeine Infos zur Mietwagenbuchung und meine Erfahrungen zum Verleiher "Alamo"(v.a. gut, wenn man unter 25 ist) **findest du dagegen auf Seite 235.**

„Autofahren in den USA“ (Seite 242) - In diesem Kapitel findest du die wichtigsten Verkehrsregeln und Besonderheiten.

5. Beispielrouten

Nun folgen ein paar klassische empfehlenswerte Beispielrouten **für die Westküste**. Die benötigte Reisedauer für jede Route ist für den jeweiligen **Reisetyp** angepasst.
Die Routen wurden teilweise selbst so durchgeführt und sind daher uneingeschränkt zu empfehlen.
Bei der Routenplanung habe ich immer gute Erfahrungen mit dem kostenlosen Google Maps gemacht.

Route 1	**Die größten Highlights**
Länge	ca. 4400 km
Inhalt	San Francisco, Highway #1, Los Angeles, Las Vegas, Grand Canyon, Lake Powell, Monument Valley, Canyonlands N.P., Arches N.P., Bryce Canyon, Zion N.P., Death Valley, Yosemite N.P., San Francisco
Reisedauer	gemütlich: 5-6 Wochen / viel sehen, aber entspannt: 4,5 Wochen / viel sehen in begrenzter Zeit: 3,5 Wochen (wurde in dieser Zeit persönlich durchgeführt)
Reiseempfehlung für die Mindestdauer	3 Nächte San Francisco – 1 Nacht Morro Bay – 3 Nächte Los Angeles – 4 Nächte Las Vegas – von Grand Canyon bis Zion N.P. jeweils 1 Nacht pro Nationalpark – 1 Nacht Las Vegas – 1 Nacht bei Lone Pine – 1 Nacht bei Mono Lake – 1 Nacht im Yosemite – 1 Nacht in San Francisco (statt insg. 5 Nächte in Las Vegas können natürlich auch z.B. 2 Nächte stattdessen auf den Yosemite und den Arches N.P. verteilt werden)
Routenlink	http://bit.ly/usa-route1

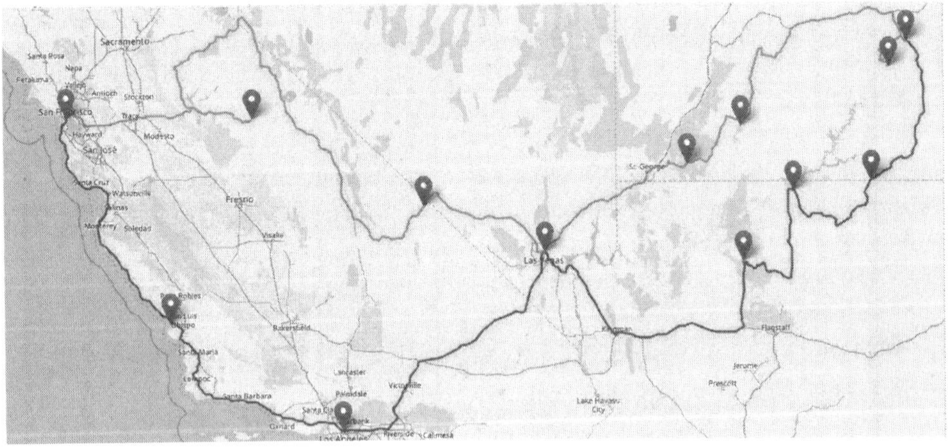

Route 2	**Die meisten Highlights – one way**
Länge	ca. 3000 km
Inhalt	San Francisco, Highway #1, Los Angeles, Death Valley, Las Vegas, Grand Canyon, Monument Valley, Lake Powell, Bryce Canyon, Zion N.P., Las Vegas
Reisedauer	gemütlich: 3,5-4 Wochen / viel sehen, aber entspannt: 3 Wochen / viel sehen in begrenzter Zeit: 2,5 Wochen
Reiseempfehlung für die Mindestdauer	3 Nächte San Francisco – 1 Nacht Morro Bay – 3 Nächte Los Angeles – 3 Nächte Las Vegas – von Grand Canyon bis Zion N.P. jeweils 1 Nacht pro Nationalpark – 1 Nacht Las Vegas (statt insg. 5 Nächte in Las Vegas können natürlich auch z.B. 2 Nächte stattdessen auf den Yosemite und den Arches N.P. verteilt werden)
Routenlink	http://bit.ly/usa-route2

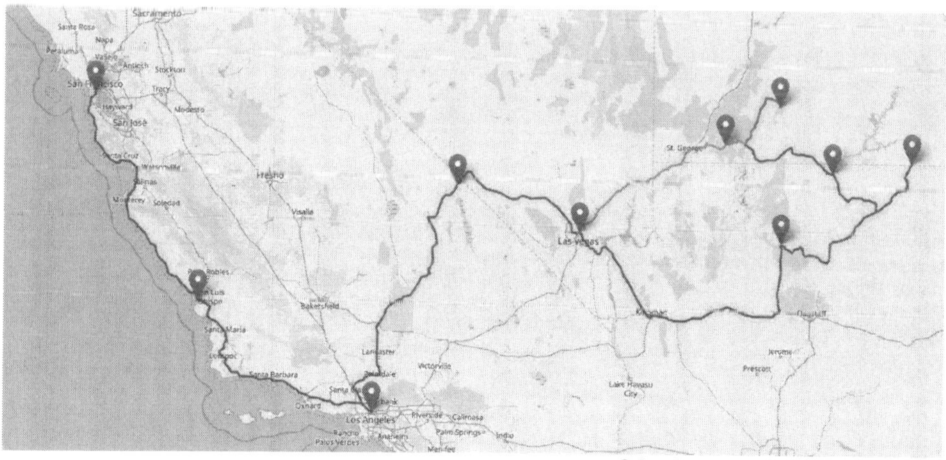

Route 3	**Städtehighlights und die wichtigsten Nationalparks**
Länge	ca. 3100 km
Inhalt	San Francisco, Highway #1, Los Angeles, San Diego, Las Vegas, Grand Canyon, Monument Valley, Lake Powell, Bryce Canyon, Zion N.P., Las Vegas
Reisedauer	gemütlich: 3,5-4 Wochen / viel sehen, aber entspannt: 3 Wochen / viel sehen in begrenzter Zeit: 2,5 Wochen
Reiseempfehlung für die Mindestdauer	3 Nächte San Francisco – 1 Nacht Morro Bay – 2 Nächte Los Angeles – 3 Nächte San Diego – 2 Nächte Las Vegas – von Grand Canyon bis Bryce Canyon jeweils 1 Nacht pro Nationalpark – 1 Nacht Las Vegas (je nach Belieben könnte man auch 3 Nächte L.A. und 2 Nächte San Diego nehmen)
Routenlink	http://bit.ly/usa-route3

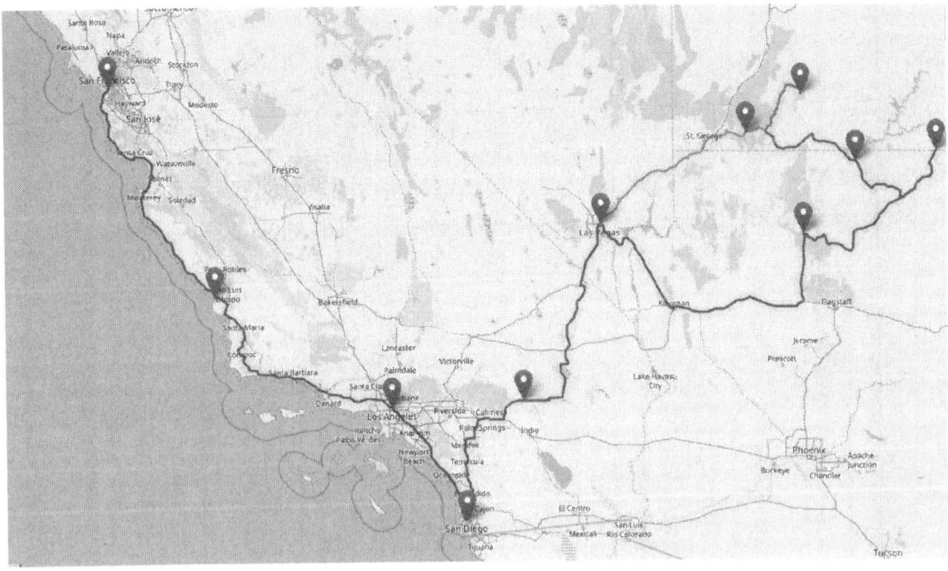

Westküste USA Rundreise - Eine Reiseroute für 3-4 Wochen

Die Westküste der USA ist eines der beliebtesten Reiseziele für einen Roadtrip in den USA. Schließlich gibt es in dieser Region, neben vielen spannenden Metropolen und wunderschönen Küstenabschnitten in Kalifornien, auch viele Nationalparks in Utah und Arizona zu entdecken, sowie Spaß und Entspannung in Las Vegas. Ein perfekter Mix also aus den unterschiedlichsten Regionen.

Kein Wunder, dass diese Region so beliebt bei USA Reisenden ist und sich so perfekt für einen unvergesslichen Roadtrip eignet.

Auch ich habe diese Region bereits dreimal bereist und einige sehenswerte und spannende Orte kennengelernt.

In der folgenden **Rundreise für die Westküste** bzw. den **Südwesten der USA** stelle ich daher eine Route vor, die ich selbst so einmal innerhalb von **3,5 Wochen** gereist bin.
Grundsätzlich sind alle Ziele auf dieser Rundreise auch in 3 Wochen machbar, zumindest wenn man kürzer in Las Vegas bleibt als wir damals.

Besser bzw. entspannter wird es aber, wenn man 3,5 oder gar 4 Wochen für diese Rundreise durch den Südwesten der USA Zeit hat.

Vorbereitungen für den USA Roadtrip an der Westküste

Im Folgenden ein paar Tipps und Infos, mit denen man sich vor dem Roadtrip auseinandersetzen sollte.

Mobiles Internet/Sim-Karte in den USA

Wer bei seinem Smartphone auf mobiles Datenvolumen oder Freiminuten nicht verzichten möchte, kann sich eine lokale Sim-Karte besorgen. Dies kann man entweder schon komfortabel und sicher zuhause erledigen, indem man sich eine solche Sim-Karte bestellt und zusenden lässt. Das geht zum Beispiel mit Simly.de. Eine passende **USA-Sim-Karte gibt es unter: „http://bit.ly/simly-usa“.**

Alternativ kann man sich natürlich auch vor Ort im Geschäft (z.B. 7 Eleven, Walmart) eine Sim-Karte kaufen, was günstiger als erstere Möglichkeit ist, aber eben auch nicht so komfortabel.

ESTA beantragen für die Einreise

Zu ESTA gibt es mittlerweile Informationsquellen und "Anbieter" wie Sand am Meer. Dabei gibt es dazu eigentlich gar nicht viel zu sagen, denn es ist eigentlich ganz einfach und es gibt nur eine Seite, über die man ESTA beantragen muss, nämlich **https://esta.cbp.dhs.gov.**
Der ganze Prozess kostet **14$**, die am besten mit Kreditkarte bezahlt werden. Mehr zu ESTA auf Seite 228.

Westküste USA Rundreise - Route

In der folgenden Reiseroute für den Westen der USA findest du die einzelnen Reiseziele auf der Route und wie lange ich empfehlen würde, dort mindestens zu bleiben. Zu den meisten Orten auf der Route habe ich eigene **ausführlichere Kapitel** geschrieben, in denen du mehr zu den einzelnen Zielen erfahren kannst. Am Schluss gibt's noch eine **Routenübersicht** und eine Karte, sowie einen Link zu der Route auf Google Maps.

Ziel #1 - Start in San Francisco (3 Nächte)

Diese Rundreise hat in San Francisco gestartet. Wo du deine Rundreise auf dieser Reiseroute tatsächlich startest, ist aber eigentlich egal.
Der Vorteil an San Francisco als Startpunkt ist, dass man in dieser Stadt eigentlich keinen Mietwagen unbedingt benötigt und sich die Gesamtmietdauer somit um 2 Tage verkürzen lässt. Für gewisse Orte in San Francisco kann ein Mietwagen aber auch nützlich sein (z.B. für die Twin Peaks oder den 49 Mile Drive).

Ich empfehle, hier mindestens **3 Nächte** zu verbringen. Da ich bereits ein ausführliches Kapitel **zu 3 Tagen in San Francisco** geschrieben habe, verweise ich direkt darauf. **Auf Seite 31 findest du das Kapitel über San Francisco.**

Hotel in San Francisco: "Casa Loma Hotel" (http://www.booking.com/hotel/us/casa-loma.html)- eigentlich empfehlenswert, da saubere Zimmer und nette Rezeption; aufgrund unserer Erfahrungen (in Auto wurde eingebrochen) empfehle ich das Hotel aber nicht, wenn man einen Mietwagen hat und dort parken möchte; ansonsten aber eine gute Lage (in Laufweite zu den "Painted Ladies") und preiswert.
Empfehlenswerte Alternative:
„**Grant Hotel**" (https://www.booking.com/hotel/us/grant.de.html) – Sehr zentral am Union Square gelegen bietet das Grant Hotel einfache Doppelzimmer für etwa 150€/Nacht mit Frühstück.

Nachdem Hotels in San Francisco, vor allem in zentraler Lage, ziemlich teuer sind (gewöhnlich über 200€/Nacht), bietet sich mittlerweile auch **AirBnB** als gute und verhältnismäßig günstige Alternative an, die ich auf Reisen immer häufiger nutze. Mit meinem Anmeldelink (http://bit.ly/airbnb-rabatt) kannst du dir 25€ Startguthaben sichern.

Ziel #2 - Die schönste Straße Kaliforniens: Highway #1 (1 Nacht/2 Tage)

Spätestens nach der **Abholung des Mietwagens** in San Francisco geht es auf dieser Reiseroute weiter über den wunderschönen Highway #1, der Küstenstraße am Pazifik. Für diese Strecke sollte man sich etwas Zeit lassen und möglichst vor Los Angeles eine Übernachtung einplanen.
Wir haben jeweils in **Morro Bay** übernachtet. Für diese etwa **400 km** lange Strecke benötigt man eigentlich den ganzen Tag, da man ja auch einige

Zwischenstopps auf der Route hat.
Am nächsten Tag kann man die knapp **350 km bis Los Angeles** noch locker zurücklegen. Wer 4 Wochen für die Rundreise an der Westküste Zeit hat, kann für den Highway #1 auch 2 Nächte einplanen.
Was dich auf der schönen Küstenstraße alles erwartet und welche lohnenswerten Zwischenziele es dort gibt, findest du detailliert ab **Seite 48**.

Hotel am Highway #1 (Morro Bay): Holland Inn & Suites (http://www.booking.com/hotel/us/holland-inn-suites.html) - günstiges und typisches Motel mit üblicher Ausstattung; für eine Nacht ok; hat bei uns nur 46$ gekostet.

Ziel #3 - Die Metropole Los Angeles erkunden (3 Nächte)

In Los Angeles angekommen, sollte man sich mindestens 2-3 Tage bzw. 3 Nächte Zeit lassen, um diese riesige Metropole zu entdecken.
Ein Auto ist dabei Pflicht, da die Strecken zwischen den Stadtteilen groß und die Verkehrsanbindungen verhältnismäßig schlecht sind. Meistens gibt es über Los Angeles sehr zwiegespaltene Meinungen. Die einen lieben es, die anderen finden die Stadt gar nicht schön (was ich aber nicht ganz verstehen kann).

Ab Seite 54 findest du alles, was ich zu den Sehenswürdigkeiten geschrieben habe, die man in Los Angeles an 2-3 Tagen erleben kann.

Hotel in Los Angeles: Ich habe zweimal in Inglewood übernachtet; die Hotels sind dort verhältnismäßig günstig und wenn man ein Auto hat liegt man auch noch relativ zentral für alle Richtungen.
Das erste Mal haben wir in der Econo Lodge (inzwischen „Motel 6" - http://www.booking.com/hotel/us/econo-lodge-lax-inglewood.html) übernachtet. Das zweite Mal über ein AirBnB Apartment.
Empfehlenswerte Alternativen:
„Hawthorne Plaza Inn Near LAX" (https://www.booking.com/hotel/us/hawthorne-plaza-inn.de.html) - anständige Zimmer mit guten Möbeln für etwa 80€/Nacht
„Trend Hotel at LAX Airport" (https://www.booking.com/hotel/us/trend-at-lax-airport.de.html) – Neu renovierte, sehr freundliche, schöne Zimmer für etwa 100€/Nacht.

Ziel #4 - Spaß & Spannung in der Spielerstadt Las Vegas (2-4 Nächte)

Knapp **450 km** ist die Strecke zwischen Los Angeles und Las Vegas, welche einen Großteil durch die steinerne Wüste führt.
Nach ca. **4 Stunden** ist man dann angekommen, in der faszinierenden "Glitzermetropole", wie Las Vegas auch oft bezeichnet wird.
Ich persönlich liebe diesen verrückten Ort, der dafür geschaffen wurde, den Besucher bei Laune zu halten. Ob Spannung und Spaß in den Casinos, Entspannung in den Luxushotels, Shows, Partys oder den Magen vollschlagen bei einem der zahlreichen Buffets - Las Vegas macht einfach Spaß!

Grundsätzlich empfehle ich, mindestens 2 Nächte hier zu verweilen, um das

Nachtleben (z.B. 1 Nacht am Strip, eine Nacht in Downtown) erlebt zu haben und in den Genuss der Themenhotels tagsüber zu kommen. Wir waren das erste Mal 4 Nächte hier, was ich für mich als relativ optimal empfunden habe.

Vielen wird der Trubel und die Eindrücke nach ein paar Tagen aber auch zu viel. Wer nur 3 Wochen verreist, sollte sich also lieber auf 2 Nächte beschränken. Hat man 4 Wochen Zeit, kann man sich hier aber auch einmal eine relaxte Auszeit von ein paar Tagen gönnen, zumindest wenn man "der Typ" für Las Vegas ist.

Was man alles in Las Vegas erleben kann, findest du auch in meinem Kapitel über 10 Attraktionen, die man sich in Las Vegas gönnen sollte (**Seite 65**).

Hotel In Las Vegas: Ich war dort bereits in mehr als 5 Hotels, meistens direkt am Strip. Eine gute Preis/Leistung hat z.B. das bekannte Flamingo Hotel&Casino in dem ich bereits 3x war und welches sich im Zentrum des Las Vegas Strip befindet.
Wer sich etwas gönnen will, kann natürlich auch im Bellagio oder Cesar's Palace (dort war ich einmal; sehr schön; auch wenn man nicht im Hotel übernachtet, ist der Innenbereich sehenswert) übernachten; oft gibt es auch Promo Codes bzw. Rabatte (dazu habe ich auf Seite 76 mehr geschrieben).

Ziel #5 - Die Schönheit und Ausmaße des Grand Canyon entdecken (1-2 Nächte)

Etwa **440 km** Fahrt hat man vor sich, wenn man von Las Vegas aus zum Grand

Canyon fährt. Die Fahrt ist aber recht entspannt - daher: Tempomat einschalten und nach ca. **4 Stunden** ist man da.

Mit dem Grand Canyon beginnt der Nationalpark-Teil dieser Reiseroute.
Camper, sowohl mit Wohnmobil, als auch mit Auto/Zelt kommen die nächsten Tage auf ihre Kosten, denn die **Campingplätze** sind eigentlich fast alle sehr schön im Westen der USA.
Wer lieber ein Hotel möchte, sollte darauf achten, diese in der Hauptsaison vorher zu reservieren.

Am Grand Canyon angekommen, führt der erste Weg meist an den "Rim", den Rand der riesigen Schlucht, deren Ausmaße man auf Bildern gar nicht so erkennen kann, wie vor Ort, wenn man dann endlich selbst davor steht. Beim ersten Mal wirklich beeindruckend

Wer nicht vor hat, viel zu wandern, sondern den Grand Canyon hauptsächlich von den Aussichtspunkten am Rim beobachten will, dem reicht hier problemlos 1 Übernachtung. Wer die ein oder andere Wanderung machen möchte, der kann natürlich auch länger hier bleiben oder erst nachmittags weiterfahren.
Beim ersten Mal sind wir nur ca. 4 Stunden lang zum Sonnenaufgang ein Stück hinunter und wieder rauf gewandert und mittags dann weitergefahren. Somit blieben wir nur 1 Nacht.

Beim zweiten Besuch bin ich dagegen ganz hinunter gewandert und somit 2 Nächte geblieben.

Über dieses Erlebnis berichte ich im Kapitel auf **Seite 80** ausführlich mit vielen Impressionen zum Grand Canyon, auch von unten.

Ziel #6 - Light beams im Antelope Canyon am Lake Powell (1 Nacht)

Nächster Stopp ist am schönen Lake Powell, ein Stausee, welcher umgeben vom typischen rötlichen Gestein im Westen der USA, eine interessante Szenerie hergibt.

Vom Grand Canyon aus sind es etwa **220 km (2,5 Stunden)**.

Wer in dieser Gegend länger als 1 Nacht bleibt, hat mit dem Lake Powell somit auch ein schönes Ziel zu erkunden (oder man relaxt hier einfach). Außerdem befindet sich hier der **Horseshoe Bend**, eine Stelle, an der der Colorado River eine 180° Biegung macht (daher der Name).
Nach einer kurzen 20-30-minütigen Wanderung erreicht man diese Stelle.

Viele Besucher zieht hier aber vor allem das Phänomen des Antelope Canyons an. Ein sogenannter "**Slot Canyon**".

Dadurch, dass die Öffnung nach oben nur relativ klein ist, entstehen bei Sonneneinstrahlung interessante Lichteffekte. Neben den Light Beams (gebündelte Sonnenstrahlen) leuchten dann auch die Farben des Canyons intensiv orange-rot. Wer gute Fotos machen will, sollte ein Stativ dabei haben (geht wohl nur auf der "Fotografen-Tour").

Mehr zum Antelope Canyon und meinen Erfahrungen im "Lower Antelope Canyon" schreibe ich auf **Seite 93.**

Ziel #7 - Das berühmte Monument Valley entdecken (1 Nacht)

Das Monument Valley, ein von den Navajo Indianern verwaltetes Gebiet, ist bereits durch viele Western Filme bekannt geworden.
Vom Lake Powell aus benötigt man ca. **2 Stunden bei 200 km Distanz**.

Wagt man sich mit dem Mietwagen (SUV hier sehr empfohlen) über die holprige Schotterpiste in das "Valley", dauert es auch nicht lange, bis man die typische Atmosphäre des USA Westens aufgesogen hat. Besitzt man einen SUV, macht die

Fahrt auf den sandigen Pisten dann irgendwann auch richtig Spaß. Am besten nachmittags starten und den **Sonnenuntergang** erleben.

Ansonsten reicht hier aber eigentlich eine Nacht. Wandern kann man hier nicht wirklich viel.
Wer aber z.B. einen Reitausflug mit den Navajos machen will, kann überlegen, auch 2 Nächte dort zu verweilen.

Auf Seite 97 schreibe ich mehr über die Fahrt durch das Valley und Übernachtungsmöglichkeiten, etc.

Ziel #8 - Unendliche Weiten im Canyonlands Nationalpark und faszinierende Steinformationen im Arches Nationalpark (2-3 Nächte)

Ca. **230 km und 2,5 Stunden** Fahrtzeit ist das nächste interessante Ziel entfernt.

Der Canyonlands Nationalpark und der Arches Nationalpark sind sehr dicht aneinander, sodass ich diese in einem Punkt zusammenfasse. Zentral dazwischen liegt der Ort **Moab**, welcher quasi als Ausgangspunkt dient und in dem die meisten Touristen übernachten. Natürlich gibt es hier auch viele Einkaufsmöglichkeiten, Restaurants, usw.

Wer nur 3 Wochen für diese "Westküste USA" Rundreise Zeit hat, der sollte sich nun überlegen, ob er diese beiden Nationalparks besucht oder vom Monument Valley aus gleich zum Bryce Canyon abkürzt, da es zeitlich sonst vielleicht zu knapp wird. Wer 4 Wochen Zeit hat, sollte hier jedoch mindestens 3 Nächte bleiben.

Arches Nationalpark

Vor allem im Arches Nationalpark gibt es einige spannende Wanderwege, die es teilweise in sich haben. Die Klassiker sind u.a. der Weg zum **Delicate Arch**, dem Wahrzeichen Utah's und die Wege im "**Devil's Garden**" (Trekking Schuhe mit gutem Halt sind hier von Vorteil).

Auf Seite 101 erfährst du mehr von mir über den Arches Nationalpark und den "Devil's Garden Trail".

Canyonlands Nationalpark

Etwas anders, aber mindestens ebenso sehenswert ist der **Canyonlands Nationalpark**.
Im beliebtesten Teil „**Island in the Sky**“ kann man die meisten Aussichtspunkte mit dem Auto anfahren und ein paar kürzere Wege wandern.
Empfehlenswert ist auch der Weg zum berühmten **Mesa Arch** bei Sonnenaufgang (auch wenn dieser Punkt immer ein wenig überbevölkert von Fotografen ist).

Außerdem findest du dort eine der schönsten Wanderungen im Westen der USA: Den Chesler Park Joint Trail im Needles District, wovon ich auf **Seite 124** ausführlich berichte. Sehr empfehlenswert!

Mesa Arch zum Sonnenaufgang im Canyonlands Nationalpark

Mehr zum Canyonlands Nationalpark und seinen Sehenswürdigkeiten schreibe ich auch im Kapitel **ab Seite 113**.

Ziel #9 - Der Bryce Canyon (1-2 Nächte)

Der Bryce Canyon ist ein weiteres Highlight für die Sinne, vor allem, wenn man einen schönen Sonnenaufgang beobachten kann.

Von Moab aus ist nun wieder eine etwas weitere Strecke von **400 km** bei ca. **4,5 Stunden** zurückzulegen.

Der Canyon beeindruckt vor allem durch die aufragenden Steinformationen, auch "**Hoodoos**" genannt.

Es gibt eine Menge Wanderwege hier, von einfach bis mittelschwer, von halbstündig bis halbtägig oder länger, wie man möchte.
Die Campingplätze sind ebenfalls sehr idyllisch im Nadelwald gelegen und bieten nachts einen Blick auf den sehr ausgeprägten Sternenhimmel.

Mehr zum Bryce Canyon und den Gegebenheiten dort findest du im Kapitel auf **Seite 134.**

Ziel #10 - Zion Nationalpark (1-2 Nächte)

Zum Zion Nationalpark sind es nun "nur" **120 km**, bei ca. **1,5 Stunden** Fahrtdauer.

Der Zion hat ein paar sehr abenteuerliche Wanderwege. Einer der bekanntesten ist der "**Angel's Landing Trail**", welcher zu einem der höchsten Punkte des Parks führt.
Auf dem letzten Stück hangelt man sich teilweise nur so die Felsen hinauf, immer

in der Nähe des Abgrunds. Hört sich aber gefährlicher an, als es ist. Wer nur eine der kürzeren Wanderungen macht, dem reicht hier eine Nacht (so wie mir damals). Wer mehr vor hat (z.B. der Wanderweg zu den "Narrows") bleibt entsprechend länger.

Zur Wanderung zum "Angel's Landing Point" bzw. zum Zion allgemein habe ich ab **Seite 140** mehr geschrieben.

Ziel #11 - Death Valley (1 Nacht oder Zwischenstopp Las Vegas)

Nach dem Zion Nationalpark sind wir noch mal eine letzte Nacht in Las Vegas geblieben, da das genau auf der Strecke zum Death Valley liegt.
Schließlich ist die Distanz auch ca. **460 km** (5 Stunden) lang und somit muss man die Strecke nicht auf einmal zurücklegen.

Wer nicht noch einmal in Las Vegas übernachten möchte, kann natürlich auch eine Nacht im Death Valley bleiben. Zum campen könnte es allerdings etwas zu heiß sein und die anderen Unterkünfte sollte man im Voraus reservieren.
Dann steht einem aber natürlich auch die Möglichkeit offen, z.B. eine Morgenwanderung zu unternehmen, da es zumindest im Sommer nachmittags **über 40°C** hat und damit nicht gerade angenehm ist.

Alternativ kann man auch in einem der nahegelegenen Orte (z.B. Beatty) übernachten, dann schafft man es auch zum frühen Morgen in den Park.

Mehr zum Death Valley und den Orten, die man dort besuchen kann und sollte, erfährst du im Kapitel auf **Seite 144**.

Ziel #12 - Zwischenstopps auf dem Weg zum Yosemite (2 Nächte)

Vom Death Valley sind es knapp **500 km** Fahrstrecke bis in den **Yosemite** Nationalpark. Daher empfiehlt es sich, vorher ein paar Zwischenstopps einzulegen.

Wer, wie wir, nicht im Death Valley übernachtet und den Park daher erst nachmittags wieder verlässt, der kann z.B. in **Lone Pine** einen Zwischenstopp machen, um nicht erst bei Dunkelheit anzukommen. Dort gibt es einige schöne **Campingplätze**. Wir waren auf dem "Lone Pine Campground". Sehr idyllisch.

Am nächsten Tag geht es weiter zum **Mono Lake**. Dieser bizarre Kratersee liegt nahe zum Eingang des Yosemite Nationalparks und ist einen Besuch wert.

Neben dem See gibt es aber z.B. auch die Geisterstadt/**Ghost Town "Bodie"** zu entdecken. Ein Dorf, welches in Zuge damaliger Goldgräberstimmungen quasi fluchtartig verlassen wurde, sodass vieles noch einfach so wie damals da steht.

Gegen eine kleine Eintrittsgebühr kann man das noch erhaltene Dorf besichtigen. Als wir dort waren, waren wir die einzigen Besucher.

Ziel #13 - Wasserfälle, Gipfel und Mammutbäume im Yosemite (1-3 Nächte)

Im Yosemite gibt es einiges zu entdecken. Vom Mono Lake aus sind es nur noch **120 km** bis ins Zentrum des Parks. Die Fahrtzeit von ca. **2 Stunden** sollte man aber nicht unterschätzen.
Wenn man im Frühjahr anreist, sind die Wasserfälle am deutlichsten ausgeprägt wegen

der Schneeschmelze.
Der höchste Wasserfall ("**Yosemite Falls**") ist ganze 800 m hoch und fällt in mehreren Stufen ab. Somit ist er sogar der höchste Wasserfall der USA. Für Wanderer gibt es hier auch einige Herausforderungen.
Wer z.B. den **Half Dome** (s. Bild) hinauf klettern will, muss um die 1500 Höhenmeter auf 25 km Wegstrecke zurück legen. Natürlich bietet der Yosemite auch viele kleinere Wanderungen an. Ebenso kann man viele Aussichtspunkte mit dem Auto anfahren, wie z.B. die Aussicht auf den Glacier Point.
Auf www.nps.gov/yose/planyourvisit/basicinfo.htm geht es zu einigen **Basisinfos** über den Park von der Nationalparkverwaltung und unter www.nps.gov/yose/planyourvisit/guide.htm zu den aktuellen Guides/**Broschüren** (englisch), in denen man sämtliche Infos zum Park, zu den **Wanderwegen** und aktuellen Veranstaltungen findet.

Unser Rückweg aus dem Yosemite Valley in Richtung Ausgang, führte uns zum **Mariposa Grove**, einem Gebiet im südlichen Teil des Yosemite Parks (Wawona). Hier finden sich eine Vielzahl von Mammutbäumen (**Sequoia Trees**), die wirklich beeindruckend hoch und vor allem breit sind.
Durch einen Baum hindurchgehen? Kein Problem. Die massiven Bäume sind aber nicht nur groß, sondern werden auch uralt.
Der "**Grizzly Giant**" ist sogar um die **2700 Jahre** alt.
Ein wirklich schöner Wald, um die Riesenbäume zu entdecken und ein schöner Abschluss.

Wir konnten damals nur 1 Nacht bleiben. Wer hauptsächlich durch den Park fährt und nur kürzere Wege geht, dem reicht ein voller Tag im Yosemite. Wer mehr vor hat und die Natur intensiver erleben möchte, der sollte aber mindestens 2 Nächte bleiben.
Noch mehr Infos zum Yosemite Nationalpark gibt's ab **Seite 151.**

Am nächsten Tag geht es dann wieder los und zurück zum letzten Punkt, **San Francisco**, wo nun noch **1 Nacht** eingeplant ist, um am nächsten Tag wieder den Rückflug anzutreten.
Die letzte Strecke von Mariposa Grove zurück nach San Francisco ist noch einmal **340 km** lang und dauert ca. **4,5 Stunden**.

Laut Google Maps ist die gesamte **Reiseroute ca. 4400 km** lang. Zählt man noch das Fahren in den Städten und Nationalparks dazu, muss man mit ca. **5000 km** rechnen. So kam das auch bei mir damals hin.

Wer die Route also für 3 Wochen plant, sollte besser ein paar Abstriche machen und das ein oder andere Ziel auslassen. Wir hatten 3,5 Wochen Zeit, was ausreichend war. 4 Wochen dagegen sind perfekt.

Hier ist die Route noch einmal in der Übersicht:

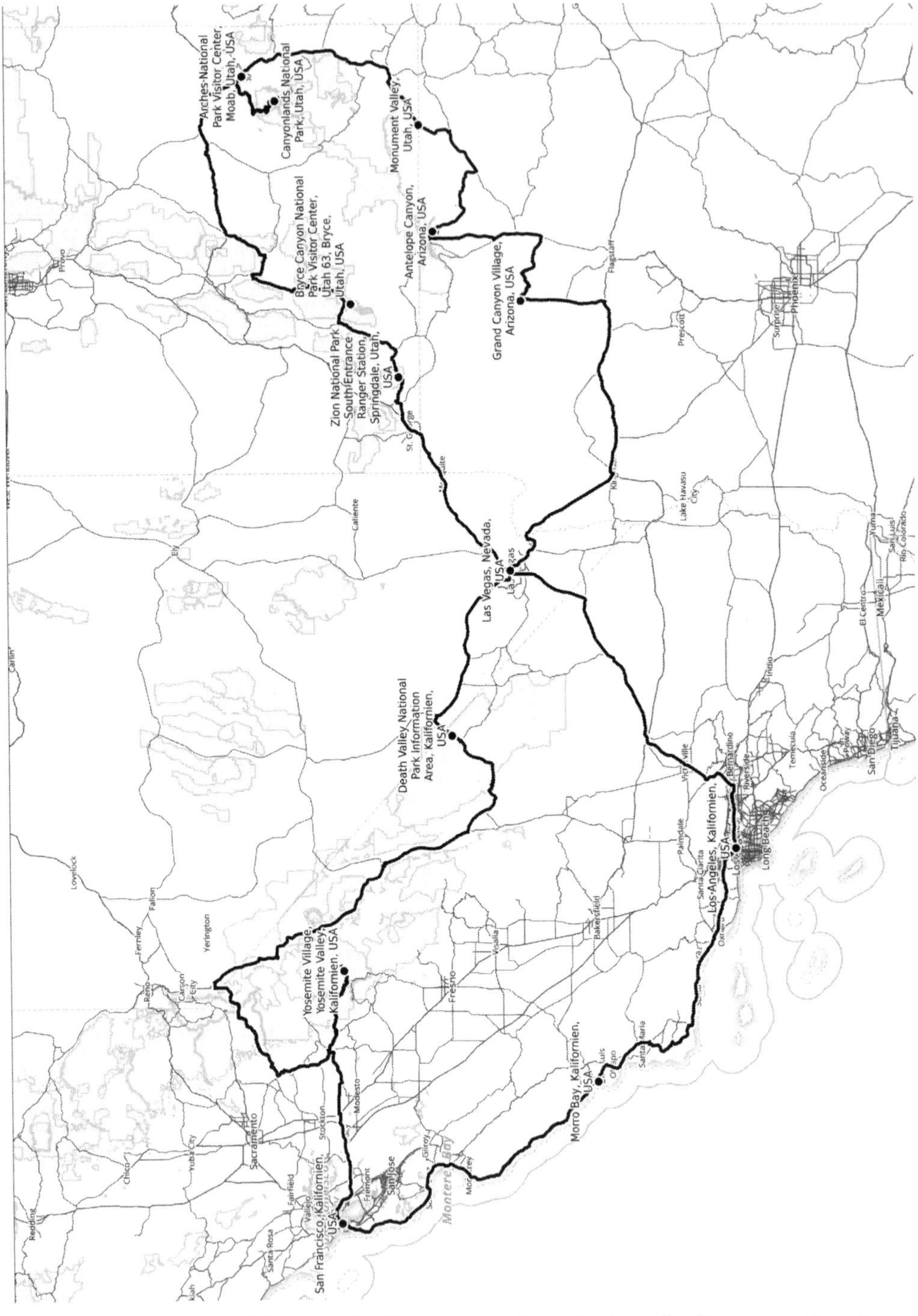

Created on Inkatlas. © OpenStreetMap contributors (openstreetmap.org), Inkatlas. Map data Jul 28, 2019. 1:5000000

Unter folgendem Link kannst du die Route auch noch einmal selbst unter Google Maps ansehen: **http://bit.ly/usa-westen-route**

San Francisco Sehenswürdigkeiten in 3 Tagen – Empfehlung

San Francisco in 3 Tagen ist eine gute Zeit, um einen ersten Überblick über eine der schönsten Städte in den USA zu bekommen. Insbesondere als Erstbesucher ist dies ein angemessener Zeitraum, um die wichtigsten Sehenswürdigkeiten zu sehen und einen Eindruck vom Flair der Stadt zu erhalten.

Für viele Menschen gilt San Francisco sogar als *die* schönste Stadt der USA. Die "**City by the bay**" hat jedenfalls ihren ganz eigenen Charme, den jeder einmal erleben sollte, wer im Westen der USA unterwegs ist.

Wie man einen interessanten und abwechslungsreichen Aufenthalt in **San Francisco in 3 Tagen verbringen kann**, stelle ich in der folgenden Empfehlung für 3 Tage bzw. Nächte vor.

Übernachtet habe ich einmal ganz in der Nähe des "Union Square", das andere Mal einen Block von der Sehenswürdigkeit "Painted Ladies" entfernt. Das dritte Mal aufgrund der angestiegenen Übernachtungspreise sogar in der Nachbarstadt Oakland in einem AirBnB Apartment.

Am besten schaut man sich einfach mal die aktuellen Hotelangebote und Verfügbarkeiten an, was ich fast immer über **Booking.com** mache.

San Francisco Sehenswürdigkeiten in 3 Tagen

Ganz im Gegensatz zu beispielsweise **Los Angeles**, benötigt man in San Francisco eigentlich **keinen** Mietwagen, um die (Innen-)Stadt zu erkunden.

Für ein paar wenige Stellen ist ein Auto zwar durchaus hilfreich (z.B. Besuch der Twin Peaks), aber im Endeffekt doch eher hinderlich. Wer seine Reise daher in San Francisco beginnt oder beendet, kann den Mietwagen auch entsprechend vor bzw. nach dem Besuch der Stadt anmieten bzw. zurückgeben.

Parken im Zentrum ist jedenfalls nicht so einfach und meist recht teuer (außer sonntags, dann kann man sogar im Zentrum kostenlos parken). Bei meinem vorletzten Aufenthalt hatten wir einen Mietwagen, da San Francisco nur ein Zwischenstopp war. Dennoch ließen wir das Auto in der Regel am Hotel stehen, solange wir im Zentrum San Franciscos unterwegs waren.

Eine Ausnahme bezüglich Mietwagen in San Francisco ist allerdings, wenn du den **49 Mile Drive** machen möchtest. Diese coole, szenische Strecke lässt sich am besten mit einem Cabrio absolvieren (habe ich so gemacht).

Dann würde es sich anbieten, z.B. die ersten 2 Tage ohne Mietwagen unterwegs zu sein und für den letzten Tag einen zu holen. Für ausführliche Infos zum 49 Mile Drive, verweise ich aber auf folgende hilfreiche Quelle: „https://www.sanfrancisco4you.com/sehenswuerdigkeiten-san-francisco/willys-49-mile-scenic-drive.html“

Um mit öffentlichen Verkehrsmitteln in der **Innenstadt herumzufahren**, kauft man sich bei 3 Tagen am besten den **"3-Day Visitor Passport" für 26$**. Dafür kann man dann sämtliche Verkehrsmittel, wie z.B. die Cable Cars oder Busse in der Innenstadt benutzen.

Ausgeschlossen sind davon die "BART"-Züge, welche u.a. auch zum Flughafen fahren. Kaufen kann man den Visitor Pass an verschiedenen Orten in der Stadt, z.B. diverse Ticket Kioske, am Flughafen und anderen Verkaufsstellen.

Nachdem eine Einzelfahrt mit dem Cable Car bereits mit 7$ zu Buche schlägt, ist es jedenfalls sinnvoll, den 3-Tages-Pass zu nehmen. Schließlich ist eine Fahrt mit dem Cable Car nicht nur spaßig, sondern auch sehr praktisch.

TAG 1 in San Francisco (Ankunft)

Wer vom **Flughafen** aus anreist, kann einfach die "BART"-Metro ins Zentrum nehmen.
Wer dagegen mit dem **Auto** anreist, sollte es sich nicht nehmen lassen, einmal die **Golden Gate Bridge** zu überqueren, zumindest falls man von Norden her kommt.
Wir sind damals einen recht großen Umweg gefahren, als wir vom Yosemite Park aus angekommen sind. Ist aber ein schönes Erlebnis, vor allem wenn man dazu auch noch die passende Musik im Auto laufen hat.

Nichtsdestotrotz ist ein Besuch der **Golden Gate Bridge zu Fuß** eigentlich fast noch schöner und sollte man definitiv ein mal gemacht haben.

#1 Golden Gate Bridge

Am **Nachmittag des ersten Tages** bietet es sich gut an, bereits einen **Spaziergang** auf dem schönen Wahrzeichen San Franciscos zu unternehmen. Zumindest wenn es nicht gerade allzu **neblig** ist, was in dieser Stadt leider des Öfteren vorkommt.

Wie erwähnt, kann man San Francisco gut mit den **öffentlichen Verkehrsmitteln** erkunden, so wie auch die Golden Gate Bridge.

Vom Zentrum nimmt man einfach die **Buslinie 28**, welche direkt zum Parkplatz an der Brücke fährt.

Am "**Welcome Center**" erhält man einige Informationen über die Brücke. Zum Beispiel, dass diese ganze **2737 m** lang ist. Deshalb laufen die meisten Besucher nur bis etwa **zur Hälfte** der Brücke, was aber auch ausreichend ist, um einen schönen Eindruck zu erhalten.

Sobald man sich auf die Golden Gate Bridge begibt, merkt man meist schon, warum San Francisco auch bekannt dafür ist, recht **windig** zu sein. Teilweise windet es hier ziemlich arg und man benötigt manchmal auch im Sommer eine Jacke.
Die **Aussicht** auf San Francisco ist jedoch sensationell und auch die Dimension der Brücke bzw. der über 200 m hohen Stützpunkte sind beeindruckend.
Ich hatte beide Male Glück mit dem Wetter und dem Nebel als ich an der Golden Gate Bridge war und hatte deshalb auch eine sehr gute Sicht. In der Mitte der Brücke zu stehen und bei Sicht auf die Stadt einfach den Moment zu genießen, ist ein besonderes Gefühl, vor allem, wenn San Francisco bereits begonnen hat, dich in seinen Bann zu ziehen.
Um **zurück in die Stadt** zu fahren, stellt man sich einfach wieder an der Bushaltestelle an. Bei der Rückfahrt sind meistens viele Leute dort, sodass man

eventuell auch einen Bus abwarten muss und einfach in den nächsten steigt.

Für den **restlichen Nachmittag** und Abend bietet es sich nun an, sich direkt an die Piers am "**Fisherman's Wharf**" zu begeben. Hier gibt es schließlich Einiges zu entdecken....

#2 Fisherman's Wharf

Das Fisherman's Wharf mit seinen vielen unterschiedlichen **Piers** bzw. Stegen ist ein sehr **belebtes Viertel** im Nordosten San Franciscos. Dadurch ist es hier zwar auch recht **touristisch**, aber wen das nicht stört, der wird hier eine gute Zeit haben.

Am bekanntesten und oft als eine der **beliebtesten Sehenswürdigkeiten** San Franciscos bezeichnet, ist hier der **PIER 39**. Dabei handelt es sich mehr oder weniger um eine größere Plattform über dem Wasser, auf welcher etliche Restaurants, (Souvenir)-Läden und andere "Attraktionen" zu finden sind. Vielleicht sogar ein wenig mit dem Santa Monica Pier in Los Angeles zu vergleichen.

Ich fand es am Pier 39 eigentlich ganz lustig. Es gibt eben viel zu entdecken und nicht zu vergessen: die **Seelöwen**, welche sich hier auf einem extra Pier den ganzen Tag lang sonnen!

Wen die leicht teuren Preise nicht stören, kann hier natürlich auch gut zu Abend essen. Die Restaurants am Pier 39 bzw. am Fisherman's Wharf sind - wie soll es anders sein - vor allem auf **Fisch** spezialisiert.
Wer **günstiger** unterwegs sein will, der findet aber auch an den zahlreichen Ständen, rund um den Fisherman's Wharf eine große Auswahl an gutem "Take-away"-Food.

Eine Spezialität in San Francisco ist das sogenannte "**Clam Chowder**", ein kleiner, ausgehöhlter Sauerteig-Brotlaib, welcher mit Muschel- bzw. Krabbensuppe gefüllt wird. Hört sich vielleicht seltsam an, aber Liebhaber von Meeresfrüchten/Fisch sollten es mal ausprobieren. Lange suchen muss man danach in San Francisco jedenfalls nicht.

Neben dem Pier 39 lohnt es sich aber selbstverständlich auch, die **umliegenden Piers** zu erkunden.

Zum Beispiel den **PIER 45**. Hier findet man einige sehenswerte Dinge.

2 Kriegsschiffe aus dem 2. Weltkrieg sind hier ausgestellt: das U-Boot **USS Pampanito**, welches hier "vor Anker" liegt und nun als Museum dient und das Kriegsschiff **SS Jeremiah O'Brien.**

Wirklich lustig und auch sehenswert ist die **historische Spielhalle** am Pier 45. Im sogenannten **"Musée Mécanique"** befindet sich eine große Sammlung an historischen, aber funktionierenden Spielautomaten.

Vom komplett mechanischen Flipper, über Baseball-Spielautomaten, Kräftemessen, nachgestellte "Exekutions-Szenen" oder Wahrsager, findet man hier alle möglichen amüsanten Dinge. **Eintritt** zahlt man hier übrigens nicht und auch die Spielautomaten kosten nicht viel.

Am besten ist wohl, wenn man sich einfach ein paar Stunden Zeit nimmt, um das Gebiet um den Fisherman's Wharf **auf eigene Faust zu entdecken.**

San Francisco Sehenswürdigkeiten – TAG 2

Zeit, sich einen schönen **Überblick** über San Francisco zu verschaffen! Gutes, nebelfreies Wetter ist dabei vorteilhaft.

#1 Cable Car & Lombard Street

Ein oft gesehenes Bild aus San Francisco ist die eng geschlängelte und steil abwärts gehende Straße, in welcher sich die Autos langsam nach und nach hinunterbewegen. Die Rede ist von der **Lombard Street**. bzw. einem kleinen Abschnitt davon.
Spätestens heute wird es Zeit, das erste Mal ein **Cable Car** zu nutzen. Diese halten nämlich auch an genau an der Lombard Street.

Dazu muss man die **"Powell-Hyde"**-Linie nehmen, welche von der Powell-Street bis zur Hyde-Street und zurück verkehrt. Die Station an der Lombard-Street heißt dann einfach "Hyde St & Lombard St".

Die Strecke, egal von wo aus man einsteigt, ist **eine der schönsten Routen** in der Innenstadt. Sich **außen** an der Cable Bahn **festzuhalten** macht übrigens einen riesen Spaß und man bekommt das ganze Feeling von San Francisco's Straßen (welche berüchtigt für krasse Steigungen/Senkungen sind) voll mit. Empfehlenswert! Man muss eben ein wenig vorsichtig sein.

An der Lombard Street angekommen, kann man bereits sehen, dass man sich recht **weit oben** in San Francisco befindet. Denn die **Aussicht** von hier ist nicht schlecht!

Die Lombard Street läuft nach dem geschlängelten Teil übrigens geradeaus weiter **downhill** und führt direkt zum nächsten Ziel, dem **Coit Tower**.

Daher geht man nun am besten einfach die Lombard Street hinunter und **geradeaus weiter**, bis man später schließlich am Coit Tower landet. Auf dem Weg dorthin läuft man durch interessante Wohngegenden, mit Häusern und Straßen, die typisch für den Stil San Franciscos sind.

Eine sehr schöne Gegend zum Erkunden per Fuß.

#2 Coit Tower

Ist man die **Lombard Street** bis ans Ende weitergegangen, führt diese am Ende in den **Telegraph Hill Blvd.**, welcher ein kurzes, letztes Stück nach oben zum **Coit Tower** führt.

Am Turm selbst mussten wir ein wenig anstehen, da dieser Spot natürlich auch andere Besucher anzieht.

Der **Eintritt** über die Stufen ist kostenlos (was ich beim ersten Mal nicht wusste), der **Aufzug** nach oben kostet allerdings **8$**. Ich denke, wenn man die Stufen läuft, muss man auch nicht anstehen.

Von oben aus hat man eine perfekte **Rundumsicht**. Auf den Financial District und die Wohngebiete, auf den Hafen, sowie die Piers und Alcatraz.

Nachdem man nun ganz gut weiß, was sich wo in San Francisco befindet, ist es Zeit, sich nach **Downtown** zu begeben.
Wenn man bereits am Morgen gestartet ist, sollte es nun etwa Mittag sein.

#3 Financial District, Chinatown & Union Square

Herausstechend im **Financial District** ist das höchste Gebäude San Franciscos - die **Transamerica Pyramid**. Schon von weitem sieht man immer wieder die auffallende Form, die sich von unten nach oben zuspitzt.

Nachdem es vom Coit Tower bis zur Pyramide nur **1 km** ist, kann man diese Strecke auch locker **zu Fuß** zurücklegen. Nach oben in die Transamerica Pyramid kann man nicht, aber sie ist auch von unten ganz nett anzuschauen.

Von hier aus erkundet man am besten auf eigene Faust das Finanzzentrum San Franciscos. Im Gegensatz zur typischen amerikanischen Stadt, hat San Francisco eigentlich keine richtige Skyline mit hohen Wolkenkratzern. In der Hinsicht kann die Stadt also nicht mit anderen Metropolen mithalten. Aber auch das hat schließlich seinen eigenen Charme.

Den Financial District verlässt man nun am besten in (süd)westlicher Richtung, um sich auf die **Bush Street** zu begeben. Hier befindet sich das berühmte "**Dragon Gate**", welches den südlichen Beginn von **Chinatown** markiert. Das Chinatown in San Francisco ist eine der größten chinesischen Siedlungen außerhalb Asiens, sodass es hier viel zu entdecken gibt.

Dort gibt es zahlreiche Läden mit allerlei interessanten, wie auch skurrilen Dingen, die man außerhalb Chinatowns sonst nicht findet.

Am besten lässt man sich einfach überraschen.

Ist man nach dem interkulturellen Abstecher im chinesischen Viertel wieder am Dragon Gate zurück, ist man nur noch 2 Blocks vom **Union Square** entfernt.

Dieser schöne und gleichzeitig auch belebte Platz ist das **kulturelle Zentrum** San Franciscos.

Neben mehreren großen **Kaufhäusern** (z.B. Macy's) und **Boutiquen**, finden hier auch einige **Theateraufführungen** und andere **Events** rund um das Jahr statt.

Außerdem ist ein paar Straßen weiter die **Anfangs-/Endstation** der **Cable Car Linie**. Hier wird das (einspurig fahrende) Cable Car nach jeder Ankunft auf einer

Drehplatte um 180° gedreht, sodass es in die andere Richtung wieder zurück fahren kann.

Sehr interessant anzuschauen. An dieser Station ist auch immer besonders viel los, da viele Touristen hier ihren "Cable Car Trip" starten wollen. Wenn man von hier aus losfahren will, muss man daher unter Umständen etwas Geduld mitbringen.

Mittlerweile sollte es später Nachmittag sein und nach einer kurzen Pause ist es am **Abend** Zeit für das letzte Highlight des Tages ;)

#4 Alcatraz Island - Nighttour

Auf geht's auf die (ehemalige) **Gefängnisinsel**! Eine ungewöhnliche Sehenswürdigkeit, aber durchaus spannend und mal etwas anderes.

Schon von weitem, wenn man an den Ufern und Piers San Franciscos steht, sieht man die kleine, vorgelagerte Insel, welche in der San Francisco Bay liegt.

Die **Tickets** für eine Tour bucht man am besten im Voraus, da vor Ort oft alles ausgebucht ist, zumindest wenn man nicht flexibel sein will. Wer also vorher weiß, wann er die Tour machen will, reserviert das besser schon vorher.

Der **Anbieter** für die Touren nach Alcatraz ist www.alcatrazcruises.com. Kostet zurzeit **38$** für die Abendtour und **31$** für die Tagestour. Die Abendtouren starten im Sommer um 18:10 Uhr und um 18:45 Uhr (kurz vor Sonnenuntergang).

Wir haben uns damals für die (letzte) Abendtour entschieden, da es von der Stimmung her einfach schöner ist.

Außerdem fährt man **kurz vor Dunkelheit** los und kann somit einen schönen **Sonnenuntergang** sehen (solange es nicht neblig ist), während später die Lichter der Stadt zu erkennen sind.

Die **Überfahrt mit dem Schiff** ist nicht unbedingt ganz wackelfrei, da es oft windig ist. Allerdings ist das Schaukeln noch im Rahmen und wer nicht überempfindlich ist, den wird das nicht weiter stören.

Sobald man ankommt, kann man sich größtenteils nach eigenem Belieben auf der Insel bewegen und jeder erhält einen **Audioguide**, mit dem man durch das ganze Gelände geführt wird, wenn man möchte.

Im eigentlichen **Gefängnistrakt** erfährt man einige interessanten Fakten und Storys über Alcatraz und kann die **ehemaligen Zellen** sehen.

Insbesondere die **Zelle** und die Vorrichtungen einer der 3 Männer, die als einzige ausbrechen konnten, ist sehenswert (siehe Bild).
Der **Ausbrecher** hatte sich im Laufe der Zeit eine Art Pappmaché Gitter gebastelt, um dieses vor das Ausbruchsloch in der Wand zu stellen und dieses wiederum zu verdecken.
Außerdem diente der hier abgebildete Kopf als Attrappe, um die Wächter nicht misstrauisch zu machen, wenn er am Tag des Ausbruchs nicht mehr in der Zelle ist. Sehr einfallsreich!

Nach etwas mehr als **2 Stunden** nach Ankunft, ist es wieder Zeit, die Insel zu verlassen. Etwa um 21.15 Uhr sollte man sich wieder auf dem Boot einfinden. Schließlich will man hier nicht unbedingt übernachten.

Nach dieser letzten San Francisco Sehenswürdigkeit, die doch ziemlich anders war als der Rest, den man in dieser Stadt erlebt, geht ein ereignisreicher **2. Tag zu Ende**. Dennoch hat man noch nicht alle schönen Ecken San Franciscos erkundet, weshalb es sich nun definitiv lohnt, noch einen weiteren Tag hier zu verbringen.

San Francisco Sehenswürdigkeiten – TAG 3

Zeit für ein paar ruhigere Ecken San Franciscos. Heute steht das Gebiet **südwestlich vom Zentrum** an und neben den schönsten **Parks**, gibt es zum heutigen Abschluss die beste Aussicht auf San Francisco bei Nacht zu sehen.

Los geht der Tag mit dem **Golden Gate Park.**

#1 Golden Gate Park

Der Golden Gate Park, welcher sogar noch größer als der Central Park in New York ist, ist *das* Naherholungsgebiet der Stadt. Neben schönen Seen, finden sich hier auch einige Museen und Ausstellungen (z.B. die California Academy of Science - Naturkundemuseum und mehr).

Erreichen kann man den Golden Gate Park per **Bus**. Vom Zentrum der Stadt nimmt man für das letzte Stück die **Buslinie 5** Richtung Westen bis zur Station "**Fulton St & 8th Ave**".

Gleich an der Haltestelle ist ein Eingang in den Golden Gate Park.

Als erstes erreicht man hier das "**de Young Fine Arts Museum**", sowie gleich gegenüber die "**California Academy of Science**", ein Museum für Naturgeschichte mit einem Planetarium, einem künstlichen Regenwald und mehr. Mit **30$ Eintritt** nicht gerade günstig, aber wer Zeit hat und interessiert ist, kann sich einen Besuch natürlich mal gönnen.

Eingang zum Japanese Tea Garden

Weiter auf dem "Hagiwara Tea Garden Drive" erreicht man den **Japanese Tea Garden**, welcher sich durch die interessanten Bonsai-Bäume, sowie anderer japanischer Pflanzen auszeichnet, die hier auf immerhin 5 Hektar angebaut sind. **Eintritt kostet 7$**.

Offenbar ist der Eintritt aber jeden Montag, Mittwoch und Freitag von 9.00-10.00 Uhr frei.

Biegt man nach dem Japanese Tea Garden nach rechts ab auf den Martin Luther King Jr Drive, könnte man linkerhand noch den **botanischen Garten** besuchen. Hält man sich rechts, gelangt man dagegen zum **Stow Lake**.

Um den See kann man einmal **rundherum** gehen, in der Mitte befindet sich eine begehbare **Insel**. Wer jedenfalls Ruhe von der Großstadt haben möchte, ist hier genau richtig. Sehr entspannend. Ganz sehenswert ist der **chinesische Pavillon**, welchen man auf einem Rundgang um den See entdecken wird.

Hat man den Stow Lake einmal umrundet, begibt man sich am besten einfach wieder auf den "**John F Kennedy Drive**" (nördlich gesehen vom See), um wieder zurück zur Bushaltestelle an der **Fulton Street** zu gelangen.

#2 Alamo Square ("Painted Ladies")

Zwar nicht die Painted Ladies, aber dennoch schöne viktorianische Häuser

Von der Fulton Street nimmt man wieder den Bus **Linie 5**, diesmal allerdings Richtung **Osten** und steigt an der **Pierce Street** aus.

Einen Block südlich und man befindet sich am **Alamo Square** und der vermutlich schönsten Häuserreihe in San Francisco. Wer die letzten 2 Tage in San Francisco erlebt hat, wird bereits bemerkt haben, dass die Stadt öfters durch den **viktorianischen Stil** geprägt ist.

Die Häuserreihe der sogenannten "**Painted Ladies**" ist deshalb so auffällig, da jedes der viktorianischen Häuser in einer anderen Farbe gestrichen ist, die sich jedoch allesamt perfekt ergänzen.

Wenn es nicht gerade neblig ist, was in der verhältnismäßig hohen Lage hier öfters vorkommt, hat man außerdem eine wunderbare **Aussicht auf Downtown** im Hintergrund.

Spätestens jetzt wird es Mittag sein und es ist Zeit für eine Pause. In der Nähe gibt es einige **Restaurants**, von günstig/fast-food bis gehoben ist hier für jeden etwas. Insbesondere einen Block westlich vom Alamo Square in der **Divisadero Street** sollte man fündig werden.

#3 Haight Ashbury

Die Divisadero Street geht man nun ein Stück Richtung Süden, bis man nach rechts auf die **Haight Street** gelangt.

Hier befindet sich das (ehemalige) Hippie Viertel, welches sich in manchen Details auch heute noch erkennen lässt.
Wandmalereien, schrille **Cafés** und einer Unmenge an interessanten **Häusern im viktorianischen Stil** lassen sich hier überall finden. Auch wenn der "**Summer of Love**" aus den 60-iger Jahren längst vergangen ist, so lässt sich der damalige Flair wenigstens noch erahnen.
Wer von Aussichten auf San Francisco noch nicht genug hat, kann übrigens noch einen Abstecher in den **Corona Heights Park** machen, welcher sich ein paar Straßen südlich von hier befindet. Der Vorteil ist, dass hier nur recht wenige Touristen hin finden und man in aller Ruhe genießen kann.

#4 Twin Peaks bei Nacht

Ein schöner Abschluss, um den Besuch dieser faszinierenden Stadt abzuschließen, ist der **zweithöchste Punkt** in San Francisco, die **Twin Peaks**. So gesehen sind es sogar 2 zweithöchste Punkte.

Knapp 300 m hoch sind die Twin Peaks und nachdem diese sich im Süden der Stadt befinden, hat man quasi die Übersicht über alles.

Um diese mit **öffentlichen Verkehrsmitteln** zu erreichen, nimmt man den Bus **Linie 37** bis zum "**Crestline Drive 47**". Von dort aus muss man den Rest des Hügels aber noch selbst hoch laufen, was etwa 10 Minuten dauert. Besser ist es, wenn man einen eigenen Mietwagen hat.

Kurz nach Sonnenuntergang zur "blauen Stunde" ist vermutlich die **beste Zeit,** um zu den Twin Peaks zu fahren, wenn man dann langsam beobachten kann, wie der Himmel sich von dunkelblau zu schwarz verfärbt und die Lichter allmählich angehen.

Für mich der schönste Blick über San Francisco und ähnlich beeindruckend, wie die Sicht vom Observatorium in Los Angeles.

Dies waren 3 Tage, wie man sie in San Francisco verbringen kann, um die schönsten Sehenswürdigkeiten zu entdecken und eine spannende Zeit zu haben.

Selbstverständlich ist das nur ein Vorschlag, denn die Stadt bietet natürlich noch zahlreiche weitere, sehenswerte Ecken und Dinge, die man in 3 Tagen gar nicht alle unterbringen kann.

So oder so, ich wünsche jedem, der die Stadt das erste Mal besucht, eine schöne und erlebnisreiche Zeit in der "City by the Bay" - San Francisco!

Highway #1 - Amerikas traumhafte Küstenstraße am Pazifik

Der **Highway #1** ist wohl die schönste Straße in **Kalifornien** und sicherlich eine der schönsten in den USA. Fast jeder Kalifornienreisende wird diese Strecke mit dem Mietwagen einmal fahren, um von **San Francisco** nach **Los Angeles** oder **San Diego** zu gelangen. Oder umgekehrt. Ich bin den Highway 1 bereits dreimal gefahren (das letzte Mal war die Strecke ab Big Sur wegen der Erdrutsche aber gesperrt).
Empfehlenswert ist es, von **Norden nach Süden** zu fahren, da man dann das Meer auf der Fahrerseite hat.

Die Strecke von San Francisco bis Los Angeles ist immerhin schon **740 km** lang. Man sollte bei der Zeit für diese Strecke auch die Verkehrsregeln in den USA bedenken, die die Geschwindigkeitsbeschränkung hier (meist zu recht) auf fast durchgehend 45 mph festgelegt haben. Außerdem hält man natürlich auch öfter mal an und macht Pause, sodass man mindestens 2 Tage benötigt.

Mindestens 1 Übernachtung zwischen San Francisco und Los Angeles ist daher Pflicht. Man kann aber auch zum Beispiel 1 Nacht vor Monterey und 1 Nacht in Santa Barbara einlegen. Ich habe beide Male im Ort **Morro Bay** übernachtet.

Das interessanteste Stück befindet sich etwa in der Mitte dieser Strecke, zwischen den Orten **Monterey und San Simeon**. Die meisten Bilder, die man sonst so vom Highway 1 sieht, stammen von diesem Abschnitt.

Noch ganz nützlich zu wissen, bevor man sich auf die Strecke begibt, ist, dass diese viele **verschiedene Bezeichnungen** hat, nicht nur Highway #1.
Die wohl offizielle Bezeichnung ist "**California State Route 1**" bzw. CA1. Im Navi oder auf Beschilderungen ist unter anderem aber auch vom **Cabrillo Highway, Pacific Coast Highway und Shoreline Highway** die Rede oder allgemein vom "**National Scenic Byway**".
Je nach Streckenabschnitt. Man sollte sich also nicht verwirren lassen und diese Bezeichnungen vielleicht im Hinterkopf behalten.

Auf der Strecke, die an sich natürlich ein Highlight ist, gibt es einige Punkte, die sehenswert sind.

Highway 1 - 17-Mile-Drive bei Monterey

Beim Ort Monterey befindet sich der bekannte **17-Mile-Drive**, eine private Verbindungsstrecke, welche 27 km lang an der Küste der Monterey-Halbinsel führt und den Ort Monterey mit Carmel-by-the-sea verbindet.

Die bekannteste Sehenswürdigkeit ist hier wohl der "**Lone Cypress Tree**". Die Durchfahrt kostet **10,25$,** welche sich aber durchaus lohnen.
Nachdem wir auch noch mit einem Ford Mustang Cabrio unterwegs waren, hat sich der „Drive" erst recht gelohnt.

Neben weltbekannten Golfplätzen wie dem **Pebble Beach Golf Club** (das Clubhaus, usw. kann man auch als Tourist besuchen) führt die Strecke auch an Zypressen-Wäldern vorbei und bietet tolle Aussichten auf die Küste.

Der Lone Cypress Tree ist zwar schön anzusehen, das eigentliche Highlight ist aber die gesamte Strecke als solche. Der Weg ist das Ziel.

Highway 1 - Big Sur

Der wohl schönste Teil ist das Gebiet um **Big Sur**, welches südlich des Örtchens Carmel beginnt. Ab nun geht es an **Steilküsten** über kurvige Straßen, vorbei an der 86 m hohen **Bixby-Bridge**, den blauen Pazifik stets vor Augen.

Hier wird man alle paar Kilometer einen Fotostopp einlegen oder einfach die Aussicht genießen. Besonders die Brücke ist ein beliebtes Fotomotiv.
Eine gute Fotostelle befindet sich etwa 1,5 km davor (von Norden kommend).

Highway 1 - Julia Pfeiffer Burns State Park

Diese Bucht ist wirklich außergewöhnlich schön. Man fährt erst einige Zeit durch den Wald, bevor man plötzlich an dieser Stelle vorbei kommt.
Die Bucht ist zwar nicht (auf legalem Weg) zugänglich, aber man hat von oben einen wunderbaren Ausblick auf den 25 m hohen **Wasserfall**, die **Palmen** und den fast unberührten **Strand**.

Kurz bevor man nach San Simeon kommt, befindet sich übrigens am sogenannten **Seal-View-Point** eine Seelöwenkolonie. Ich habe den Punkt in der Karte unten angegeben.

Highway 1 - Morro Bay

Morro Bay ist ein kleines Örtchen, bekannt durch den Morro Rock, welches sich gut für einen Zwischenstopp eignet, wenn man für die Strecke nur eine Übernachtung einplant.

Solange man in San Francisco vormittags losfährt, kommt man auch noch vor Dunkelheit hier an.

Hotel am Highway #1 (Morro Bay):

Holland Inn & Suites (http://www.booking.com/hotel/us/holland-inn-suites.html) - günstiges und typisches Motel mit üblicher Ausstattung; für eine Nacht ok; hat bei uns nur 46$ gekostet.

Highway 1 - Santa Barbara

Nach Morro Bay ist das schönste Stück des Highway 1 nun schon vorbei. Vor Los Angeles sollte man allerdings noch einen Stopp in **Santa Barbara** einlegen.

Der Ort ist im **spanischen Stil** erbaut und relativ entspannt. Hier leben wohl viele Reiche und Promis, die Hotelpreise an Strandnähe sollen recht hoch sein. Für einen Zwischenstopp, wenn auch nur nachmittags, ist der Ort aber gut geeignet.

Nach Santa Barbara geht's nun direkt weiter in die Stadt der Engel - Los Angeles. Wer möchte kann kurz vor L.A. noch einen Zwischenstopp im Vorort Malibu machen.

Übersicht der Route als Bild und auf Google Maps

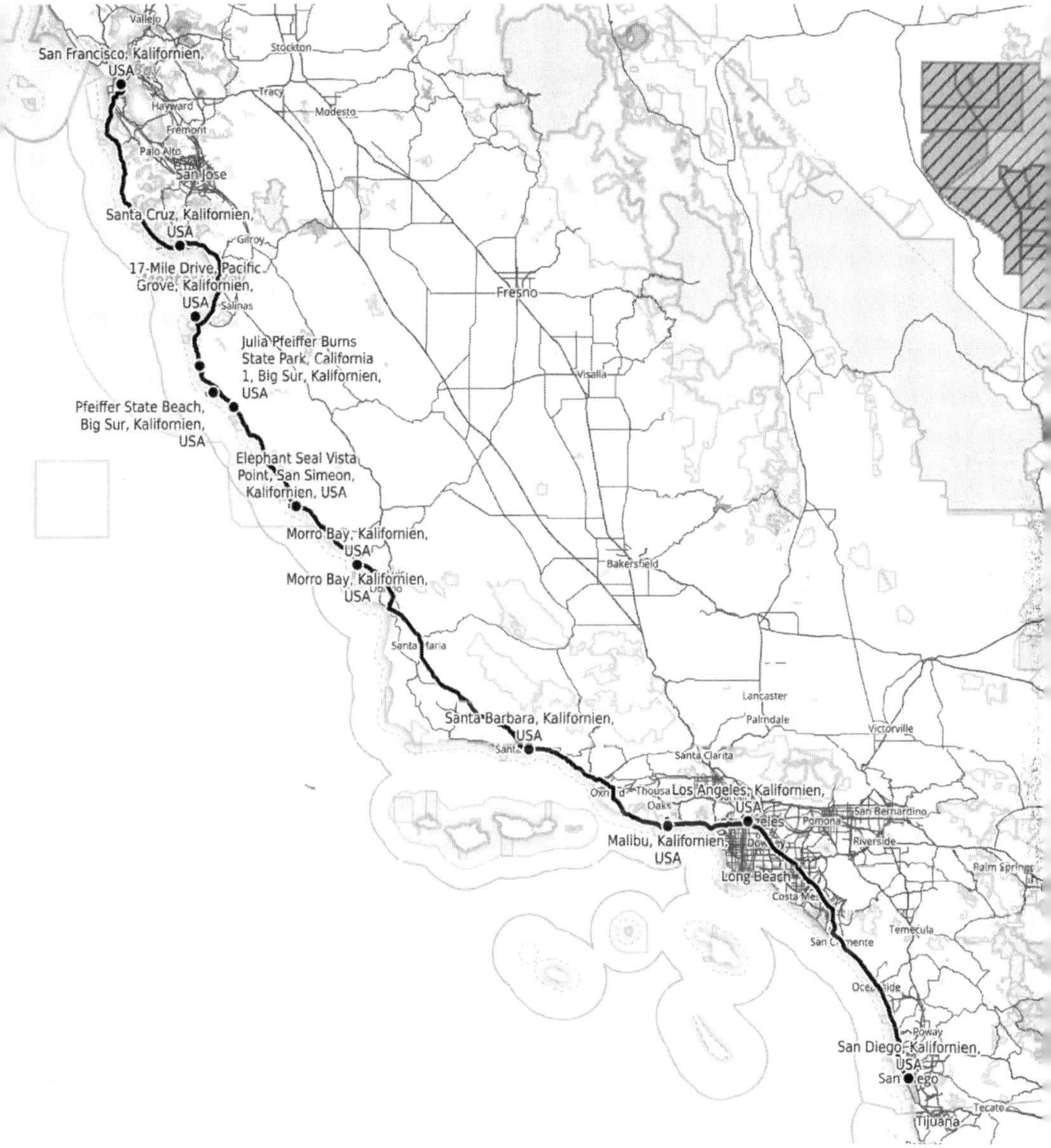

Created on Inkatlas. © OpenStreetMap contributors (openstreetmap.org), Inkatlas. Map data Jul 28, 2019. 1:3500000

Diese kannst du auch unter diesem Link auf Google Maps aufrufen:
http://bit.ly/highway-1-route

Los Angeles Sehenswürdigkeiten in 3 Tagen – Empfehlung

Los Angeles in 3 Tagen ist eine gute Zeit, um einen Eindruck der Metropole zu erhalten, vor allem, wenn man diese zum ersten Mal besucht. Oft gibt es unterschiedliche Empfindungen: Menschen, die die Stadt lieben und solche die sie hassen, oder zumindest nicht mögen.

Ich persönlich konnte definitiv einen Gefallen an der Stadt finden, welche allein schon durch ihre Vielfältigkeit und den besonderen Flair beeindruckt.

Das erste Mal waren wir 3 Nächte in Los Angeles, was für den ersten Eindruck und ob die Stadt einem überhaupt gefällt, sicher eine gute Zeit ist. Wer tiefer in Los Angeles und die Atmosphäre der Metropole eintauchen will, benötigt aber schon etwas länger, auch aufgrund der Weitläufigkeit Los Angeles'.

Wie man **3 Tage in Los Angeles** gut verbringen kann, um die mitunter schönsten Ecken kennenzulernen und die interessantesten **Sehenswürdigkeiten** zu sehen, stelle ich in der folgenden Empfehlung vor.

3 Tage Los Angeles Sehenswürdigkeiten

Eines vorweg. Was man in Los Angeles nicht unterschätzen darf, sind die **Fahrzeiten**. Los Angeles ist eine Autofahrerstadt und leider sind insbesondere in den Hauptverkehrszeiten die Straßen ziemlich voll - trotz 8-spuriger Highways.

Da kann es auch schon einmal 2 Stunden dauern um von Venice Beach nach Downtown zu gelangen. Auch sind die Entfernungen zwischen den einzelnen Stadtteilen durchaus groß.

Dennoch ist ein Mietwagen unbedingt empfehlenswert, da die wenigen öffentlichen Verkehrsmittel keine Alternative sind.

Los Angeles Sehenswürdigkeiten - TAG 1 (Ankunft)

Wir sind damals vom Highway 1, aus nördlicher Richtung kommend nach Los Angeles gefahren. Übernachtet haben wir im Stadtteil **Inglewood**, in der Nähe des Flughafens (LAX).

In dieser Ecke gibt es einige günstige Motels. Wer in Gegenden wie Santa Monica oder Hollywood übernachten will, muss meist um einiges mehr für das Hotelzimmer zahlen. Nachdem man aber eh nur mit Mietwagen von A nach B gelangt, ist es nicht soo wichtig, wo genau man in Los Angeles übernachtet.

#1 Santa Monica (Venice Beach)

Als erstes Ziel, um den Nachmittag und Abend des ersten Tages zu verbringen, eignet sich **Santa Monica** sehr gut.

Bekannt ist der Ort unter anderem durch den berühmten **Santa Monica Pier**, auf dem sich sogar ein kleiner Vergnügungspark befindet.

Mindestens einmal auf dem hölzernen Pier bis zum Ende gehe und wieder zurück gehört einfach dazu. Immerhin stellt der Pier auch das offizielle Ende der Route66 dar. Besonders schön ist der Santa Monica Pier bei **Sonnenuntergang** und danach, wenn alles in der Dunkelheit beginnt, zu leuchten.

Vorher und am besten auch nur bei Tageslicht sollte man aber noch den **Venice Beach erkunden**. Hier befindet sich unter anderem auch der bekannte "**Muscle Beach**", an welchem sich so mancher Bodybuilder oder Möchtegern zur Schau stellt und an den öffentlichen Geräten in der Mittagssonne trainiert.

Durchaus sehenswert und wer möchte, kann hier auch verschiedenen anderen Sportarten nachgehen.

Natürlich kann man Venice Beach nicht verlassen, ohne den berühmten **Ocean Front Walk** einmal entlang gegangen zu sein.

Hier treiben sich allerlei skurrile Figuren herum, so wie auch Straßenkünstler, Musiker, Wahrsager oder die "Green Doctors", welche sich, kurz gesagt, auf eine Behandlung mit Marihuana "spezialisiert" haben.

Insgesamt kann man in der Gegend Venice Beach und Santa Monica Pier gut einen **Nachmittag bis Abend** verbringen.

Nachdem der Venice Beach nachts aber nicht so sicher sein soll, ist es besser, wenn man spätestens bei Einbruch der Dunkelheit zum Santa Monica Pier wechselt.

Unter http://venicebeachlivecam.tv/ gibt es übrigens eine selbst steuerbare Webcam über den Venice Beach bzw. den Ocean Front Walk.

Los Angeles Sehenswürdigkeiten - TAG 2

Tag 2 steht ganz im Zeichen der "Schönen und Reichen" und Hollywood-Stars oder allen, die es mal werden wollen. Pseudo-Shopping gehen in **Beverly Hills**, kreuz und quer durch die "**Hollywood Hills**" fahren, nur um den berühmten Hollywood Schriftzug aus der Nähe zu sehen und die gesamte Dimension der Stadt vom **Griffith Observatorium** aus sehen.

#1 Beverly Hills

Ein erster Anlaufpunkt des Tages könnte ein Besuch im Reichen-Vorort "**Beverly Hills**" sein, welchem man den Wohlstand auch direkt ansieht.

Alles macht einen recht **sauberen Eindruck,** die Wohngegenden sind mit Alleen aus Palmen geschmückt und bei unserem ersten Besuch parkte ein etwa 1-Million-€ teurer Sportwagen zum Einkaufen am Straßenrand.

Ein guter Tipp zum **Parken** ist folgender: Man fährt einfach zum Rodeo-Drive und dort in die Tiefgarage (ist beschildert). Denn entgegen dem, dass man vielleicht annimmt, parken sei hier sehr teuer, ist es im Grunde sogar **kostenlos**.

Denn sämtliche Parkgaragen, die zu den Läden gehören, haben einen **Valet-Service**, sodass man am Ende nur ein Trinkgeld geben sollte (ca. 3$ zum Beispiel; ist zwar nicht viel, aber noch OK, denke ich).

Parkt man hier, kann man einfach den Aufzug nach oben fahren und befindet sich direkt in einer der **teuersten Einkaufsstraßen der Welt - dem Rodeo Drive**.

Kaum jemand kauft hier wirklich ein, da sich hier vor allem Touristen aufhalten. Nur schauen, nicht anfassen. Übrigens kommt man in einige Läden auch gar nicht rein, wenn man keine wirkliche Kaufabsicht hegt oder wohlhabend aussieht.

Vom Rodeo Drive kann man das Zentrum Beverly Hills gut **zu Fuß** erkunden.

Empfehlenswert ist einmal das Dreieck aus 3 Straßen zu laufen: den **Wilshire Blvd. Richtung Westen** (bis zum Beverly Hills Schild), den **Santa Monica Blvd.** und die verbindende Straße, den **Rodeo Drive.**

Manchmal gerät man auch in einen Dreh, was einem sonst ab und zu auch in Hollywood passiert:

Abschließend kann man noch eine kleine Spritztour durch die **Wohngegenden** machen, in welchen sich sicherlich auch der eine oder andere **Star** befindet (dafür gibt's dann extra Übersichtskarten, welche man sich vor Ort besorgen kann).
Hier reiht sich meist ein großes Anwesen neben das Nächste.
Zu Mittag **isst** man dann besser außerhalb, da Restaurants in Beverly Hills meist auch eher im teuren Preissegment liegen und für Fast Food Ketten kein Platz ist. Wenn man es sich leisten kann, wird man hier aber bestimmt schnell fündig.

#2 Hollywood

Eigentlich schon ein Pflichtprogramm für einen Los Angeles Besuch.
Einmal auf dem Walk of Fame laufen und die **Stars auf den Sternen** am Boden suchen, während man gleichzeitig von Spiderman und Mickey Mouse angequatscht wird, ist ja auch ein Erlebnis.

Am besten nimmt man sich einige Zeit, um das Gebiet zu erkunden. Dann kommt man auch an den **Theatern, bzw. Kinos** vorbei. Wenn man Glück hat findet gerade eine **Filmpremiere** statt, was meist mit einem großen Aufgebot an Fotografen und eben den Schauspielern einhergeht. Das bekannteste ist hier vermutlich das "Grauman's Chinese Theatre".

Ganz spannend sind auch die **Hand- und Fußabdrücke** sämtlicher Stars, die vor diesem Kino im Boden eingelassen sind.

#3 Hollywood Sign

Mittlerweile sollte es später Nachmittag sein und was fehlt noch? Dem **Hollywood Sign** ein wenig näher zu kommen. Schließlich erhascht man hier am Walk of Fame zwar immer mal einen Blick darauf, dennoch ist es ziemlich weit weg.
Ganz an den Schriftzug kommt man nicht heran, aber zumindest ziemlich in die Nähe davon. Dazu

fährt man einfach den **N Beachwood Drive Richtung Norden**. Am Ende der Straße gelangt man zu einem kleinen **Parkplatz**, von welchem man ein kleines Stück auf eine Erhöhung laufen kann und die Aussicht hat.
Neben diesem Aussichtspunkt kann man aber auch zum Beispiel an das Ende des Mulholland Highways fahren (Koordinaten: 34°07'52.0"N 118°19'14.1"W) oder die Gegend einfach auf eigene Faust erkunden, um den besten Spot zu finden.

#4 Griffith Observatorium & Mulholland Drive

Mittlerweile sollte es allmählich Abend werden und um vom Hollywood Sign weiter zu fahren, wird man noch einmal einen kleinen Abstecher "downhill" machen müssen, um zum **Observatorium** zu gelangen. Das nutzt man am besten, um vorher noch ein schönes Restaurant anzufahren.

Das **Griffith Observatorium bei Nacht** ist einer meiner Lieblingsorte in Los Angeles.

Es befindet sich ganz oben in den "Hills", von wo aus man eine **atemberaubende Aussicht** auf L.A. hat. Aber auch das Observatorium an sich ist sehr schön und interessant. Innen gibt es eine Ausstellung. Mehr Infos unter www.griffithobservatory.org/.

Das Gelände **schließt übrigens um 22 Uhr**. Daher sollte man spätestens bis 21

Uhr dort sein, besser früher. Parken kann man entweder direkt oben, oder am Straßenrand (kostenpflichtig).

Und dann heißt es: **Aussicht genießen!** So leer wie auf dem Bild ist es übrigens erst kurz vor Schließung.

Was man nach dem Observatorium auf keinen Fall verpassen sollte, ist eine Fahrt auf dem **Mullholland Drive bei Nacht.**
Schließlich ist man ja eh schon unterwegs bei Dunkelheit und in der Nähe.
Diese Panorama-Straße läuft etwa **20 km in den Hollywood Hills** entlang und bietet wunderschöne Aussichten auf Los Angeles in verschiedenen Perspektiven.
Vorbei an den nobelsten und größten Villen führt diese dunkle Straße stets am Lichtermeer Los Angeles' entlang.

Vom Griffith Observatorium aus fährt man dazu auf den **Highway 101 in Richtung Norden** ein kleines Stück, um dann an der **Ausfahrt 11A** auf den Mulholland Drive abzufahren. Am besten stellt man die Route dorthin aber im Navi ein, da es sonst bei Dunkelheit nicht so einfach ist, dorthin zu finden.

Los Angeles Sehenswürdigkeiten - TAG 3

Nach den vielen Vororten von Los Angeles ist es nun noch einmal Zeit, das tatsächliche Los Angeles City bzw. Downtown L.A. zu erkunden.

#1 Downtown L.A.

Starten kann man in Downtown eigentlich am besten an der **Walt Disney Concert Hall**. Kostenlose **Parkplätze** sind hier in der Nähe eher schwierig zu finden. Es gibt allerdings einige bewachte Parkplätze, die etwa **10$** kosten.

Die Concert Hall ist vor allem durch die ungewöhnliche Architektur sehenswert. Man kann aber auch an (geführten) Touren teilnehmen, welche teilweise kostenlos sind.

Von der Concert Hall aus, kann man bequem in den **Financial District** laufen, um das geschäftliche Zentrum L.A. County's zu erkunden.

Ganz in der Nähe der Skyscraper im Bankenviertel, befindet sich der sogenannte "**Angel's Flight Railway**", eine historische Standseilbahn, die früher einmal die Hill St. mit dem California Plaza verbunden hat. Mittlerweile aber leider geschlossen und daher nur noch schön anzusehen.

Das Auto kann man eigentlich weiterhin getrost stehen lassen, um nun zum Beispiel Chinatown zu erkunden, da hier das Meiste in Laufreichweite liegt. Auf dem Weg dorthin ist ein Abstecher zur **Union Station** lohnend.
Dies ist der wichtigste Bahnhof in L.A., welcher im Kolonialstil gebaut ist und sowohl von Innen, als auch von Außen sehenswert ist.

Um Downtown Los Angeles mit dem Auto anzufahren, sollte man im Übrigen die Rush Hours am Morgen und unter der Woche unbedingt vermeiden, da man sonst mit langen Staus rechnen muss.

#2 Long Beach

Ob man an diesem Tag noch nach **Long Beach** fahren will, kommt darauf an, wie lange man in Downtown verweilen möchte und ob man die ca. **40 km** einfache Fahrt auf sich nehmen will. Long Beach liegt südlich von Los Angeles und ist eine eigenständige Stadt. Die **Hauptattraktion** ist das historische Schiff **"Queen Mary"**, welches hier dauerhaft vor Anker liegt.

Auf dem Schiff kann man sowohl übernachten, als auch an verschiedenen Touren teilnehmen, wenn man sich dafür interessiert. Mehr Infos auf www.queenmary.com.

Ansonsten ist der Ort ganz entspannt und ein guter Ausgleich zu Downtown Los Angeles.

Dies waren nun **3 beispielhafte Tage**, um einen schönen und erlebnisreichen Aufenthalt in Los Angeles zu verbringen. Wer noch länger Zeit hat, kann zum Beispiel einen weiteren Tag dazu nutzen, um die Universal Studios Hollywood zu besuchen. Vor allem natürlich für **Filmfans** interessant.

Ansonsten gibt es in dieser riesigen Metropole natürlich noch viel mehr zu entdecken, wenn man sich die Zeit dafür nimmt. Langweilig wird es hier jedenfalls nicht so schnell!

Las Vegas – Die Glitzermetropole

Hier folgen nun 3 Kapitel zu Las Vegas:

- Die folgende Übersicht an Sehenswürdigkeiten
- ein weiteres Kapitel zu Coupons, Rabattheften und anderen Sparmöglichkeiten
- Außerdem ein paar Tipps, um an günstigste Hotelzimmer oder gar Suiten heranzukommen.

Las Vegas Sehenswürdigkeiten - 10 Attraktionen, die man sich gönnen sollte!

Las Vegas, die schillernde Metropole inmitten der Wüste Nevadas bietet unzählige Möglichkeiten um es sich gut gehen zu lassen und Spaß zu haben. Aber genau dafür existiert Las Vegas ja auch. Ich war bereits dreimal dort und nicht nur beim ersten Mal, gab es Einiges, was ich hier wieder tun oder erleben würde.

Ich fange nun mal etwas chronologisch an, wie so ein perfekter Tag in Las Vegas eben aussehen könnte. Los geht's mit der Unterkunft.

1. Ein schönes Hotel am Strip und Zimmer mit Aussicht

Die **Hotels** an sich sind ja schon eine der größten Sehenswürdigkeiten in Las Vegas. Fast jedes Hotel hat sein eigenes **Thema** und Architektur, sowie eigene Attraktionen. Während das **Bellagio** mit seinen **riesigen Wasserfontänen** die Besucher anlockt, kann man im **New York New York Achterbahn** fahren, beim **Mirage** einen Vulkanausbruch beobachten oder im **Venetian** Gondel fahren.
Für welches Hotel auch immer man sich entscheidet, man kann sich hier ruhig auch mal ein etwas **besseres Zimmer** gönnen, da die **Hotelpreise** in Las Vegas grundsätzlich „**bezahlbar**" sind.
Wer trotzdem eher auf kleinem **Budget** ist, macht mit einem Strip-View-Room im **Flamingo** einen guten und meist noch günstigen Griff.

Das nonplusultra wäre z.B. ein Raum im Bellagio mit Sicht auf die Bellagio Fountains (Wasserfontänen). Da wird's dann aber schon sehr teuer.

2. Tagsüber in der Pool-Landschaft abkühlen?

Las Vegas ist grundsätzlich wie jeder weiß eine Stadt, die erst bei **Nacht richtig zum Leben erwacht**, daher empfehle ich auch lieber lang aufzubleiben und spät aufzustehen.
Um in der **Mittagshitze** (die hier auch mal um die 40°C ist) **Abkühlung** zu finden, bietet es sich an, die oftmals riesigen **Pool-Areale** des Hotels zu erkunden.
Ich bin eigentlich selbst kein wirklicher Fan von Hotelpools, zumindest ist es mir in der Regel egal, ob das Hotel einen hat oder nicht.
In Las Vegas gehören die Pools aber gewissermaßen schon zu den Sehenswürdigkeiten dazu, zumindest wenn man in einem der besseren Hotels nächtigt.
Die Pools im Cesar's Palace, in denen ich bereits war sind wirklich beeindruckend, da hier auch architektonisch etwas geboten ist.
Ab und zu finden auch Pool Partys statt oder man versucht sich am Pool Blackjack.
Es gibt bei der Pool-Auswahl jedenfalls genug Möglichkeiten, um einen entspannten Tag zu erleben.

3. Sich durch die zahlreichen Buffets fressen

Eine Sache, die ich unbedingt empfehlen kann, ist eines oder mehrere **Buffets** auszuprobieren.
Jedes Hotel hat sein eigenes Buffet, wobei es hier sowohl preislich, als auch qualitativ Unterschiede gibt. Meist sind die Unterschiede simultan zur Preisklasse des Hotels.
Ich habe mich bereits an 5 verschiedenen Buffets verköstigt.
Empfehlen kann ich vor allem das Spice Market Buffet im Hotel "Planet Hollywood". Hier war sowohl die Qualität, als auch die Auswahl am Größten. So groß, dass ich 7 Gänge später so satt war, dass es schwer fiel zu unserem Hotel zurück zu gehen.
Leider habe ich kaum Bilder mehr vom Essen, aber es ist definitiv ein kulinarisches Erlebnis gewesen, dass ich gerne wieder haben könnte.

Im Übrigen kann man besonders bei den Buffets fast immer **Geld sparen**. Ich habe bei keinem der Buffets den normalen Preis gezahlt. Entweder man findet in einem der Coupon-Hefte, die es in Las Vegas überall gibt, einen Rabatt-Gutschein für die Buffets oder man bucht zum Beispiel über **Groupon.com** oder **Livingsocial.com.**
Auf Groupon hatte ich damals ein Angebot gefunden, welches uns das Spice Market Buffet zur Hälfte vergünstigte. Das hat sich also gelohnt.

Natürlich sind auch die Restaurants - und hier gibt es eine unglaubliche Auswahl, von Fast-Food bis zum Sterne-Restaurant - sehr zu empfehlen.

4. Vergeblich versuchen den Jackpot zu knacken und dabei kostenlose Cocktails genießen

Eigentlich ein guter Tausch - man setzt sich gemütlich an den Blackjack Tisch oder die Spielautomaten und wird mit **kostenlosen Cocktails** nach Wunsch versorgt. Denn wer in Las Vegas zockt, soll bei Laune gehalten werden.

Daher kommen immer mal wieder Bedienungen an den Spieltischen und Slotmachines vorbei, die die Gäste mit kostenlosen Drinks versorgen (1$ Trinkgeld sollte man aber trotzdem geben).

Die beste Drinks-Versorgung genießen die Spieler an den **Spieltischen**. Zwischen den ganzen einarmigen Banditen kann es dagegen auch manchmal etwas dauern, bis die Bedienung vorbei kommt.

Ich finde, wer in Las Vegas ist, sollte sein Glück auf jeden Fall versuchen, auch wenn man meistens doch mit weniger nach Hause geht, zumindest ging es mir bisher so. Manchmal läuft es aber auch anders, siehe Bild.

5. Abends am Strip entlang gehen und die Bellagio Fountains bewundern

Dieses Schauspiel ist wirklich **beeindruckend** und manch einer kann sich hier sicherlich nicht satt sehen.
Die **Bellagio Fountains** sind eine der beliebtesten Sehenswürdigkeiten in Las Vegas und besonders bei **Dunkelheit** sehenswert. Und auch hörenswert, da jede Show (die abends alle 15-30 Minuten statt findet) mit **Musik** untermalt ist.

Wer von Licht und Sound Spektakeln dann noch nicht genug hat, kann zum Beispiel auch noch weiter nördlich am Strip entlang gehen und sich den künstlichen **Vulkan-Ausbruch des Mirage** anschauen. Auf jeden Fall auch sehenswert. Auch für **Hobbyfotografen** sehr empfehlenswert ist ein Rundgang mit der Kamera am Strip (und Stativ).
Ja es ist anstrengend und heiß, aber Las Vegas ist bei Nacht natürlich sehr fotogen und es können wunderbare Fotos entstehen.

6. Einen Helikoter-Rundflug machen!

Eine wirklich beeindruckende Sache. Auf jeden Fall **bei Nacht** machen. Hier sieht man das erste Mal die ganze Glitzerwelt von Las Vegas **auf einen Blick**.
Über den Strip geflogen, knapp vorbei am Stratosphere Tower mit Abstecher nach Downtown Las Vegas. Wenn man Glück hat, sieht man auch die Bellagio Fountains von oben.
Um eine solche Tour zu buchen, empfehle ich auch wieder unbedingt bei Groupon.com oder Livingsocial.com vorbei zu schauen. So hatte ich das auch bei unserer Helikopter Tour gemacht.
Die Touren sind übrigens nicht allzu teuer (im Vergleich zu New York zum Beispiel). **Der Flug über Las Vegas** ist jedenfalls ein Highlight, dass man sich wirklich mal gönnen kann und sollte. Der **Blick** auf die schillernde Metropole ist einfach nochmal ein ganz anderer und sehr **beeindruckend**.

7. Action gefällig? Dann auf eine Runde mit der Achterbahn!

Eine coole Abwechslung bietet die Achterbahn des **New York New York Hotels**, die sich rund um das ganze Hotel schlängelt. Ein schöner **Nebeneffekt** der Fahrt ist, dass man zunächst ein ganzes Stück hochgezogen wird und somit eine **schöne Aussicht auf den Strip** hat.

Wer sich den Helikopter-Flug also nicht leisten will, hat hier zumindest auch eine nette Alternative. Wenn der Achterbahn-Wagen dann nach oben gezogen wurde, kann man die Aussicht noch ein paar Sekunden genießen und dann geht's ziemlich rasant los, mit allem was eine actionreiche Achterbahn eben so zu bieten hat.

Wer es noch eine **Nummer extremer** haben möchte, sollte mal auf den **350 m hohen Stratosphere Tower** schauen, auf dessen obersten Abschnitt sich quasi ein halber Vergnügungspark befindet.

Ich war leider(?) noch nicht dort oben, aber neben einer **Aussichtsplattform** und dem **höchsten Restaurant** in Las Vegas, bekommt auch jeder, der den Nervenkitzel sucht, das volle Programm.

8. What Happens in Vegas Stays in Vegas - Partytime

Natürlich gehören zum ganzen Vergnügen auch **Partys** dazu und da hat Las Vegas wieder sehr viel zu bieten. Fast jedes der größeren Hotels am Strip hat einen oder mehrere **Clubs** und zahlreichen **Bars**.
Was ich grundsätzlich immer empfehlen kann und beide Male auch so gemacht habe, sind organisierte **Party-Touren bzw. "Club Crawls"**.
Der Vorteil ist, dass man zum Einen mehrere Clubs und besucht, für die man sonst immer Eintritt zahlen müsste. Außerdem ist man gleich mit einer **Gruppe** von partywütigen Leuten **unterwegs**, was bisher immer sehr gut geklappt hat und sehr nett war.
Auch hier habe ich bisher nie den vollen Preis bezahlt, sondern meist 50% über Groupon oder Livingsocial Vouchers.
Mit **Rabatt** kostet das dann um die **40$** pro Person. Nachdem für manche Clubs bereits 20$ Eintritt zahlen müsste, ist das ein sehr guter Deal.

9. Sinne überfluten mit 12 Mio. LEDs und Musik in der Fremont Street

Wer eine kleine Pause vom Las Vegas Strip haben will, sollte auf jeden Fall auch in **Downtown** Las Vegas vorbei schauen. Eine wirkliche Pause ist das aber definitiv nicht.

Das Herzstück von Downtown ist die sogenannte **Fremont Street**, eine Art überdachte Fußgängerzone, umgeben von Casinos, auf der **abends immer einiges los** ist.
Highlight ist hier das mit **12 Millionen LEDs** bestückte Dach, was jeden Abend in verschiedenen Abständen eine wahrlich reizüberflutende Show abliefert.
Dieser Teil von Las Vegas ist allgemein auch günstiger, also von den Hotels, vom Essen, usw. Besonders aber das **Flair** des "**alten Vegas**" kommt hier noch ganz gut rüber, da alte **Neonleuchten** und **Glühbirnen**, wie sie früher eingesetzt wurden, hier noch allgegenwärtig verbaut sind, siehe Bilder.

In der Nähe der Fremont Street befindet sich übrigens auch das **Neon Musem**. Dort kannst du über 200 Neon Leucht Reklamen aus vergangenen Zeiten bestaunen und so noch tiefer in das alte Las Vegas eintauchen. Zur Dunkelheit besteht die Möglichkeit, den Neon Friedhof mit einer geführten Tour zu besichtigen, wo ein kleiner Teil der Reklamen auch wieder zum Leuchten gebracht wird. Wer also eh abends in der Fremont Street ist, kann sich diesen Ausflug gönnen.

10. Alles Weitere entdecken!

Natürlich hat Las Vegas noch **viel mehr Sehenswürdigkeiten zu bieten**. Vieles, dass man am besten selbst herausfindet, wenn man hier ein paar Tage bleibt. Wer shoppen will, findet hier eine riesige und schöne Auswahl. Und nicht zu vergessen ist natürlich das beeindruckende Angebot an **Shows** (z.B. Cirque du Soleil, uvm.).
Hier kann ich noch nicht viel von berichten, da ich noch in keiner war. Aber sicherlich kann ein solcher Besuch auch ein Highlight in Las Vegas sein.

Zur Übersicht habe ich hier noch einige Attraktionen gelistet, die ich (teilweise) selbst nicht besucht habe, aber sicherlich für dich interessant sein könnten:

- **Skyfall Lounge** im 43. Stock des Delano Hotels (tolle Aussicht auf Las Vegas)

- Der Las Vegas Highroller – Das seit 2014 fertiggestellte Riesenrad ist bisher noch das größte Riesenrad der Welt. Auch hier bekommst du natürlich eine der besten Aussichten auf den Strip.

- **Botanische Garten im Bellagio** – In diesen kleinen, aber feinen Garten kannst du kostenlos hinein.

- Ausflug ins **Valley of Fire**, nahe Las Vegas – Wenn du Pause vom Trubel möchtest, dann kannst du dir einfach einen Mietwagen schnappen und die rot-orangene Landschaft dieses State Parks bewundern. Nur 1 Stunde Fahrtzeit entfernt.
  Kostet 10$ pro Fahrzeug.
  Mehr Infos auf der offiziellen Homepage zum Park:
  (http://parks.nv.gov/parks/valley-of-fire)

Las Vegas: 5 Tipps für viel Spaß mit weniger Kosten

Auch wenn es beim prachtvollen Anblick von Las Vegas nicht gleich ersichtlich ist, man kann bei einem Aufenthalt in dieser Stadt an den verschiedensten Stellen Schnäppchen machen, bzw. Geld sparen.

In folgendem Kapitel stelle ich dir zu Las Vegas **5 Tipps bzw. Möglichkeiten** vor, mit denen man insgesamt durchaus einige **hundert $$** bei einem Aufenthalt in Sin City sparen kann. Dabei sieht man eigentlich einmal, wie günstig ein Aufenthalt in Las Vegas sein kann, im Verhältnis zum Spaß, den man dort haben kann.

Tipp Nr. 1: Das Couponheft

Ist man in Las Vegas erstmal angekommen, wird man meist gleich mit Flyern und ähnlichem überschüttet, welche **Rabatte** für irgendetwas bieten sollen.

Neben viel Unsinn gibt es aber auch wirklich nützliche Sachen. Was man als Las Vegas Besucher daher unbedingt besitzen sollte ist eines oder mehrere **Coupon-Hefte**. Diese findet man meist in den **Lobbys der Hotels** ausliegen oder sie werden einem direkt in die Hand gedrückt.

In den Heften findet man **Coupons** über alles Erdenkliche. Meist sind es **Rabatte** bei Restaurants, Shows, Cocktailbars/Nightclubs, Ausstellungen und anderen Dingen, die man in Las Vegas tun kann.
Daher lohnt sich das Ganze auch, da man die Sachen, die per Coupons ermäßigt sind, meist sowieso macht oder zumindest teilweise. Hier kann man bei einem mehrtägigen Aufenthalt durchaus einiges sparen.

Auf **travelvegas.com/coupons** findet man auch noch zahlreiche Online-Coupons, die man im Voraus bestellen kann, wenn man noch nicht vor Ort ist.

Tipp Nr. 2: Hotelbuchungen

Bei diesem Tipp kann man gleich schon mal eine Menge sparen, v.a. wenn man für **mehere Personen** bucht. Fast jedes Hotel bietet regelmäßig Vergünstigungen auf ihre Hotelzimmer. Dies wird i.d.R. durch sogenannte **Promo Codes** verwirklicht, die man direkt bei der Buchung der Zimmer angibt und dann auch direkt den vergünstigten Endpreis während der Buchung angezeigt bekommt. Eine der besten Übersichten über Hotel Promo Codes hat **travelvegas.com**.

Die Hotels bieten im Übrigen nicht nur reine Vergünstigungen, sondern auch **spezielle Angebote**, z.B. kostenloses Buffet oder ein Guthaben für Getränke/Essen am Pool oder auch Zimmer mit besserem Blick, etc., die dann mittels der Promo Codes wirksam werden.

Ein weiterer Punkt, den man bei der Hotelbuchung, wenn möglich, berücksichtigen sollte, ist der **Wochentag** des Aufenthalts.
Freitag und **Samstag** sind alle Hotelpreise gewöhnlich um 1,5-2x höher als unter der Woche.

Ein Spezialfall bieten noch **Messetage**. In Las Vegas finden an vielen Tagen im Jahr Messen statt, was die Hotelpreise zu diesen Zeitpunkten recht stark in die Höhe treibt. Hier gilt es also **aufzupassen** und sich ggf. vorher zu informieren, um einen Aufenthalt an diesen Tagen zu vermeiden.

Eine **Empfehlung** was das Preis/Leistungsverhältnis angeht kann ich für das **Flamingo** Hotel aussprechen. Dieses liegt zentral am Strip und bietet sehr **günstige Preise** für eine **gute Qualität** (3,5 Sterne). Hier konnten wir z.B. im August mit einem FAB Luxury Zimmer(2. Kategorie) mit Strip-View unter der Woche einen Preis von nur 23$ p.P. Erzielen (Promo-Code miteinberechnet).

Tipp Nr. 3: Für Zocker

Wer vor hat, in Las Vegas zu spielen, insbesondere an **Spielautomaten** und **Poker**, der sollte sich eine oder mehrere sogenannte **PlayersCards** besorgen. Viele Hotels haben sich für bestimmte "Player-Cards" zusammengeschlossen. Die zwei wichtigsten Karten, die man sich als Gambler besorgen sollte sind:
MLife Playerscard - Hierzu gehören u.a. folgende Hotels: Aria, MGM Grand, The Mirage, Bellagio, Monte Carlo, Luxor, Mandalay Bay und New York New York

Total Rewards Playerscard - Hierzu gehören u.a. folgende Hotels: Ballys, Caesars Palace, Flamingo, Harrahs, Imperial Palace, Planet Hollywood, Rio und Paris .

Was hat man nun von so einer Karte? Durch das Spielen bzw. generieren von **Umsatz** verdient man Punkte. Hat man genug Punkte gesammelt, kann man diese z.B. in Restaurants, Hotels, Shows oder anderen Aktivitäten und Vergnügungen in Las Vegas einlösen. Nachdem man die Karten **kostenlos** bekommt, sollte man sie sich auf jeden Fall besorgen, wenn man vor hat einigermaßen oft zu spielen und das dann nicht nur an den 1-Cent-Automaten tut.

Tipp Nr. 4: Für Partywütige

Gerade jüngere Leute nutzen in Vegas natürlich die Auswahl an hochkarätigen **Clubs** und **Bars**. Diese sind natürlich entsprechend teuer. Der Eintritt bei den meisten Clubs würde ohne Nachlass meist zwischen **20-30$** p.P. liegen. Dazu kommen teils lange Warteschlangen.
Daher lohnt es sich unbedingt eine der sogenannten **Party-Tours** mitzumachen. In Las Vegas gibt es dazu verschiedene **Anbieter**. Dazu gehören z.B. "Nite Tours", "SinCity Club Crawl" oder "A-List Vegas".
Die Touren beinhalten i.d.R. den VIP-Einlass zu 3 Clubs, Fahrt mit den Party-Bussen und free drinks. Die **Kosten** belaufen sich ohne Rabatte zwischen 70-90$, was insgesamt auch schon **günstiger** ist, als die Clubs so zu besuchen. Allerdings versuchen auch diese Anbieter wiederum ihre Touren **billig** zu verkaufen.
Am besten schaut man sich dazu regelmäßig auf folgenden Seiten um:

groupon.com
travelzoo.com
livingsocial.com

Auf livingsocial.com konnten wir beispielsweise bereits einmal eine **Partytour** für 39$ bei **"SinCity ClubCrawl"** sichern, was insgesamt sehr günstig und auch sehr spaßig war. Neben Partytouren gibt es aber natürlich auch einige Angebote für **Restaurants, Bars/Cocktails**, etc.

Tipp Nr. 5: Las Vegas Shows

Viele Las Vegas Besucher wollen sich bei einem Besuch eine der zahlreichen **Shows** (z.B. Cirque du Soleil, Blue-Man-Group, etc.) ansehen. Nachdem diese gerne auch mal über 100$ kosten, kann man hier einiges sparen, wenn man spontan und flexibel ist. Auf **tix4tonight.com** findet man jeden Tag Shows, bei denen noch Plätze zu vergeben sind. Diese Tickets bekommt man dann i.d .R. zum halben Preis.

Las Vegas - So findest du eine günstige Suite

Wer nach Las Vegas kommt, der kommt meist wegen Spaß, Unterhaltung, zocken, guten Restaurants und vermutlich auch wegen den prächtigen Hotels, die im Laufe der Zeit auf dem Strip entstanden sind.

Ich war bereits 16 Nächte in Las Vegas in 7 verschiedenen Hotels.
Ohne Rabatte habe ich noch nie ein Hotel in Las Vegas gebucht.

Bevor ich das vorletzte Mal nach Las Vegas ging, wollte ich mal sehen, ob es möglich ist, sich mittels diverser Vergünstigungen und Angeboten, auch eine **Suite** zu leisten. Warum nicht mal etwas **Luxus** in Vegas ;)

Was heißt leisten? Für mich war das **Maximalbudget** für eine Nacht ca. 150$. Mehr hätte ich für den Spaß nicht ausgeben wollen. Da wir zu zweit waren, wären das also 75$ pro Person gewesen.

Bei den 5*-Hotels war schnell klar, dass Suiten erheblich zu teuer sind, auch gab es dort für Suiten meist keine Angebote. Preise ab etwa 400$/Nacht im Bellagio oder Cesar's Palace.

Wie gehe ich nun vor, um eine günstige Suite oder ein günstiges Hotelzimmer in Las Vegas zu finden?

Ich nutze **3 verschiedene Webseiten**, auf denen sogenannte **Promo-Codes bzw. Promo-Links** zu finden sind. Das heißt, zu jedem Hotel werden hier die aktuellen "Special offers", bzw. Rabatte/Angebote aufgelistet. Diese kann man entweder über den gegebenen Link buchen, wodurch der Rabatt gleich mit einberechnet wird. Oder man gibt den genannten Promo-Code bei der Buchung direkt auf der Hotel-Homepage ein.

Die Seite, die meiner Meinung nach die **besten Angebote** hat, ist **Smartervegas.com.**

Hier habe ich auch meine Suite gefunden. Im Gegensatz zu den anderen Seiten gibt es hier ab und zu **Angebote**, die woanders **nicht gelistet** sind und für die man sich auch (kostenlos) registrieren muss, um den Promo-Code zu erhalten. Diese sogenannten "**unlisted offers**" haben es dann aber auch in sich.

Als ich letztes Mal nach einer günstigen Suite geschaut habe, bin ich auf **Smartervegas.com** jedes in Frage kommende Hotel durchgegangen und habe mir die Angebote angeschaut.

Beim Monte Carlo Resort&Casino, welches sich direkt am Strip befindet, wurde ich dann fündig. Der Rabatt war ein sogenanntes "unlisted offer", für das ich mich, wie schon erwähnt, registrieren musste. Eigentlich mache ich das nicht so gerne, aber hierfür hatte es sich tatsächlich gelohnt.

Das Angebot beinhaltete **Rabatt auf die Suiten** und zusätzlich einen **70$ Credit** auf das hauseigene Restaurant "The Pub". Die **Diamond Suite**, die ich über dieses Angebot gebucht hatte, kostete für **2 Nächte** demnach nur **295$**, d.h. knapp 150$/Nacht. Nachdem wir durch den **Essensgutschein** sogar noch 2x essen gehen konnten, wurde das Ganze, relativ gesehen, aber sogar noch **preiswerter**. Ich denke, viel günstiger kann man eine 75m² Suite in einem 4*-Hotel in Las Vegas nicht bekommen.

Wer sich auch mit einem normalen Hotelzimmer begnügt, dem empfehle ich,

grundsätzlich mal das **Flamingo** Hotel&Casino anzuschauen, da dieses vom **Preis/Leistungsverhältnis** meiner Meinung nach eines der besten Hotels ist und sich vor allem zentral in der Mitte des Strips befindet.
Wer **Low-Budget** möchte, aber dennoch zentral am Strip, dem kann ich das Hotel "The Quad" (heute auch als „The Linq“ bekannt) empfehlen, welches sich neben dem Flamingo befindet. Dies ist vermutlich das günstigste Hotel, welches so zentral ist.

Die **2 anderen Seiten** mit Promo-Codes, die ich parallel benutzt habe, sind

- **totalrewards.com** (in direkter Verbindung mit allen Hotels, die zu totalrewards gehören) und

- **vegas-hotels-online.com** (die Seite ist vom Design her allerdings nicht so schön)

Wann sind die Hotels grundsätzlich am günstigsten?

Wer eine günstige Suite oder Hotelzimmer in Las Vegas bekommen möchte, muss natürlich auch ein wenig darauf achten, dass die **Zimmerpreise,** abhängig von verschiedenen Faktoren, sehr **schwanken** können.

Freitag und Samstag sind grundsätzlich **teurer**, meist kosten die Zimmer 1,5x-2x mehr, als unter der Woche.

Findet zu der gewünschten Zeit gerade eine (wichtige) **Messe** oder andere **Großveranstaltung** in Las Vegas statt, wird man es auch schwer haben, günstige Zimmer zu finden. Die Preise können hier schon auch mal das Dreifache zum üblichen Tarif sein.

Auch an wichtigen **Feiertagen** oder dem **Jahreswechsel** gibt es keine günstigen Zimmer.

Die **Saison** spielt auch eine Rolle. **Hauptsaison** ist dann, wenn es nicht allzu heiß ist, also im **Frühling**. **Nebensaison** ist dagegen von **Juli bis September**, wo es in Las Vegas zwar sehr heiß ist (ich finde es aber gut aushaltbar), die **Zimmerpreise** sind aber auch **niedriger**.

Zusammenfassend hat man die **besten Chancen** günstige Hotelzimmer oder Suiten in Las Vegas zu finden, im Juli/August, von Sonntag bis Donnerstag, wenn zu dieser Zeit keine Messe oder Großveranstaltung stattfindet.

Was gibt es sonst noch für Möglichkeiten Hotel Rabatte zu erlangen?

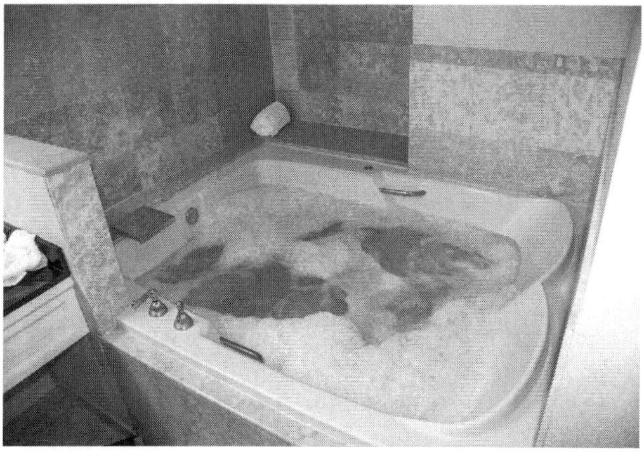

Diamond Suite - Monte Carlo Hotel&Casino

Eigentlich gibt es zahlreiche Möglichkeiten Rabatte oder sogar kostenlose Übernachtungen zu erhalten.
Dies ist allerdings nicht so einfach, wie die Zimmer einfach vergünstigt online zu buchen.

Zum Beispiel gibt es den ominösen **20$-Trick**. In wie weit dieser noch funktioniert kann ich nicht wirklich beurteilen. Hierbei legt man beim Check-in an der Rezeption dem Hotelangestellten unauffällig 20$ auf den Tresen und bittet um ein Upgrade. Wenn der Hotelier drauf eingeht, kann er schauen, ob zufällig ein besseres Zimmer vorhanden ist. Habe ich selbst noch nicht ausprobiert, aber wer möchte kann es ja mal versuchen.

Die nächste Möglichkeit ist für Alle, die vorhaben, viel in den **Casinos zu spielen** und das nicht mit Cent-Beträgen. Denn wer möchte, kann sich eine Playerscard besorgen und erhält bei Automatenspielen, Poker, etc. **Punkte** gutgeschrieben. Diese kann man dann irgendwann u.a. auch für kostenlose Übernachtungen oder Zimmer-Upgrades einlösen. Um dafür genug Punkte zu erreichen, sollte man aber schon mehr als nur 100$ Umsatz machen, sonst kommt nämlich fast gar nichts bei rum.

Wer im Übrigen in Las Vegas **heiratet**, bekommt wohl in der Regel auch ein Upgrade, normalerweise eine Suite, wenn man an der Rezeption nett fragt und davon erzählt. Das habe ich zumindest gehört.

Grand Canyon - Wanderung in abenteuerliche 1,5 km Tiefe + Übernachtung

Der Grand Canyon. Wahrzeichen vom Bundesstaat Arizona und ein wahrlich beeindruckendes Gebilde der Natur. Wer das erste Mal vor dem Grand Canyon steht, ist beeindruckt von dieser unheimlichen Weite und Tiefe.

Ich war bereits dreimal dort und vorletztes Mal wollten wir es endlich wissen: **Wanderung in den Grund** des Grand Canyon, **Übernachtung** unter freiem Himmel und am nächsten Tag das Ganze **wieder hoch**...

Natürlich war klar, dass kein Spaziergang würde und die bisher wohl schwerste und längste Wanderung. Vor allem aber bedarf es etwas Vorbereitung.
Nicht nur aus ausstattungstechnischer Sicht, wie Essen, sondern auch aus **organisatorischer** Sicht. Denn wer ganz unten übernachten will, braucht ein **Permit**, also eine Genehmigung.
Daher zunächst noch etwas dazu.

Grand Canyon Wanderung - Permit für die Übernachtung beantragen

Wer am Grund übernachtet, macht das entweder auf dem **Bright Angel Campground**, welcher an einem Nebenfluss des Colorado liegt oder in der **Phantom Ranch** (teuer und immer ausgebucht), welche sich neben dem Campground befindet. Wer es in der Phantom Ranch versuchen will, muss sehr frühzeitig eine **Reservierungsanfrage** stellen. Dies kann man auf der offiziellen Seite tun:
http://www.grandcanyonlodges.com/lodging/phantom-ranch/
Bei positiver Bestätigung der Buchung erhält man dann auch gleichzeitig das Permit zum Übernachten.

Für den Bright Angel Campground (oder auch den etwas höher gelegenen Indian's Garden Campground) sollte man im Voraus ein Permit beantragen, am besten einige Wochen vorher. Etwas doof ist, dass man den Antrag für das Permit nicht per E-Mail, sondern nur per **Fax** oder per **Post** senden kann.

Den **Antrag** gibt's jedenfalls unter:
http://www.nps.gov/grca/planyourvisit/upload/permit-request.pdf.

Das Permit kostet **18$** für eine Person + **8$** für jede weitere Person. Wir hatten es erst etwa 2 Wochen vor unserer Ankunft am Grand Canyon per Fax gesendet und zum Glück noch eine Genehmigung erhalten. Empfohlen wird aber eher, das mindestens **6 Wochen vorher** zu beantragen. Da wir im August dort waren, war es aufgrund der Hitze aber auch nicht die Hauptsaison für den Canyon.

Falls man ein Permit erhalten hat, kann man sich glücklich schätzen. Man muss, um dieses zu bestätigen, am Tag vor der Wanderung unbedingt aber noch zum "**Backcountry Information Center**" um den Wisch zum Nachweis für den Ranger am Grund des Canyons zu erhalten. Das Büro macht **relativ früh zu** (17 Uhr). Wir hatten es letztes Mal auf die letzte Minute noch geschafft.

Wer kein Permit erhalten hat, kann sein Glück auch noch vor Ort beim "Backcountry Information Center" versuchen, falls jemand abgesprungen ist oder es doch noch Kapazitäten gibt.

Grand Canyon Wanderung – Vorbereitung!

Naja, das meiste ist wohl selbstverständlich. Wenn man so eine Strecke wandert, muss man dafür sorgen, dass man unterwegs genug zu essen und trinken dabei hat und vielleicht wenigstens einen Schlafsack.

Zum Essen hatten wir etliche **Energie-Riegel** mitgenommen, außerdem einige andere **Snacks, Obst** und je einen abgepackten **Sandwich** vom Supermarkt (dessen Konsistenz unten angekommen dann allerdings nicht mehr so prickelnd war).
Im Nachhinein waren die ganzen Fressalien doch einen Tick zu wenig, also lieber etwas mehr mitnehmen. Schließlich verbraucht man hier vermutlich alleine um die 5000 Kcal nur durch die Wanderung (grobe Schätzung).

Um Gewicht zu sparen (ich hatte auch noch den mind. 5kg schweren Fotorucksack) haben wir auf das Zelt verzichtet und nur den Schlafsack mitgenommen. Eine leichte **Isomatte** ist auch noch empfehlenswert. Von der **Temperatur** ist es in den Sommermonaten unten meist kein Problem.

Beim **Wasser** sieht es so aus, dass das Minimum meiner Meinung nach (wenn man allgemein nicht soo viel trinkt) 1,5 Liter sind. So viel hatte ich für den Abstieg dabei und es hat, ehrlich gesagt, gerade so ausgereicht. Außentemperatur etwa 35°C. Allerdings trinke ich allgemein eher weniger als der Durchschnitt. Viele werden nicht mit unter **3L** auskommen wollen.

Nachdem der **Aufstieg** eigentlich immer über den **Bright Angel Trail** geht, braucht man sich keine Sorgen um Wasser zu machen, da es hier immer nach jeweils einem Drittel der Strecke die Möglichkeit gibt, Wasser aufzufüllen.
Aber Achtung: Die Wasserversorgung ist wohl saisonal begrenzt. Außerhalb des Sommers gibt es teilweise kein Wasser. Kann man sich beim Visitor Center natürlich vorher informieren lassen.
Auf dem **South Kaibab Trail** (Abstieg) gibt es dagegen gar **kein Wasser.**

Grand Canyon Wanderung - Los geht's!

Und zwar früh um halb 5. Wer diese Wanderung macht, sollte es sich nicht entgehen lassen, den **Sonnenaufgang am Yaki Point** anzuschauen (dort beginnt auch der Abstieg).
Das Auto stellt man am besten auf dem Visitor Center Parkplatz oder einem der anderen kostenlosen Parkplätze ab. Wer die Nacht davor auf dem Mather-Campground übernachtet, zahlt entweder die nächste Nacht im Voraus oder fährt eben früh zum Visitor Center.

Vom Visitor Center geht's mit der **Orangenen Route** (Bus) zum Yaki Point. Busfahrpläne kannst du beim Visitor Center einsehen.

Wir hatten letztes Mal leider unseren Bus verpasst, wodurch wir etwas zu spät zum Sonnenaufgang kamen. Also, rechtzeitig los!
Allein wegen der Hitze sollte man aber eh so früh wie möglich starten.
Am Yaki Point sind um die Zeit früh zwar schon ein paar Leute, aber lange nicht so viele wie zum Sonnenuntergang. Wenn man sich einen schönen Platz gesucht hat, kann man den Sonnenaufgang entspannt genießen und es lohnt sich auf jeden Fall. Eine sehr schöne Lichtstimmung. Auch in der ersten Stunde nach dem Sonnenaufgang, wenn man die Wanderung beginnt, sind die Felsen in schönen Farben beleuchtet.

Der South Kaibab Trail, den man hier beginnt hinunter zu laufen, überwindet **1457 Höhenmeter in 11,3 km**, daher ist der Weg durchaus steil (knapp 13% Steigung).
Wenn man nicht genügend Grip unter den Schuhen hat, rutscht man manchmal etwas auf dem Sand.

Ooh-Aah-Point

Der **erste wirkliche Aussichtspunkt**, an dem man beim Abstieg vorbei kommt (nach ca. **1,5 km**), ist der sogenannte **Ooh-Aah-Point** (benannt nach den Ausrufen der Menschen, die hier ankommen und die ganze Breite und Weite des Canyons erblicken).
Dieser Punkt ist wirklich schön. Man kann sich auf einen der Felsen setzen und hat die uneingeschränkte Sicht. Ich finde, jeder, der am Grand Canyon ist, sollte zumindest einmal bis zu diesem Punkt runter laufen (Hin und zurück dauert ca. 1 Std.).

Cedar Ridge

Insbesondere nach Sonnenaufgang gibts hier auch ein wunderbares Licht.
Weiter geht's in Richtung runter. Der erste offizielle "Zwischenstopp" ist nun "**Cedar Ridge**", eine ebene Fläche, an der man Pause machen kann.
Bis hierhin bin ich übrigens bei meinem ersten Grand Canyon Besuch gelaufen.

Wer also nur eine **kürzere Wanderung** (ca. 4 Stunden/4,8 km) machen möchte, kann bis hierher laufen und dann umkehren. Man hat dann zwar nur ca. 350 Höhenmeter überwunden, aber selbst das lohnte sich schon sehr, um einen anderen Einblick in den Grand Canyon zu bekommen, als von oben.

Grand Canyon Wanderung - Weiter Richtung Skeleton Point

Die Aussicht auf dem Weg nach Cedar Ridge war schon außergewöhnlich schön. Aber eigentlich muss ich fast sagen, ab hier wird es immer eindrucksvoller.

Nach jeder Biegung eine neue Perspektive , alle paar hundert Meter eine neue Aussicht. Der tatsächliche Grund des Grand Canyons bleibt auf dem Weg aber auch erst mal eine zeitlang verborgen.

Der Weg Richtung **Skeleton Point** ist wieder genauso lang, wie der Weg nach Cedar Ridge, allerdings nicht mehr so steil. Über den roten Sand geht es weiter, zwischendurch läuft man über eine Art Ebene. Dort wachsen nun auch mal ein paar Kaktuspflanzen und anderes Gestrüpp.

Irgendwann hat man auch diesen Abschnitt geschafft und man erreicht den sogenannten Skeleton Point. Spätestens hier kehren die meisten Tageswanderer zurück (bis hierhin und zurück sind es **9,6 km**).
Dort ist nun nochmal ein guter Zeitpunkt für eine Pause. Tolle Aussicht.

Grand Canyon Wanderung - Die Hälfte ist fast geschafft

Der nächste Abschnitt ist nun noch einmal etwas intensiver. Gleiche Länge wie die vorherigen Abschnitte, aber etwas steiler. Nun ist es vielleicht 9 oder 10 Uhr und die Hitze beginnt langsam ihre Wirkung zu entfalten. Vor allem ist der Weg hier völlig schattenfrei. Ich denke um die Zeit war es nun schon etwa 30°C (je tiefer man kommt, desto heißer wird es).

Ab hier wird es nun auch schon ruhiger. Die Anzahl der Wandernden nimmt stetig ab. Auf halber Strecke kommt uns eine **Muli-Kolonne** entgegen.
Neben reinen Transport-Mulis werden auch ein paar Touristen hochgeschleppt. Diese scheinen wohl von ihrer Übernachtung am Grund wieder nach oben gebracht zu werden.

Die Hitze wird nun schon etwas erbarmungslos, wenn auch aushaltbar. Nach einiger Zeit kommt nun der letzte offizielle Halt. Dieser trägt nun auch nur noch den Namen "**Tip Off**".
Hier fühlt es sich nun schon wirklich etwas verlassen an.
Ein paar Raben stolzieren hier umher und die Wühlmäuse (?) sind ganz schön zutraulich...:

Neben einem Plumpsklo gibt es auch ein **Notfalltelefon** hier.
Ich denke, das hier ist auch der letzte Punkt vor dem Grund, wo ein Helikopter landen könnte, wenn etwas passiert ist.

Grand Canyon Wanderung - Endspurt!

Ab jetzt geht's direkt weiter, **noch 4,2 km und 463 Höhenmeter** sind zu überwinden, bevor man es geschafft hat.

Jetzt wird es allerdings auch nochmal richtig interessant, was die Landschaft angeht. Kurz nachdem man den "Tip Off" verlassen hat, kommt man an eine wirklich überwältigende Stelle. Hier kann man das erste Mal den **Colorado** richtig gut erkennen und vor allem sieht man das erste Mal das Ziel, den **Bright Angel Campground**.
Hier wird nochmal richtig schön das Ausmaß dieser Schlucht erkennbar. Die Bilder können das leider mal wieder gar nicht so wiedergeben. Trotzdem kann man es vielleicht erahnen.

Aussicht auf den Colorado

Spätestens ab jetzt werden wohl die meisten ihre Wade merken, die durch das ständige Abfedern beim herunterlaufen schon richtig angestrengt ist. Die Beine zittern schon leicht beim abwärts laufen.

Diese letzte Stück vor der Brücke, die über den Colorado River führt, ist nochmal echt fies. Dauerhaft in der Sonne, es wird immer heißer (schätze hier waren es dann 35°C) und das Wasser wurde, zumindest bei mir, langsam knapp.

Naja, was muss, das muss und auch dieses Stück ist irgendwann geschafft. Jetzt geht es durch einen kleinen Tunnel (endlich mal Schatten) und danach über die Hängebrücke über den Fluss.

Noch 10 Minuten. Und ...

Geschafft! Jetzt muss man sich nur noch einen Platz auf dem Campingplatz aussuchen (wer zuerst kommt, hat die beste Auswahl).
Wir kamen etwa um 12 Uhr mittags an. Nachdem man das Wasser aufgefüllt hat, ist das Beste was man wohl machen kann, sich an oder in den Fluss, der am Campground fließt, zu setzen oder auch ganz reinzuspringen. Ist jedenfalls eine willkommene Abkühlung.

Da wir die Nacht vorher nur ca. 4 Stunden Schlaf hatten (was man auf der Wanderung selbst zum Glück nicht gemerkt hat) gab es jetzt erst mal eine ausgedehnte Mittagspause. Viel kann man in der Hitze und nach der Anstrengung eigentlich auch erst mal nicht machen...

Am **Bright Angel Campground** angekommen, suchten wir uns einen netten freien Platz, der zumindest noch ein wenig **Schatten** bot. Mittlerweile war es schon recht **heiß** hier unten.

An Ausstattung gibt's auf jedem Stellplatz einen **Tisch mit Bänken**. Viel mehr glaube ich nicht. Nach einer **Abkühlung am Fluss** und einer längeren Mittagspause auf der Bank kam die zuständige **Rangerin** vorbei, um das Permit zu checken und ein bisschen was über die Gegebenheiten hier unten zu erzählen.

Wer Lust hat, kann sich abends auch einen **Ranger Talk** anhören. Außerdem gäbe es auf der **Phantom Ranch** (etwa 100 m entfernt) einen kleinen Shop und etwas zu essen.

Zu essen hatten wir ja noch etwas, auch wenn der mitgebrachte Sandwich von oben nicht mehr allzu toll schmeckte. Vor allem aber schmeckt das Wasser hier unten nicht besonders (das Wasser wird vom Fluss abgeschöpft und mittels entsprechender Mittel trinkbar gemacht).

Umso interessanter war die **Limonade**, die es in dem Mini-Shop für 3$ + je 1$ für refill gab. Dieser Luxus hier unten kam uns dann doch recht gelegen, denn das warme, schlecht schmeckende Flusswasser ist auf Dauer doch zum Abgewöhnen.

Nach einem schönen Nachtspaziergang, den man sich hier unten nicht entgehen lassen sollte, ging es nun - nicht ins Zelt, denn das hatten wir ja nicht dabei - sondern vielmehr auf den Tisch, was sich als bequemste Schlafmöglichkeit erwies.

Der Boden war dann doch recht staubig.

Noch vor **5 Uhr** klingelte wieder der Wecker, denn auch hier gilt: je früher man los läuft, desto später kommt die Hitze.

Also alles zusammengepackt, ein paar Riegel zum Frühstück und auf ging es zur **15,3 km langen Wanderung, die 1335 Höhenmeter** überwinden sollte.

Wir waren natürlich nicht die Einzigen, die um die Zeit schon los liefen, aber viel war noch nicht los.

Grand Canyon Wanderung – Rückweg - Erstes Ziel: Indian Garden

Der Rückweg teilt sich nun auch wieder in verschiedene "Abschnitte" auf. Der erste nennenswerte Punkt ist der **Indian Garden Campground**. Diesen erreicht man nach **7,6 km und 404 Höhenmetern**. Die meisten Leute, die 2 Nächte im Grand Canyon bleiben möchten, wandern nur bis hierher und übernachten dort noch eine Nacht.

Ich muss sagen, dieses erste Stück zieht sich schon ziemlich. Nachdem es vom Start erst relativ eben geht, beginnt nach etwa 3 km ein kontinuierlicher Aufstieg. Da ist es schon sehr gut, dass es noch nicht heiß ist. Irgendwann ändert sich die

Vegetation dann langsam von "steinig und sandig" zu "**immer mehr grün**" und man hofft, dass in Kürze schon der Indian Garden um die Ecke kommt.

Vom erstem Grün bis zum Indian Garden dauert es leider doch noch eine ganze Weile. Zwischendurch begegnet man einigen Wildtieren (Rehe oder dergleichen).

Nach einiger Zeit (ich schätze **3 Stunden**) haben wir dann Indian Garden endlich erreicht. Hier kann man auch gleich **Wasser nachfüllen**, was auch schon nötig ist. Für den Aufstieg braucht man eben doch erheblich mehr Wasser.

Eine erste, mehr oder weniger längere, **Pause** ist nun auch angebracht. Ab hier kann man sagen "**Die Hälfte des Weges ist geschafft**".
Leider gilt das nur für die Strecke, nicht aber für die Höhe. Denn an **Höhe** hat man bis hierher nur knapp **ein Drittel** überwunden (404 m/1335 m).

Grand Canyon Wanderung - Weiter zum 3-Mile-Resthouse

Ab jetzt gibt es noch 2 nennenswerte Stellen, nämlich das **3-Mile-Resthouse** und das **1,5 Mile Resthouse**. Dies sind die beiden Stellen, an denen man nochmal Wasser auffüllen und Pause machen kann.

Vom Indian Garden, der noch schön schattig ist, geht es nun lange Zeit in der Sonne. Wir hatten einigermaßen Glück, das auch ein paar Wolken vorhanden waren und nicht dauerhaft die Sonne schien.

Es geht nun ein paar Kilometer über eine eher **ebenere Fläche** (die dennoch steigend ist) in Richtung Felswand. Ab hier dann größtenteils über **Spitzkehren** kontinuierlich und unermüdlich **aufwärts**. Nach nicht allzu langer Zeit hat man es dann zum **3-Mile-Resthouse** geschafft. Die Entfernung vom Indian Garden betrug **2,7 km und 289 Höhenmeter**.

Ab hier geht es eigentlich aber erst richtig los.

Grand Canyon Wanderung - 1,5 Mile Resthouse

Vom 3-Mile Resthouse zum 1,5 Mile Resthouse geht es nun über **2,4 km 299 Meter** nach oben. Die Steigung beträgt 12,5%.

Ab hier muss man sich gewissermaßen einfach hochkämpfen. Ich brauchte nun schon etwa alle 10 Minuten eine kleine Pause, bevor es weiterging. Hier bieten sich wieder einige schöne **Ausblicke auf den Grand Canyon** und die Strecke, die man bereits gelaufen ist.Angekommen am **1,5 Mile Resthouse** gibt es wieder eine **Pause**. Hier sind nun schon einige Touristen. Viele gehen den Bright Angel Trail auch nur ein Stück hinunter und kehren an dieser Stelle um.

Grand Canyon Wanderung - Endspurt zum Ziel

Das beste Stück zum Schluss. Jetzt geht's nochmal richtig intensiv nach oben. Der mit **345 Höhenmetern auf nur 2,6 km** steilste Abschnitt der Strecke

(13,2% Steigung) fordert den Wanderer nochmal heraus.
Seit dem 1,5 Mile Resthouse waren nun auch leider schon unsere Essensvorräte aufgebraucht und es wurde Zeit anzukommen.

Das letzte Stück ist schon ein Kampf, aber irgendwann hat man dann endgültig das **Ziel** und somit das Ende des Weges vor Augen, was durchaus hilft.

Nach etwa **7-8 Stunden** war es dann endlich soweit. Der Trailhead und somit die Felskante war erreicht und der Aufstieg tatsächlich geschafft. Blickt man nun hinunter auf die Strecke und Entfernung, die man zurückgelegt hat, kann man sich das kaum vorstellen, so weit und hoch gelaufen zu sein.

Das war sie, die **Wanderung zum Grunde des Grand Canyons**.
In jedem Fall ein einmaliges Erlebnis, welches ich nur empfehlen kann, wenn man mindestens **3 Nächte Zeit** hat für den Grand Canyon Nationalpark.
Es ist zwar anstrengend als nicht geübter Wanderer, aber für die meisten Leute vermutlich machbar, zumindest, wenn man eine Nacht am Grund übernachtet. Am selben Tag runter und wieder hoch, hätte ich persönlich aber nicht machen wollen.

Antelope Canyon - zwischen fantastischen Formen und Farben

Der Antelope Canyon in Arizona ist ein kleines aber feines Highlight, welches sich in der Nähe des Lake Powell in Arizona befindet. Wie auch das Monument Valley ist der Antelope Canyon von den Navajo-Indianern autonom verwaltet, da er in deren Gebiet liegt.

Der "Antelope Canyon" ist ein sogenannter **Slot Canyon** und besteht eigentlich aus 2 verschiedenen Canyons - dem **Upper Antelope** und dem **Lower Antelope** Canyon. Slot Canyons sind im Grunde durch Wasserkraft geschaffene **Einschnitte in das Felsmassiv**, die zwar nur ein **paar Meter breit** sind, dafür aber **einige hundert Meter lang**.

Als Besucher wird man wahrlich beeindruckt von den wunderschönen **Formen und Farben**, die man hier vorfindet, sowie den sogenannten "**Light Beams**", Lichtstrahlen, welche bei gutem Wetter und zur richtigen Tageszeit eindrucksvoll in die Canyons scheinen (vor allem im Upper Antelope Canyon).

Leider haben die **Preise**, welche die Navajos für ihre Slot Canyons verlangen im Laufe der Jahre ziemlich angezogen und sind mittlerweile teils recht heftig.

Empfehlenswert, da weniger besucht und preisgünstiger, ist der Lower Antelope Canyon.
Dieser hat zwar nicht so viele oder je nach Wetter auch gar keine "Light Beams", ist davon abgesehen aber wohl mindestens genauso beeindruckend und schön, wie der Upper Antelope Canyon.

Ich persönlich war nur im Lower Antelope Canyon, da mir der Preis und die teils negativen Erfahrungsberichte für den Upper Antelope Canyon (zu viele Besucher, Gedränge, Hektik) einen Besuch nicht unbedingt wert waren.

Antelope Canyon - Eine kurze Preisübersicht:

Lower Antelope Canyon:

Eintritt: **40$ + 8$** (Navajo Gebühr, welche als "Eintritt" in das Navajo Reservat zu zahlen ist)

Upper Antelope Canyon:

Einritt (zur besten Zeit um **11:30 Uhr**): **69$ + ggf. 8$** Navajo-Gebühr (wenn nicht schon vorher bezahlt).
Eintritt (zu allen **anderen Zeiten**): **54$ + ggf. 8$** Navajo-Gebühr (wenn nicht schon vorher bezahlt).
Achtung: Die Preise erhöhen sich jedes Jahr. Die hier angegebenen sind für 2020.

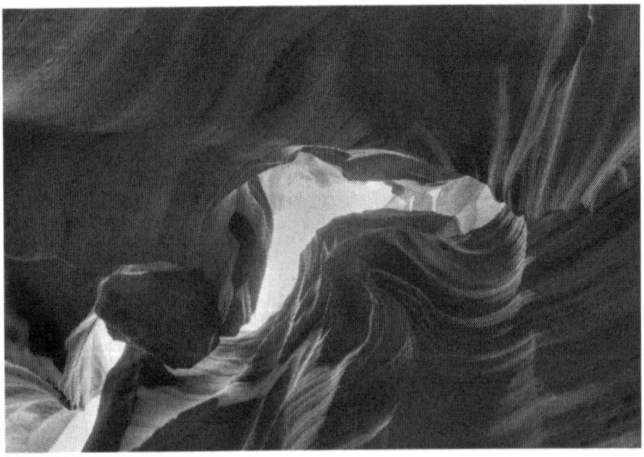

In der **Hauptsaison** und zu **besten Tageszeit** sollte man unter Umständen lieber vorher **reservieren**, da die Touren dann möglicherweise ausgebucht sind.
Um **online zu reservieren** gibt es verschiedene Anbieter, z.B. Adventurous Antelope Canyon Photo Tours (www.navajoantelopecanyon.com) oder Navajo Tours (https://navajotours.com/tour-packages).

Anfahrt zu den Antelope Canyons

Upper Antelope Canyon:

Der Parkplatz für den Upper Antelope Canyon befindet sich an der **AZ 98** (Koordinaten: 36°53'49.2"N 111°24'28.3"W), östlich vom Ort Page. Von dort aus wird man dann im Zuge der Eintrittsgebühr über eine sandige Piste **per Jeep zum Upper Antelope Canyon gefahren.**

Lower Antelope Canyon:

Zum Lower Antelope Canyon gelangt man über die selbe Strecke wie zum Upper Antelope. An der Kreuzung zum Upper Antelope biegt man von Page aus kommend allerdings links ab und gelangt so zum Lower Antelope Parkplatz (Koordinaten: 36°54'05.1"N 111°24'37.0"W).

Von hier wird man mit Guide als Gruppe von 10-15 Leuten direkt in den Canyon geführt.

Erkundung des Lower Antelope Canyons

Wie schon beschrieben, habe ich nur die Tour in den Lower Antelope Canyon gemacht. Glücklicherweise geht es hier nämlich etwas **ruhiger** zu und man muss zumindest nicht mit allzu großem Gedränge im Inneren des Canyons rechnen. Leider kann man die Tour dennoch **nur mit Guide** machen und hat daher auch nur begrenzte Zeit zur Verfügung (ca. 30 Minuten).
Zeit für **Fotos** ist an sich genug, es gibt aber wohl auch spezielle Foto-Touren.

Zur Beginn der Tour wird man an die **Öffnung bzw. den Einstieg** in den Canyon geführt, wobei man zunächst gar nicht denkt, dass man hier reinkommt. Die Öffnung ist nämlich nur ein **relativ schmaler Spalt**.
Daher wird vermutlich auch am Anfang der Tour gewarnt, dass es nichts für Leute mit Platzangst ist. Zugegeben, "wohlbeleibtere" Menschen haben hier vermutlich

wirklich Probleme. An sich ist es aber schon machbar. Ist man unten angelangt, wird man durch den etwa **400 m langen** Canyon geführt.

Bei uns war es zunächst noch leicht bewölkt, aber ab und zu ist dann auch die Sonne heraus gekommen, was die schönen Farben des roten Sandsteines noch besonders hervorhebt und beleuchtet. Unser Guide war an sich ganz nett und machte auch Fotos von uns, wenn man möchte. Über die Führer hört man aber auch immer Unterschiedliches.

Nach etwa **einer halben Stunde** ist man am Ende angelangt, wo man dann noch ein wenig Zeit hatte, schöne Fotos zu machen, bevor der Guide irgendwann zum Verlassen des Canyons aufruft. Hinauf geht es über eine Stahltreppe, wo man nach Erreichen des Ausgangs vom gleißenden Sonnenlicht erst mal ordentlich geblendet wurde.

Alles in allem war das eine angenehme und beeindruckende Tour, mit der sich dieses Naturphänomen der Slot Canyons gut erkunden lässt.
Wer die (überteuerten) Preise nicht scheut, kann nun auch noch den Upper Antelope Canyon anhängen.
Man kann auch **beide hintereinander besuchen**, wobei hier zu beachten ist, dass vor allem für den **Upper Antelope Canyon die Mittagszeit** ausschlaggebend für die "**Light Beams**" ist, während für den Lower Antelope Canyon auch der Vormittag und frühe Nachmittag eine gute Zeit zur Besichtigung ist.

Monument Valley USA - Abstecher nach Navajo Nation

Ein wahrer Klassiker im Südwesten der USA. Navajo-Indianer, rote Tafelberge und Felssäulen, staubige Pisten. Ganz im Zeichen des typischen USA Wildwest-Flairs bietet das Monument Valley an der Grenze von Arizona zu Utah eine wunderschöne Panorama-Landschaft, v.a. bei Sonnenauf- oder Untergang.

Je nachdem, aus welcher Richtung und Straße man das **Monument Valley** anfährt, kann man schon aus weiter Entfernung die für das Monument Valley bekannten **Felsen** sehen und diesen immer näher kommen. Ein beeindruckendes Motiv, vor Allem beim ersten Mal.

Das Monument Valley und das umliegende Gebiet ist ein **Reservat der Navajo Indianer**, das heißt, im Gegensatz zu den Nationalparks und anderen Gebieten, welche öffentlich verwaltet werden, wird das Monument Valley komplett von den Navajos verwaltet. Der US Nationalpark-Pass ist hier zum Beispiel also nicht gültig. Der **Eintritt** kostet **5$ pro Person**.

Ich empfehle auf jeden Fall eine **Übernachtung** hier, um das Monument Valley nicht nur als Tagesausflug zu erleben. An Übernachtung gibt es hier **verschiedene Möglichkeiten**:

- **Budget**: Es gibt einen "Parkplatz" für **10$** pro Auto ohne weitere Infrastruktur wie Duschen/WCs. Man kann von hier aus aber theoretisch sehr gut den Sonnenaufgang beobachten.

- **Campingplatz**: Der richtige Campground gehört dem "**Goulding's-**Komplex" an, welcher sich ein paar Kilometer vom Eingang entfernt befindet. Der Zeltplatz kostet hier **ca. 38$** und ist, soweit bekannt, der einzige richtige Camping-Platz in der Gegend. Es gibt auch noch einen kleinen Store. Die Stellplätze sind zwar relativ einfach geordnet, aber wenn man das Zelt richtig hinstellt, hat man von hier aus einen schönen **Ausblick auf die Felsen**, insbesondere bei Sonnenaufgang. Normalerweise findet man hier auch **spontan** noch einen Stellplatz für ein Zelt, man kann aber auch im Voraus reservieren (https://camp.gouldings.net).

- **Teuer**: Zum Einen gibt es die **Goulding's Lodge**, welche sich bei dem erwähnten Campingplatz befindet. Die Goulding's Lodge ist meist die Alternative, wenn das sehr beliebte "**View Hotel at Monument Valley**" (www.monumentvalleyview.com), welches sich am nähesten an den 3

bekannten Felsen befindet, schon ausgebucht ist (man muss hier sehr frühzeitig reservieren).
Die **Preise** für beide Hotels/Lodges liegen bei etwa **200$** für die normalen Zimmer.

Um das ganze Gebiet um das Monument Valley zu entdecken, kann man entweder an, von den **Navajos geführten, Touren** teilnehmen (nicht ganz billig, aber man kommt wohl teilweise an Stellen, an die man als normaler Besucher nicht gelangt. Zum Beispiel ca. **65$** für 2,5 Stunden).

Alternativ und was ich auch jedes Mal, als ich am Monument Valley war, gemacht habe, ist den Park auf eigene Faust **mit dem Mietwagen** zu erkunden.

Dafür gibt es eine wirklich schöne, **27 km lange Strecke bzw. "Scenic Drive"**, welche mit beeindruckenden Aussichtspunkten aufwartet. Die Strecke ist allerdings **unbefestigt** und teilweise schon echt extrem holprig, vor allem am Anfang.

Wer einen normalen Mietwagen hat (non-SUV) wird teilweise schon Probleme haben, bzw. muss ab und zu extrem langsam fahren. Daher ist hier ein **SUV** auf jeden Fall **empfehlenswert**. Aber auch hier schaukelt es wirklich extrem. Man kommt aber schon besser voran.
Mit **Wohnmobil** dagegen unmöglich. Da müsste man sich dann einer Tour anschließen.

Ich bin auf dem Scenic Drive zweimal am späten Nachmittag, etwa 2 Stunden vor Sonnenuntergang gefahren, was auf jeden Fall hilfreich für die Lichtstimmung ist. Denn gerade bei tiefem Sonnenstand werden die roten Felsen teilweise sehr schön beleuchtet.

Bei der Einfahrt in den Park hat man bereits eine **Karte** erhalten, auf der sämtliche Felsen und andere Punkte eingezeichnet sind, die von Bedeutung sind.

Zwischendurch kommt man immer wieder an kleinen Ansammlungen von **Verkaufsständen** für Indianerschmuck und Ähnlichem vorbei. Ansonsten wird man aber eh alle paar Meter für einen Fotostopp einlegen.

Monument Valley - John Ford Point

Ein nennenswerter Punkt zwischendurch, welcher auch aus Filmszenen bekannt ist, ist der sogenannte **John Ford Point**. Dieser ist nach dem berühmten Hollywood-Regisseur John Ford benannt, welcher im Monument Valley einige Filme drehte, unter anderem eben auch von dieser Stelle bzw. Klippe aus. Wer möchte, kann sich hier für 5$ auf einem Pferd fotografieren lassen.

Nach einem schönen Sonnenuntergang und bevor es dann dunkel wird, sollte man sehen, dass man allmählich wieder zurückfährt, da es bei den Straßenverhältnissen bei Dunkelheit nicht angenehm ist zu fahren...

Insgesamt ein sehr vielfältiger Rundkurs, bei dem man das Monument Valley schön erleben kann.

Arches Nationalpark, Utah - Faszinierende Steinbögen und mehr

Direkt neben dem Canyonlands Nationalpark liegt der Arches Nationalpark und wer auf einem Roadtrip bis hier vorgedrungen ist, sollte sich beide Parks anschauen. Wie der Name schon sagt, ist der Arches N.P. besonders für seine zahlreichen Steinbögen und Stein"fenster"(Windows) bekannt, die sich im Laufe der Zeit gebildet haben.

Nicht zuletzt befindet sich hier auch das **Wahrzeichen Utahs**, der Delicate Arch, einer der größten Steinbögen hier, vor einer landschaftlich schönen Kulisse.

Wer den Arches Nationalpark besucht, sollte **mindestens 2 Tage** dafür einplanen. Denn neben all den Stellen hier, die man mit dem Auto anfahren kann, gibt es auch einige sehr empfehlenswerte und teils abenteuerliche **Wanderungen**.

Delicate Arch

Arches Nationalpark - Anfahrt und Übernachtung

Der Park befindet sich beim Ort **Moab**, welcher ein guter Ausgangspunkt ist, um den Park zu besuchen.

Wer nicht campen möchte, der findet im Ort an sich genügend **Motels**. In der Hauptsaison ist zwar auch manches ausgebucht, aber wer ein paar Tage zuvor reserviert, z.B. über Booking.com, der findet hier normalerweise immer genügend Möglichkeiten.

Zum Campen gibt es in Moab selbst ein paar **privat geführte Campingplätze**, welche recht gut ausgestattet sind. Allerdings auch nicht besonders aufregend, was die Umgebung und das Flair angeht.

Besser, aber von der Kapazität her problematischer, ist der Campingplatz direkt im Park.

Der **Devil's Garden Campground** liegt quasi im Herzen des Nationalparks und hat 50 Stellplätze. Als wir ohne Buchung im August dort waren, war jedoch alles belegt. Daher sollte man am besten vorher reservieren (www.recreation.gov), wenn man einen sicheren Platz möchte. Die Stellplatzgebühr ist **25$/Nacht**.

Die Eintrittsgebühr in den Arches N.P. (mit Auto) beträgt übrigens **25$**. Wer den America the Beautiful Nationalpark-Pass hat (80$) zahlt aber wie üblich nichts extra.

Arches Nationalpark - Scenic Drives mit dem Auto (Windows Section)

Um die Gegend hier zu erkunden, kommt man um einen eigenen Mietwagen nicht herum (es sei denn man ist so sportlich und macht das mit dem Fahrrad).

Im Park verstreut gibt es einige Stellen, an denen man kurz Halt machen kann, um Gesteinsformation zu bewundern oder einen kleinen Rundweg zwischen den zahlreichen Steinbögen und ähnlichem zu machen. **Eine Karte zum Park erhältst du gewöhnlich am Visitor Center.**

Das mitunter erste Gebiet, welches man im Park anfährt, ist die sogenannte "**Windows-Section**".

Dazu fährt man auf der Hauptstraße **15 km** lang und biegt schließlich **rechts** ab. Nicht, ohne vorher allerdings noch einen kurzen Stopp beim **Balanced Rock** gemacht zu haben, welcher sich kurz vor der Windows Section befindet. Woher der Fels seinen Namen hat, wird direkt ersichtlich.

Biegt man nun rechts zur Windows Section, kann man etwa 5 km lang bis zum Ende der Straße fahren, wo sich ein **Parkplatz** befindet.

Von hier aus kann man einige kurze Wege gehen, welche zu den jeweiligen Steinbögen, bzw. "Windows" führen. Besonders stimmungsvoll abends, wenn die rot-orangenen Felsen durch die Sonne angestrahlt werden.

Besonders am North Window ist immer am meisten los. Direkt daneben befindet sich das **South Window**, wo sich weniger Besucher befinden.
Folgendes Bild zeigt das sogenannte **North Window:**

Wer 99% der Touristen hinter sich lassen möchte, sollte am South Window dem Schild "**Primitive Trail to Parking Lot**" folgen. Dort führt ein szenisch sehr schöner, aber relativ kurzer (halbe Stunde) Weg hinter den beiden "Windows" entlang und über eine Steppe bis zurück zum Parkplatz.

Den Weg kann man natürlich auch anders herum gehen und direkt vom Parkplatz starten. Dazu muss man nach folgendem Schild Ausschau halten:

In diesem schönen Areal kann man gut und gerne 1-2 Stunden oder länger verbringen, bevor man wieder weiter fährt.

Arches Nationalpark - Wanderung zum Delicate Arch

Diesen knapp **3-stündigen** Ausflug sollte man sich nicht entgehen lassen, wenn man genügend Zeit hat. Eine gute Zeit ist kurz vor Sonnenuntergang, solange es nicht bewölkt ist. Da der Weg kaum Schatten hat, bietet es sich auch an, im Sommer nicht in der Mittagshitze zu gehen.
Wer von der Windows Section kommt, fährt die Hauptstraße einfach weiter und biegt nach ca. 4 km wieder rechts ab, bis man an den Parkplatz für die Wanderung kommt ("**Wolfe Ranch**").

Da der Delicate Arch eines der beliebteren Ziele ist, kann es auf dem Parkplatz schon auch mal recht voll werden.

Der Trail beginnt mit einem stetigen Aufstieg (insgesamt knapp **150 Höhenmeter**, also gut machbar) auf den hier typischen Felsen (Slickrock).

Ist man am oberen Plateau angekommen, läuft man noch eine Weile an einer Felskante entlang, bis man schließlich "an der Spitze" ankommt und den Delicate Arch bewundern kann.
Der Aufstieg dauert etwa **eine Stunde** und ist mäßig anstrengend.

Nicht wundern, hier oben ist man (leider) nicht alleine, auch wenn es auf dem vorherigen Bild so aussieht. Um ein Foto vom Delicate Arch zu machen, ohne einen Touristen darunter zu haben, benötigt man manchmal etwas Geduld. Besonders am späten Nachmittag/Abend, wo viele den **Sonnenuntergang** sehen wollen.

Nichtsdestotrotz ist es hier oben eigentlich ziemlich entspannt und man sollte sich die Zeit nehmen, einfach da zu sitzen und die Landschaft zu genießen.

Spätestens nachdem die Sonne untergegangen ist, ist es ratsam sich dann einigermaßen zügig auf den Rückweg machen, um noch vor der Dunkelheit zum Parkplatz zurückzufinden.

Arches Nationalpark - Devil's Garden

Der **Devil's Garden** ist eine der coolsten Ecken im Park, mit der gleichzeitig längsten Wanderung, welche ich als durchaus abenteuerlich beschreiben würde.

Hier befindet sich auch der **Campingplatz**, falls man einen Platz dort erhalten hat. Vom Parkeingang bis zum Devil's Garden sind es etwa 30 km an Strecke zu fahren.

Wer den "Devil's Garden Trail" laufen will, geht zumindest im Sommer am besten morgens los, damit es nicht so heiß wird.

Vom Startpunkt aus führt der Weg zu einem der ersten markanten Ziele im Devil's Garden, nämlich dem "**Landscape Arch**", einem der größten Steinbögen weltweit, mit einer Spannweite von **92 m**.

Einige Besucher, die nur kürzer Zeit haben oder keine lange Wanderung machen möchten, kehren nun um. Daher ist es bis hierher am vollsten.

Eigentlich wird der Weg jetzt aber erst interessant. Vom Landscape Arch kann man den Rundweg nun entweder linkerhand starten oder rechts herum auf dem *primitive Trail* durch die Sandwüste.

Ich bin den Devil's Garden Trail insgesamt schon 2x gelaufen und würde erfahrungsgemäß empfehlen, linkerhand zu starten, in **Richtung Double O Arch**.
Eigentlich sollte die Richtung keinen großen Unterschied machen, aber ich empfand einige kritische Stellen auf der Wanderung linkerhand einfacher zu laufen bzw. klettern, als anders herum.
Außerdem haben wir uns letztes Mal irgendwann ziemlich verlaufen, was die gesamte Wegstrecke dann statt 11,5 km auf geschätzte 16 km anwachsen ließ und es schon ziemlich anstrengend wurde.

Auf dem Weg zum Double O Arch läuft man zunächst wieder ein Stück lang auf Slickrock nach oben. Bei Nässe und wenn es recht sandig ist (so wie bei mir letztes Mal) kann das durchaus rutschig sein. Den Devil's Garden Trail sollte man aber sowieso nur machen, wenn man ein wenig abenteuerlustig ist und sich an ein wenig Kletterei auf den Felsen gewöhnen kann.

Nach einer gewissen Zeit gelangt man über einen immer steileren und sandigeren Weg zum sogenannten **Double O Arch**.

Dieser hat seinen Namen offenbar daher, dass sich über dem O-förmigen großen Steinbogen unten drunter zusätzlich ein kleiner O-förmiger Bogen befindet, durch den man gehen kann, bzw. durch den der Wanderweg auch verläuft.
Manch einer kehrt nun bereits um, der Wanderweg zum Bogen und zurück wäre übrigens 6,4 km.
Ansonsten hat man nun die Möglichkeit, nach rechts weiterzugehen, um dem regulären Trail zu folgen.

Wer Lust hat, kann aber auch einen Abstecher zur "**Dark Angel**" Felsformation machen, einem hoch aufgerichteten massiven Felsen.
Andernfalls geht's nun weiter und ab hier beginnt meiner Meinung nach der anspruchsvollere Teil des Devil's Garden Trails.

Über Felskanten entlang, sandige Wege mit Höhenunterschieden und größere Felsen, die zu überwinden sind und bei denen eine gewisse Balance und Kletterkenntnisse von Vorteil sind.

Wichtig sind hier auch **Schuhe**, die wenigstens noch ein bisschen Profil auf der Sohle haben. Ich hatte letztes Mal ehrlich gesagt keine Schuhe, die für die Kletterei hier geeignet waren und nachdem die Felsen allesamt recht sandig waren, hatte ich gewisse Probleme, an manchen Stellen voranzukommen.

Hat man den felsigen Teil des Weges "überstanden" nähert man sich dem wirklich sandigen Teil der Wanderung. Ein paar letzte Felsen und Bäume und man steht in einer **Sandwüste** ohne Schatten. Hier wird es noch einmal recht **mühselig** zu laufen, da man im Sand nicht so recht voran kommt und wenn nun mittlerweile schon die Mittagssonne herunterbrennt, kann das letzte Stück richtig anstrengend werden.

Primitive Trail durch den Sand

Hat man diesen Abschnitt hinter sich gebracht, ist das letzte Stück von 1,5 km eigentlich nicht mehr der Rede wert. Wieder am Parkplatz angekommen ist man aber dennoch froh, wenn man ein paar eisgekühlte Getränke in der Kühlbox im Auto vorfindet.

Etwa **4 Stunden** hatten wir insgesamt beim ersten Mal für den Devil's Garden Trail benötigt. Nachdem wir uns letztes Mal verlaufen hatten, waren wir, ich meine, um die 5 Stunden unterwegs.

Insgesamt eine echt machbare Wanderung, auch wenn es bei den ein oder anderen Felsen, die man überwinden muss, ein paar heikle Stellen gibt. Vor allem dann, wenn man keine vernünftigen Schuhe an hat.
Falls es vorher stärker geregnet hat, bin ich mir auch nicht sicher, ob der komplette Trail empfehlenswert ist. Zumindest sollte man dann gut ausgerüstet sein.

Arches Nationalpark - Skyline Arch und Sand Dune Arch

Wenn man schon einmal im Gebiet des "Devil's Garden" ist, kann man auf der Strecke dorthin oder auf dem Rückweg noch ein paar weitere interessante Bögen entdecken. Relativ leicht und über nur kurze Wanderwege (jeweils ca. 10 Minuten in eine Richtung) zu erreichen, sind der Skyline und Sand Dune Arch.

Sand Dune Arch

Die Namensgebung dafür ist eigentlich relativ leicht erklärt. Es hat wohl damit zu tun, dass dieser auf Sandboden steht. Vom Parkplatz ist der Weg nicht unbedingt weit, aber das Laufen durch den Sand ein wenig mühselig. Interessant ist es hier aber auf jeden Fall.
Es gibt auch einige enge Felsspalten, in die man sich mal hineinwagen kann.

Irgendwo hier ist auch eine Gabelung, wo ein weiterer Weg zum "Broken Arch" führt. Ob sich das lohnt kann ich aber leider nicht beurteilen.

Skyline Arch

Die Landschaft bzw. der Weg zum Skyline Arch ist ziemlich schön, daher lohnt sich ein Abstecher. Auch hier trafen wir auf relativ wenige Touristen. Unter dem hoch erhobenen Arch befinden sich einige Felsen. Wer mutig ist, kann diese erklimmen, um eine bessere Aussicht auf den Skyline Arch zu erreichen.

Dies war eine Übersicht über die wichtigsten Wanderungen und Felsformationen im Arches Nationalpark.
Ich empfehle **2 volle Tage** oder wenigstens einen Nachmittag und einen weiteren ganzen Tag im Park zu verbringen.
Am ersten Nachmittag könnte man zum Beispiel den Delicate Arch Trail machen. Am zweiten Tag morgens den Devil's Garden Trail und nachmittags/abends entspannt die Windows Section und andere sehenswerte Orte im Park anfahren.

Als **Zusatzinfo** ist übrigens auch die Broschüre zum Park (auf englisch) ganz informativ. Die jeweils aktuelle gibt es unter „https://www.nps.gov/arch/planyourvisit/publications.htm“ oder am Visitor Center des Parks.

Canyonlands National Park - Utah's große rote Felslandschaft

Endlose, rot-orangene Felslandschaften auf 848 km², heiße Temperaturen und endlose Wege. Einer der schönsten Sonnenaufgänge und das Gefühl, in einer anderen Welt zu sein.

All das sind Dinge, die den **Canyonlands Nationalpark** in Utah beschreiben können. Dieser außergewöhnliche Nationalpark ist auf einem Roadtrip in den Westen der USA sehr empfehlenswert.

Gerade, weil viele Reisende die nur begrenzt Zeit haben, diesen und auch den "Arches Nationalpark", welcher sich nebenan befindet, oft auslassen. Dabei wird es in dieser Gegend noch einmal richtig interessant.

Bereisen kann man den Park, wie die meisten Nationalparks in den USA, eigentlich nur mit **Mietwagen.**

Der Name ist hier jedenfalls Programm: "Canyonlands", das Land der **Schluchten**. Und Land ist hier noch nicht einmal übertrieben, denn soweit das Auge reicht, sieht man nur flache, rote Felslandschaften, welche immer wieder durch tiefe "Canyons" zerklüftet sind.

Canyonlands - Ausgangspunkt und Übernachtungsmöglichkeiten

Das Gebiet befindet sich im **Osten Utahs**, der Ausgangspunkt in den Park ist der kleine Ort **Moab**. Hier findet man, alles was man benötigt - **Supermärkte, Tankstelle, Motels.**

Hier auch gleich der Hinweis, dass der **Tank** mindestens halb voll sein sollte. Denn wer sich auf eine vernünftige Tour in den Canyonlands aufmacht, wird von Moab aus und zurück **knapp 200 km** fahren (wenn man nur in das Hauptgebiet "Islands in the Sky" fährt). Allein zum **Parkeingang** sind es **50 km**.

Zum **Übernachten** gibt es hier einige Möglichkeiten.

Wer nicht campen möchte, der findet im Ort Moab genügend **Motels**. In der Hauptsaison ist zwar auch manches ausgebucht, aber wer ein paar Tage zuvor reserviert, z.B. über Booking.com, der findet hier normalerweise genügend.

Campen im Canyonlands Nationalpark

Ich habe bisher hier immer gecampt. Mit dem **Campingplatz** des Canyonlands ist das so eine Sache, da dieser nur 12 Stellplätze hat. Die ersten 12 Leute am Tag erhalten einen Platz (**"first come first serve"**). Kostet **15$** und hat nur das Nötigste an Ausstattung.

Alternativ gibt es in Moab selbst noch ein paar **privat geführte Campingplätze**, welche natürlich recht gut ausgestattet sind. Allerdings auch nicht besonders aufregend, was die Umgebung und das Flair angeht.

Campen im Dead Horse Point State Park

Was wir bisher jedoch schon zweimal gemacht haben, ist in den **"Dead Horse Point State Park"** zu fahren und dort zu **campen**.

Dieser kleine, aber schöne **State Park** befindet sich auf dem Weg zum Canyonlands. Etwa 10 km vor dem Visitor Center des Canyonlands befindet sich eine (beschilderte) **Abzweigung**, die auf weiteren 10-15 km zum Visitor Center dieses Parks führt.

Hier gibt es **21 Stellplätze** und zusätzlich 3 kleine Hütten mit Strom. Offenbar kann man 17 der Stellplätze vorher online reservieren (http://utahstateparks.reserveamerica.com) und 4 davon werden nach first come - first serve Prinzip vergeben.

Das erste Mal vor ein paar Jahren hatte **ich reserviert**, das zweite Mal haben wir spontan und ohne Reservierung einen Platz bekommen.

Der Stellplatz kostet immerhin **28$**, aber da ist dann auch schon der **Eintrittspreis** in den Park von 10$ mit inbegriffen.

Insgesamt ein sehr schöner und geräumiger Campingplatz, jeder Stellplatz hat sogar eine Bank und einen Tisch mit Überdachung und einer Lampe.

Tagsüber hat man vom Platz aus eine schöne Aussicht auf die Canyons, während man **nachts** sehr gut **Sterne** beobachten kann.

Sehr empfehlenswert ist es, kurz vor **Sonnenuntergang** zum **Dead Horse Point** (südlich vom Campground) zu fahren, um die Sonne hinter der beeindruckenden und riesigen Schluchtenlandschaft des **Colorado Rivers** untergehen zu sehen.

Canyonlands - Erkundung von Island in the Sky

Das Gebiet im Canyonlands, welches am leichtesten zu erreichen und am besten erschlossen ist, nennt sich "**Island in the Sky**".

Eine Karte zum Park erhältst du gewöhnlich am Visitor Center.
Der **Eintritt** pro Fahrzeug kostet übrigens **25$**. Wer den **Nationalpark-Pass** ("America the beautiful" - 80$) hat, zahlt natürlich nicht extra.

Eigentlich reicht für die Erkundung von Islands in the Sky ein **halber Tag**, sofern man keine der größeren Wanderungen oder andere, mehrtägige Touren machen möchte.

Wer vor hat, länger zu bleiben, findet unter „http://www.nps.gov/cany/planyourvisit/things2do.htm“ einige Anregungen. Von langen Wanderungen, über mehrtägige Offroad-Strecken oder Kayaking auf dem Colorado, hat der Canyonlands nämlich sehr viel zu bieten.

Canyonlands - Der Mesa Arch

Wer nur einen Tag bleibt, sollte sich auf jeden Fall den **Fotografen-Hotspot zum Sonnenaufgang** am Morgen ansehen (auch wenn man nicht fotografiert).

Die Rede ist vom berühmten "**Mesa Arch**", einem Steinbogen am Rande der Klippe, welcher bei Sonnenaufgang perfekt beleuchtet wird und in einen Mix aus roten und orangenen Farben "getaucht" wird. Im Hintergrund dazu die faszinierende Canyons-Landschaft. Sehr schön anzusehen.

Um den Sonnenaufgang nicht zu verpassen, muss man sich hier schon besonders **früh** aufmachen.

Mitte August ist der Sonnenaufgang zum Beispiel um 6:30 Uhr. Vom Kayenta Campground im Dead Horse Point Park bis zum Parkplatz am Weg zum Mesa Arch benötigt man ca. **30 Minuten**.

Für die Strecke vom Parkplatz zum Mesa Arch etwa **15 Minuten** und wenn man sich einen guten Platz zum fotografieren sichern möchte, sollte man mindestens eine **halbe Stunde vor Sonnenaufgang** am berühmten Steinbogen sein. So gesehen ist es ratsam etwa 1,5 Stunden vor Sonnenaufgang aufzustehen, wenn alles optimal sein soll.

Vor Ort sieht es dann so aus, dass meist mindestens 10 Leute ihre Stative vor dem Bogen aufstellen und in unzähligen Kamera-Auslösungen versuchen, das perfekte Bild zu schießen.

Während es bei meinem ersten Besuch des Mesa Arch recht nett zuging und jeder so viel Abstand vor dem Bogen hatte, sodass auch Nicht-Fotografen noch was sehen konnten, war das letztes Mal dagegen etwas nervig.

Keine 5 m vom Bogen entfernt haben sich einige postiert und so anderen kaum eine Chance gelassen, ein vernünftiges Foto zu machen. Dann beschwert sich einer von ihnen auch noch darüber, dass jemand anderes ihm zu laut redet. Bescheuert. Man weiß also nie so genau, auf welche Horde Fotografen man jedes Mal hier trifft, früh um 6 Uhr.

15 Minuten nach Sonnenaufgang verschwinden die meisten übrigens wieder und man hat seine Ruhe.

Canyonlands - Grand View Point Overlook

Dieser Aussichtspunkt befindet sich ganz im **Süden** von "Island in thc Sky". War man gerade erst am Mesa Arch, hält man sich an der nächsten Kreuzung einfach links und fährt die Straße bis zum Ende.

Bisher war ich hier nur etwa 1-2 Stunden nach Sonnenaufgang und außer uns war sonst kaum jemand hier. Man hat also alle Ruhe diese unglaubliche Aussicht auf die schier endlose Landschaft zu genießen. Wer müde vom frühen Aufstehen ist, legt sich einfach auf die bereits warmen Felsen am Aussichtspunkt, von denen man die perfekte Sicht auf das Land hat.

Canyonlands - Green River Overlook

Hat man sich satt gesehen, fährt man die Straße einfach wieder zurück, bis man wieder zur Kreuzung gelangt und diesmal links abbiegt.

Gleich danach findet man den nächsten Aussichtspunkt, nämlich den **Green River Overlook.** Hier befindet sich übrigens auch der Campingplatz (Willow Flat Campground).

Am Green River Overlook hat man, wie der Name schon vermuten lässt, einen Ausblick auf den (grünlichen) **Colorado River**. Die Landschaft ist ähnlich, wie beim letzten "Viewpoint", aber dennoch anders und einen Stopp wert.

Wer Lust hat, nicht nur mit dem Auto herumzufahren, sondern auch ein wenig laufen möchte, findet auf dem Weg immer wieder **Parkplätze** bzw. "Trailheads", welche Ausgangspunkte zu meist **kürzeren Wanderwegen** bilden.

Canyonlands - Upheaval Dome

Der sogenannte Upheaval Dome befindet sich nun am Ende der Straße, auf der wir uns bereits befinden. Es handelt sich hierbei um eine Art **Krater**, der von der Form eher ungewöhnlich für die Landschaft des Canyonlands Nationalparks ist.

Ganze **400 m tief** und immerhin **1,4 km Durchmesser** hat der Krater.

Upheaval Dome

Zum **Aussichtspunkt** führt ein knapp **700 m langer**, steiniger **Weg**, von dem man in den Dome hineinschauen kann.

Dies waren nun die typischen Highlights aus dem beliebtesten Teil des Nationalparkes.

Nun gibt es noch 2 weitere relevante Gebiete im Canyonlands, nämlich "**The Needles**" und "**The Maze**", welche allerdings weitaus aufwendiger zu erreichen sind, als Island in the Sky.
Bisher war ich jedoch nur in "The Needles".

Canyonlands - The Needles und The Maze?

Chesler Park, Needles

The Needles

Das Gebiet von The Needles zeichnet sich durch die **weiß-rot gemaßerten, zackigen Felsen** aus, die hier vorzufinden sind. Wie Nadeln eben.

Neben den spitzen Felsen gibt es hier aber auch noch viele andere Felsformationen und vor allem tolle Wanderwege zu entdecken.

Der Grand View Point Overlook (s. oben) ist übrigens nur etwa **20 km Luftlinie** von The Needles entfernt. Die **Fahrtstrecke** dagegen beläuft sich von dort aus auf **200 km**, die in etwa **3 Stunden** zu bewältigen ist!

Eine der schönsten Wanderungen, die ich im Südwesten der USA unternommen habe, befindet sich ebenso hier, daher kann ich nur empfehlen, für "The Needles" zumindest einen halben Tag einzuplanen.

Über die Wanderung (**Chesler Park Joint Trail, 18 km, 7-8 Stunden**) habe ich **im Kapitel auf Seite 124 bereits einen ausführlichen Bericht geschrieben**, den du dir ansehen solltest, wenn du dich für die Wanderung interessierst.

The Maze

Das Gleiche bezüglich der Luftlinie gilt übrigens auch für das Gebiet "The Maze", welches das am wenigsten besuchte und auch am schwierigsten zu erreichende Gebiet im Canyonlands National Park ist.

Etwa 20 km Luftlinie von Island in the Sky, aber dafür volle **300 km** (!) Fahrtstrecke bei über 7 Stunden Fahrzeit.

Hier wird klar, dass das kein Halbtagesausflug wird.
Mindestens **3 Tage** sollte man schon einplanen, wenn man sich in dieses Gebiet begeben möchte. Etwa ab der "**Hans Flat Ranger Station**", welche den westlichen Eingang in den Park markiert, benötigt man dann auch einen **SUV mit Allradantrieb**, da die Straße ab hier sehr schlecht wird.

Jetzt befindet man sich so richtig in der **Wüste**, im "Wasteland", wenn man es so will. Um einen herum nur rötlicher Sand und Gestein, aber mit atemberaubender Landschaft. Dieser Teil von Canyonlands heißt daher vermutlich nicht umsonst "the Maze", also "das Labyrinth".

Bereits wenn man von den Aussichtspunkten in "Island in the Sky" hinabschaut, sieht man bei genauem Hinsehen **kleine sandige Pisten** inmitten der weiten Felslandschaft. Dies sind die Routen von "the Maze".

Eine sicherlich spannende Sache, wenn man die Zeit und Abenteuerlust dafür hat und mal etwas besonders Außergewöhnliches erleben will. Einige Tage bis zu einer Woche Zeit sollte man dafür allerdings mitbringen.

Dies war ein kleiner Überblick über die **Sehenswürdigkeiten und Highlights im Canyonlands** Nationalpark in Utah.

Von mir gibt es für den Canyonlands eine klare Empfehlung und ich rate daher, diesen Park, wenn möglich, in die Routenplanung mit einzubeziehen, denn eine solch bizarre, gar unwirkliche Landschaft findet man sonst selten.

Chesler Park Joint Trail im Needles District - Die schönste Wanderung Utah's?

Nachdem ich die ersten beiden Male, die ich im Südwesten der USA unterwegs war den sogenannten "Needles District" des Canyonlands Nationalparks leider nicht besucht hatte, war es letztes Mal endlich einmal soweit.

Zusammen mit meiner Freundin wollte ich den Park auf einer der längeren Wanderungen - dem Chesler Park Loop/Joint Trail erkunden.
Eine der schönsten Wanderungen, die ich in den USA bisher unternommen hatte, wie sich herausstellte.

Anreise zum Trailhead und Übernachtung im Needles District

Um bereits am frühen Morgen auf dem Trail zu starten, reservierten wir uns einen Stellplatz auf dem **Needles Outpost Campground**, welcher sich kurz vor dem Visitor Center befindet und etwa eine **halbe Fahrtstunde** vom Trailhead bzw. dem Beginn der Wanderung entfernt ist.

Optimal für einen frühen Start ist der Campingplatz "**Squaw Flat**" im Park, da dieser noch näher ist und in einer sehr schönen landschaftlichen Kulisse liegt. Dieser war aber bereits einige Zeit vorher ausgebucht (unter „https://www.recreation.gov/camping/campgrounds/251535“ kann man reservieren).
Ganz im Gegensatz zum Needles Outpost, welcher noch einige freie Plätze hatte. Leider sahen wir den nur bei Dunkelheit, da wir am Vortag so spät dran waren, dass wir erst etwa 1,5 Stunden nach Sonnenuntergang ankamen. Am nächsten Morgen ging es dann bereits um 6 Uhr früh los.

Wer lieber im Hotel übernachten möchte, findet die nächsten Unterkünfte im Ort **Monticello**.
Von hier aus sind es allerdings bis zu 1,5 Stunden Fahrtzeit bis zum Elephant Hill, dem Startpunkt der Wanderung.

Aufgrund der schönen Lichtstimmung und der Ruhe auf dem Wanderweg empfehle ich, die Wanderung zum oder kurz nach Sonnenaufgang zu starten.

Die letzte Strecke (ca. 5 km) zum Elephant Hill Parkplatz ist eine Schotterpiste mit einigen engen Kurven. Mit dem SUV völlig in Ordnung, mit einem Wohnmobil aber unter Umständen etwas grenzwertig.

Um kurz vor 7 sind wir die Einzigen am Parkplatz, die hier starten.

Als wir ankommen, sind wir das einzige Auto auf dem Parkplatz, was mich schon sehr verwunderte. Schließlich ist man das bei anderen schönen Wanderwegen z.B. im Arches Nationalpark oder im Island in the Sky District des Canyonlands Nationalparks gar nicht gewöhnt, auch nicht zur frühen Stunde.

Start auf dem Trail Richtung Chesler Park

Der gesamte Wanderweg ist mit **11 Meilen bzw. 18 km** angegeben. Gewöhnlich braucht man dafür **7-8 Stunden**. Wer schnell unterwegs ist und wenige Pausen macht, kann es sicher auch in 6 Stunden oder schneller schaffen. Da wir uns einmal bestimmt eine halbe Stunde lang und ein paar weitere Male kurz verlaufen hatten und auch öfters Pausen zum fotografieren machten, haben wir letztendlich etwa 8 Stunden gebraucht und sind ca. 20 km gelaufen.

Überhaupt fand ich, dass der Trail teilweise sehr schlecht und einmal auch irreführend ausgeschildert war. Die meiste Zeit ist man daher auf die Steintürmchen angewiesen, welche als Wegmarkierung dienen sollen. Manchmal ist es aber gar nicht so einfach den nächsten Turm bzw. Haufen aus Steinen zu finden. Gleich nach den ersten Metern ab dem Parkplatz wussten wir kurzzeitig nicht weiter, bis wir die Steintreppe, die in einem der Felsen nach oben führt, entdeckten. Nach den ersten Anlaufschwierigkeiten ging es dann aber los - zunächst ein gutes Stück bergauf - wo uns eine beeindruckende erste Landschaft erwartete in einem tollen Morgenlicht.

Nach dieser ersten etwas anstrengenden Steigung war man gut aufgewärmt und es ging gemütlich weiter über den roten Sand und die roten Felsen. Wir - ganz allein in dieser endlos weiten landschaftlichen Kulisse - perfekt.

Ein wenig später begegneten wir mehreren Rehen. Scheinbar die einzigen, die neben uns hier noch unterwegs sind.

Danach näherten wir uns der nächsten Needles-"Wand", die wir über ein paar Felsen überwanden, um anschließend auf die nächste Ebene zu gelangen. Davor ist eine Wegkreuzung und ein Schild müsste den Weg weisen.

Weiter geht's, indem man sich nun rechts hält. Kurz vor dem nächsten Etappenziel bzw. der nächsten Kreuzung, welche sich nun etwa 1 km entfernt befindet, stößt man auf einen engen Felsspalt, den es zu durchqueren gilt.
Eine coole Sache und ein kleiner Vorgeschmack, auf das, was einem im Chesler Park später noch erwarten wird.

Ist man hier durch, stößt man auf ein kleines "Tal" mit einem (zu unserem Zeitpunkt) vertrockneten Flusslauf, zu dem man absteigt. Hier steht das nächste Wegschild.
Nach nun ca. 1:15h Wanderzeit treffen wir das erste Mal auf andere Menschen. Ihrem Gepäck, usw. zu beurteilen, scheinen diese von einem der wenigen (gekennzeichneten) Campingstellen zu kommen und zurück zu laufen.
Die erste Campingstelle (CP1) kann man vom Weg aus sehen. Sicherlich eine sehr coole Sache hier oder im Chesler Park zu übernachten. Man muss sich dafür allerdings im Voraus ein Backcountry Permit bzw. eine Genehmigung reservieren, um hier zu campen.

Ab hier ist die nächste Weggabelung bzw. das nächste Schild erneut einen knappen Kilometer entfernt.

Wieder verlaufen wir uns kurz, da wir nicht auf die Steintürmchen geachtet hatten. Nachdem die kleine "Schlucht" durchquert war, ging es noch ein Stück weiter durch die schöne Landschaft, die geprägt ist vom Kontrast der grünen Büsche und roten Felsen.
Wir nähern uns wieder einigen beeindruckenden Felsen und das nächste Schild sollte uns den Weg zeigen.
Dieses Schild ist nun wirklich der Mist.
Der Pfeil in Richtung Chesler Park zeigte in die falsche Richtung. Natürlich versuchten wir in dieser Richtung einen Weg zu finden, aber es gab keine Steintürmchen und auch sonst keinen ausgetretenen Pfad. Dennoch irrten wir erst einmal ein wenig in der Prärie rum, bevor wir umkehrten.

Laut dem Schild sollen wir hier links weiter Richtung Chesler Park. Tatsächlich führt der Weg schräg rechts zwischen dem großen Fels (links) und dem spitzen Fels in der Mitte nach oben.

Hätten wir uns hier schon gut mit der Karte ausgekannt und gewusst, wo wir gerade waren, hätten wir natürlich auf das Schild Richtung Druid Arch vertrauen können, da diese Richtung dann schon auch korrekt gewesen wäre. Schließlich fanden wir aber den richtigen Weg - den kurzen Aufstieg auf die Needles Felsen - und fanden uns oben mit einer tollen Aussicht auf die Landschaft wieder ("Chesler Viewpoint"). Auf einem der Felsen machten wir Pause.

Pause mit Aussicht

Hier endet übrigens die Wanderung, wenn man nicht noch den sogenannten "Joint Trail" im Chesler Park macht, sondern nur den 10 km langen "Chesler Viewpoint Trail".

Die zusätzlichen 8 km sind es aber absolut wert.

Auf dem Joint Trail durch den Chesler Park

Von hier aus geht es zunächst eine längere Strecke über eine flache, weite Ebene, immerzu umgeben von den interessanten Gesteinsformationen, die den Needles District so besonders machen.

Nach einer Zeit kommt man an der CP1 Campingstelle vorbei, welche irgendwo an den Felsen liegt. Von hier aus bietet sich noch einmal eine tolle Aussicht auf die Landschaft außerhalb der Ebene.

Kurze Zeit später erreicht man die Kreuzung zu den Campingstellen Cp2 und CP4 und nach einem weiteren Weg über das Flachland gelangt man endlich wieder in ein Gewirr von Felsen. Nachdem wir es immer noch vormittags hatten, war es aber nicht zu heiß.

Ab hier beginnt eigentlich das coolste Stück vom Joint Trail. Durch einige teils sehr hohe und enge **Felsspalten** führt der Weg entlang.

Man fühlt sich wie in einem kleinen Labyrinth. Teilweise erinnern die Farben und der Lichteinfall auch an sogenannte Slot Canyons, wie sie auch in Arizona zu finden sind.

Eine gute Zeit lang geht es nun zwischen und unter den Needles Felsen entlang, wobei man auch den Schatten wieder ein wenig genießen kann, nach dem sonnigen Stück kurz vorher.

Eine Stelle hier in den Felsen mag auf den ersten Blick ein wenig beängstigend aussehen. Denn einmal geht es knapp 2 m nach unten über einen schräg liegenden Stamm mit Kerben für die Füße. Wer ein normales Gleichgewicht hat, sollte das aber locker machen können. Wenn man fällt, landet man im Schlamm.

Hat man die Felsengänge geschafft, geht es über Stock und Stein weiter, bis man irgendwann auf die 4WD Straße trifft, auf der entsprechend ausgestattete Fahrzeuge viele sehr abenteuerliche Strecken bewältigen können, die teilweise über Felsen führen und nur mit sehr hoher Bodenfreiheit möglich sind ("high clearance 4WD vehicle").
Etwa 800 m läuft man auf der "Straße" entlang, an deren Beginn sogar ein Plumpsklo steht (welches aber nicht sehr einladend war). Zwei Jeeps kamen uns entgegen.

An der nächsten Kreuzung endet die 4WD Strecke und man befindet sich wieder auf "normalen" Wanderwegen. Hier wird es nun noch einmal etwas anstrengend, da man über die Felsen einige Höhenmeter überwinden muss.

Belohnt wird man aber mit weiteren tollen Aussichten auf eine Landschaft, die ihresgleichen sucht.

Mittlerweile waren wir schon ein wenig geschafft und es wurde heißer. In etwa der letzte Kilometer auf dem Joint Trail geht dann aber wieder entspannt über ebene Strecke, sodass wir schließlich wieder an der Kreuzung ankamen, an der wir Stunden vorher in den Chesler Park gelangten.
Nach einer weiteren Pause am Chesler Viewpoint traten wir die one-way-Strecke an, welche zurück zum Parkplatz führte.
Als wir am Viewpoint ankommen, sind wir bei weitem nicht mehr die Einzigen. Auf dem gesamten Rückweg treffen wir auf zahlreiche andere Wanderer, die offenbar jetzt, am Nachmittag erst anfingen die 10 km "Chesler Viewpoint Wanderung" zu machen.
Umso mehr waren wir dann über unseren frühen Start am Morgen froh und dass wir auf dem kompletten Hinweg und Joint Trail alleine und in Ruhe sein konnten.

Auch der Parkplatz war nun wesentlich voller:

Zurück am Auto waren wir dann schon erleichtert, endlich angekommen zu sein. Nach ca. 20 km ging es dann schon ein bisschen auf die Beine.
Trotz der Anstrengung muss ich zusammenfassend aber sagen, dass diese Wanderung meine Erwartungen noch übertroffen hatte und für mich nun sogar als die schönste Wanderung der Utah Nationalparks gilt, nicht zuletzt auch wegen der Ruhe die man hier hat.
Denn daran kommt beispielsweise auch ein Devil's Garden im Arches Nationalpark nicht.
Nur die Grand Canyon Wanderung in Arizona fand ich ebenso beeindruckend, aber das ist schließlich noch einmal ein anderes "Kaliber".

Den Chesler Park Loop mit Joint Trail kann ich daher uneingeschränkt empfehlen für jeden, der eine tolle Wanderung in einer beeindruckenden landschaftlichen Szenerie mit ein wenig Abenteuer sucht.

Auch wenn man in Moab übernachtet, sollte das kein Grund sein, nicht in den Needles District zu fahren. Wer aus Moab um 7 Uhr startet, schafft es auch bis spätestens 9 Uhr zum Wanderweg und schafft es dann bis Sonnenuntergang wieder zurück nach Moab.

Der Bryce Canyon - faszinierende Wunderlandschaft in Utah

Der Bryce Canyon ist ein wahrlich beeindruckender Nationalpark, welcher sich im Süden Utahs befindet. Während der Grand Canyon vor allem auch durch seine unglaublichen Ausmaße beeindruckt, brennt sich der Bryce Canyon vor allem durch die wunderschönen Farben und Formen, die man hier antrifft, in die Erinnerungen des Besuchers.

Nicht wenige bezeichnen den Bryce Canyon sogar als ihren **Favoriten** an Nationalparks im Westen der USA, noch vor dem Grand Canyon & Co. Nicht selten fällt der Begriff "**Märchenlandschaft**", wenn es um die Bezeichnung dieser skurrilen Landschaft geht, die sich vor allem durch die sogenannten **Hoodoos** auszeichnet.
Dies sind die Landschaft dominierenden, türmchenförmige **Kalksteinskulpturen**, welche besonders durch ihre orange-roten Töne wunderschöne Farben bei entsprechendem Licht produzieren können.

Der Bryce Canyon markiert bei Reisenden durch den Südwesten der USA oft den äußersten Punkt der Route. Der Yellowstone N.P., welcher noch wesentlich nördlicher liegt, wird aus Zeitgründen meist ausgelassen.
Der **Eintritt** in den Bryce Canyon kostet **30$ pro Auto**. Wer mehrere

Nationalparks in den USA besucht, der sollte wie immer den **Nationalpark-Pass** für 80$ kaufen bzw. parat haben.

Der Nationalpark ist an sich **rund um die Uhr geöffnet**, lediglich das **Visitor Center** schließt im Sommer um **20 Uhr** und im Winter um **16:30 Uhr.**

Übernachten im Bryce Canyon

Zum Übernachten gibt es **2 Campgrounds** und **eine Lodge.**

Mit der **Lodge** habe ich zwar keine Erfahrungen, aber man sollte sicherlich **reservieren**, da Unterkünfte in den Nationalparks grundsätzlich recht beliebt sind.
Mehr Infos zur Bryce Canyon Lodge hier:
http://www.brycecanyonforever.com/lodging-and-cabin-rentals

Die **2 Campgrounds** sind an sich sehr schön gelegen im Wald.

Es gibt den **North Campground** und den **Sunset Campground**.

Der **Sunset Campground** ist, wie der Name schon andeutet, gleich gegenüber dem **Sunset-Point** gelegen, welcher sich gut eignet, um den Sonnenuntergang zu beobachten. Der **North Campground** befindet sich ein einfach ein bisschen nördlicher.

Als wir das letzte Mal im Sommer (August) dort waren, hatten wir keine Reservierung und die Plätze waren schon knapp. Um keine Probleme zu bekommen, würde ich daher, **wenn möglich vorher reservieren.**

Den Sunset Campground kann man reservieren (http://www.recreation.gov). Den North Campground ebenso.

Beide Campgrounds haben wie üblich eine Feuerstelle mit Grillrost, Bänken und Tisch. Auf dem Sunset Campground gibt es allerdings **keine Duschen**. Sunset Campground kostet **20$** für einen Zeltplatz, North Campground **30$.**

Übrigens: Die **Temperaturen** sind insbesondere nachts sehr niedrig, u.a. weil der Bryce Canyon ein Hochgebirge ist (über 2000 m). Daher ist es auch im Sommer nachts recht kalt (um die 10°C) und man sollte sich darauf vorbereiten.

Bryce Canyon - Sonnenuntergang/Sonnenaufgang und Sternenhimmel

Insbesondere der Sonnenaufgang kann, wenn das Wetter mitspielt, wirklich beeindruckend sein, wenn tausende Hoodoos in wunderschönen Farben leuchten. Der **Sunrise Point** befindet sich in der Nähe beider Campingplätze und der Lodge. Der Sunset Campground ist ein Stück weiter weg vom Sunrise Point, als die Lodge und der North Campground, aber immer noch in Laufweite (ca. 15 Minuten).

Die aktuellen Zeiten zum Sonnenaufgang und Sonnenuntergang findest du unter: „http://www.gaisma.com/en/location/bryce-canyon-national-park-utah.html“.

Sonnenaufgang am Bryce Canyon

Der Bryce Canyon hat übrigens einen der **klarsten Sternenhimmel im Westen der USA**. Dies liegt wohl unter anderem an der **Höhe** (ca. 2400-2700 m) und der **Entfernung zu Städten**.
Also auch weit nach Sonnenuntergang lohnt es sich hier, in den Himmel zu gucken. Wenn es klar ist, sieht man auch die Milchstraße und angeblich kann man insgesamt etwa 7500 Sterne am Himmel erkennen.

Bryce Canyon - die schönsten Wanderungen

Jeder, der den Bryce Canyon besucht, sollte die Szenerie natürlich nicht nur von oben sehen, sondern einen oder mehrere Trails/Wanderwege gehen, die mitten durch die Hoodoos verlaufen.

Die Wanderwege im Bryce Canyon sind **vergleichsweise einfach** und eigentlich **für jeden gut zu schaffen.**

Wer zuvor im Visitor Center vorbei geschaut hat, der wird sich eine **Info-Broschüre** mitgenommen haben, in der neben Infos und einer Karte natürlich auch **sämtliche Wanderwege eingezeichnet** sind.

Ich kann folgenden **2 Wanderungen empfehlen:**

Einfach - Queens Garden & Navajo Trail kombinieren

Eine sehr **abwechslungsreiche und gleichzeitig nicht anstrengende** Wanderung ist die Kombination aus diesen 2 Wanderwegen.
Auf diesem Trail startet man am **Sunrise Point** (ideal, wenn man zuvor den Sonnenaufgang beobachtet hat und mit der schönen Lichtstimmung los läuft,

haben wir so gemacht).

Vom Sunrise Point aus läuft man auf dem **Queens Garden Trail** los, welcher zunächst immer abwärts bis zum Grund führt.

An einer **Gabelung** unten angekommen, kann man nun auf dem **Navajo Trail** weiter gehen, welcher auf einer weiteren, abwechslungsreichen Strecke wieder bis hoch **zum Sunset Point** führt.

Wer wieder zum Sunrise Point zurück muss, der läuft einfach am **Canyon-Rand ("Rim-Trail")** entlang dorthin zurück.

Mittel/Schwer - Fairyland Loop Trail

Der Fairyland Loop ist eine sehr **schöne Wanderung**, da es zum einen **ruhiger** hier ist (das heißt weniger Besucher) und andererseits taucht man nochmal tief in den Canyon ein und sieht einige interessante Gesteinsformationen.

Die Wanderung wird als **"strenous"/anstrengend** angegeben und zugegeben ist dieser Weg auch nicht so einfach zu bewältigen, wie die meisten anderen Trails hier. Dennoch eigentlich für jedermann schaffbar. Da es einige Abschnitte gibt, bei denen man in der prallen Sonne läuft, benötigt man viel Wasser und ggf. Sonnenschutz.

Der Trail ist, wenn man ihn komplett durchläuft, **13 km lang** und überwindet immerhin etwa **700 Höhenmeter.** Normalerweise **beginnt** der Wanderweg am **Fairyland Point**, man kann aber auch direkt am **Sunrise Viewpoint beginnen** und hinabsteigen, um die Strecke abzukürzen.

Neben vieler zahlreicher Hoodoos und anderer Gesteinsformationen begegnet man unter anderem Highlights wie der **"Chinese Wall" und der "Tower-Bridge"** (s. Bild unten).
Der Weg hinab ist wie immer locker zu machen. Der Aufstieg ist zumindest im Sommer, bei der Hitze, etwas mühsam, aber trotzdem noch gut machbar.

Insgesamt braucht man bei normaler Kondition dafür etwa **4-5 Stunden**. Wer insgesamt 2 Tage am Bryce Canyon bleibt, sollte sich diesen Trail nicht entgehen lassen.

Wer sich noch mehr über den Trail informieren will, findet auf der **offiziellen Seite des Nationalparks** noch viele weitere Infos: **www.nps.gov/brca**

Nur für Schwindelfreie - Angels Landing Trail im Zion Nationalpark

Einer der aufregendsten **Wanderwege** oder "Trails" in den USA befindet im schönen **Zion Nationalpark in Utah**.

Nachdem der Park im **Süden Utahs** liegt, ist dieser relativ gut zu erreichen, z.B. von Las Vegas aus und entsprechend auch recht beliebt.

Der Zion Nationalpark ist **ganzjährig rund um die Uhr geöffnet** und kostet **30$/Auto**. Wer bereits einen Nationalpark-Jahrespass ("America the beautiful" - 80$) hat, der zahlt natürlich nichts extra.

Zum Übernachten hat man die Wahl zwischen den 2 Campingplätzen und der Zion Lodge:

Beide Campingplätze liegen kurz hinter dem Eingang (von Springdale kommend). Der **South Campground** lässt sich nicht vorher reservieren (first come first serve), während man beim **Watchman Campground** vorher **reservieren** kann (http://www.recreation.gov) und auch sollte, wenn möglich.

Als wir in der Hauptsaison (August) am späten Nachmittag ankamen, waren nur noch ein paar wenige Plätze auf dem South Campground verfügbar. Beide Campingplätze kosten **16$** für einen Zelt-Stellplatz.

Der Park hat wie üblich eine große Auswahl an Wanderwegen, über die man sich vorher im **Visitor Center** informieren kann.

Neben ein paar anderen Trails, die ich hier bereits gelaufen bin, ist vor allem der **"Angels Landing"-Trail** besonders beeindruckend und auch ein wenig abenteuerlich. Ich denke, dieser Wanderweg ist (neben den "Narrows") auch der bekannteste im Zion Nationalpark.

Angel's Landing Trail - Auf zu neuen Höhen

So wird der Wanderweg in der Informationsbroschüre beschrieben:
"Lange Abhänge und enger Weg. Bei Höhenangst nicht zu empfehlen. Die letzte 800 m folgt einem steilen, engen Grat."
Die Wanderung ist ansonsten **8,7 km** lang, überwindet **453 Höhenmeter** und dauert etwa **4 Stunden**. Ich glaube, wir waren in etwa 3,5 Stunden durch.

Der Weg ist vormittags/früh zu empfehlen, wenn es beim Aufstieg noch nicht so heiß ist. Um zum Beginn des Trails zu kommen, muss man übrigens die regelmäßigen Shuttlebusse vom Visitor Center in Anspruch nehmen, da die Straßen zu den meisten Trails im Sommer mit dem privaten PKW nicht zugänglich sind. Startpunkt ist die Haltestelle "**The Grotto**".

Angekommen am **Trailhead** beginnt nun erst einmal der leichte Teil der Wanderung, da man zunächst noch am Fluss entlang läuft. Nach kurzer Zeit kann man bereits das Ziel sehen, nämlich den großen Felsen, auf den man beabsichtigt zu "klettern". Klettern ist an manchen späteren Stellen eigentlich tatsächlich der richtige Begriff.

Nach der gemütlichen ersten Strecke geht es, am Rande des Felsens, allmählich hoch, was nach den erstem Aufstieg schließlich in einer Vielzahl (21 Stück) an mühsamen Spitzkehren endet, die erklommen werden müssen.

Nun hat man aber die **Hälfte** geschafft und befindet sich quasi am Beginn des Felsens, der lang und relativ schmal ist.
Wie schon in der Kurzbeschreibung erläutert, ist der nun beginnende Teil der Wanderung nicht unbedingt für Leute mit **Höhenangst** geeignet.
Denn ab nun geht es teils an sehr engen Abschnitten entlang, wo der Abgrund links und rechts nur wenige Meter entfernt ist und man sich ab und zu an **Ketten** festhalten muss, die am Stein befestigt sind.
Viele Plateaus bzw. Aussichtspunkte sind auch nicht gesichert, sodass man zwar uneingeschränkte Aussicht hat, aber auch uneingeschränkt hunderte Meter in die Tiefe fallen könnte, wenn man es drauf anlegt.

Für Abenteurer und Kletterlustige ist dieser Teil des Wanderweges aber sehr interessant.
So hangelt man sich immer weiter höher und weiter, um sich dem Ziel, dem Plateau ganz oben zu nähern, auf dem man später mit einer **grandiosen Aussicht** belohnt wird.

Nach einiger Zeit und ein paar Kletteraktionen später, erreicht man schließlich und endlich den **höchsten Punkt** des Felsens und des Wanderweges:

Den "**Landeplatz der Engel**" oder auch "**Angel's Landing**".
Von dort aus hat man eine super Aussicht über einen großen Teil des Zion Nationalparks. In einer Richtung schaut man durch eine Art grünen Korridor, der sich durch die roten Felsen des Zion bahnt.

In der anderen Richtung sieht man noch einmal schön, wo man da genau hochgelaufen ist und wie es unter einem so aussieht.

Oben angekommen kann man sich ruhig Zeit lassen, die **Aussicht genießen** bzw. einfach mal Pause machen.

Die Strecke nach unten führt über den selben Weg wieder zurück, wobei man es nicht unbedingt einfacher hat, was die schwierigen und engen Stellen angeht.
Dennoch ist es eigentlich recht einfach machbar und nach etwa 1-1,5 Stunden ist man wieder zurück am Startpunkt.
Allerdings mit einer schönen Wandererfahrung mehr, welche einen Besuch des Zion Nationalparks auf jeden Fall wert macht.

Death Valley Sehenswürdigkeiten - Tal des Todes bei 47°C

Steine, Sand, Wüste und unmenschliche Temperaturen. Wer will da schon hin?

Das Tal des Todes oder **Death Valley** klingt aufs Erste nicht wirklich einladend. Wer aber einmal dort war, im "Land der Extreme", der wird schnell erkennen, dass Amerikas **trockenster und heißester Nationalpark** doch seine eigene Schönheit hat. Viele zählen das Death Valley sogar zu den Favoriten ihrer besuchten Nationalparks. Auch ich begab mich bereits dreimal freiwillig in dieses "Hitzeloch".

Death Valley - Anfahrt

Das Death Valley befindet sich im Grunde an der Grenze zu Nevada, liegt aber in Kalifornien. Von Las Vegas aus ist es nicht allzu weit (ca. 1,5h Fahrt) und ich kam beide Male aus dieser Richtung in den Park gefahren (über den Highway 190). Nach dem Parkeingang gibt es ein Häuschen, an dem man sich die **Infobroschüren** nehmen kann und den Eintritt (**20$**) bezahlt, sofern man keinen Nationalpark-Jahrespass ("America the beautiful - 80$) besitzt.

Death Valley Sehenswürdigkeiten

Wer sich für den Park mehr Zeit lässt, als nur durchzufahren, der wird hier einiges entdecken können. Wenn es einem möglich ist, sollte man am besten schon **frühmorgens** in den Park fahren. Dann ist noch wenig los und die morgendliche Stimmung im Park ist sowieso irgendwie besonders. Außerdem ist es dann natürlich noch nicht so heiß.

Bezüglich der **Reihenfolge** der Death Valley Sehenswürdigkeiten gehe ich davon aus, dass man aus der **Richtung Las Vegas bzw. der Death Valley Junction** kommt, also von **Osten** in den Park fährt.

Death Valley - Dante's View

Kurz nach dem Parkeingang befindet sich bereits eine wichtige Abzweigung in Richtung des Aussichtspunkts **"Dante's View"**. Dazu biegt man in die Furnace Creek Wash Road, welche später wiederum in die Dante's View Road abbiegt.

Auf der **21 km** langen Strecke geht es auf sagenhafte **1669 m** hoch, womit man von der Hauptstraße aus ca. 1000 m Höhenunterschied bewältigen muss.
Oben angekommen, findet man die **beste Aussicht** im Death Valley, vor allem auch auf die Salzlandschaft des Badwater Basins. Bedenkt man, dass der tiefste

Punkt dort unten -85 m ist, so schaut man also von ca. 1750 m Höhe hinunter. Grandios.

Dante's View befindet sich bei den Koordinaten 36°13'13.7"N 116°43'36.2"W.

Death Valley - Zabriskie Point

Nur kurz nachdem man vom Dante's View Ausflug wieder auf die Hauptstraße links abgebogen ist, erreicht man den **Zabriskie Point**. Ab dem Eingang des Parks geht es erst mal bergab, schließlich gelangt man später auch noch auf unter Meereshöhe.

Der Zabriskie Point ist ein toller Aussichtspunkt mit einer Rundumsicht auf eine interessant geformte Gesteinslandschaft, welche den sehr kurzen Aufstieg lohnenswert macht.

Wer im **Sommer**, wie wir, unterwegs ist, wird hier auch bereits den ersten

Hitzetest über sich ergehen lassen, da es dann meist **über 40°C** (zumindest tagsüber) hat und in Kombination mit dem kleinen Aufstieg, wird es dann schon ein wenig heiß.

Death Valley - Badwater Basin

Bereits nach dem Zabriskie Point nähert man sich einem weiteren Highlight des Parks, wenn man bei Furnace Creek auf die Badwater Basin Road abbiegt. Highlight einerseits aus landschaftlicher Sicht, aber vor allem auch aufgrund der Tatsache, den **tiefsten Punkt Nordamerikas** zu erreichen.

Ab hier wird es nun auch besonders heiß im Sommer. Da ich das Death Valley nur im Sommer besucht habe, kenne ich diese Stelle eben auch nur als unglaublich heiß.

Angekommen am **Badwater Basin**, wie sich dieser Teil des Valleys nennt, stieg das Thermometer vorletztes Mal sogar auf 47°C. Eine Temperatur, die ich zuvor noch nicht erleben durfte und ehrlich gesagt hält man es dabei auch nur ein paar Minuten aus, vor allem in der Sonne. Dennoch haben die meisten (uns eingeschlossen) Lust, sich erst einmal in Richtung der Salzwüste zu begeben und ein paar (hundert) Meter in dieser Hitze zu laufen. Vielleicht auch um sich selbst zu testen. Der Hitze- und gleichzeitig auch **Weltrekord** liegt im Death Valley übrigens bei **56,7°C**.

Badwater Basin heißt dieser Bereich, da es hier zwar tatsächlich etwas Wasser gibt (ein paar größere Pfützen, zumindest im Sommer). Dieses Wasser ist allerdings aufgrund des **Salzes**, das sich hier überall befindet und aus dem dieser Boden hier größtenteils besteht, ungenießbar ("Bad Water").

Wer diesen kleinen Ausflug gemacht hat, wird erst einmal froh sein, wieder in das klimatisierte Auto zurück zu kehren. Wesentlich mehr macht der gewöhnliche Besucher im Sommer tagsüber auch nicht, außer mit dem Auto von Punkt zu Punkt fahren und kurz auszusteigen. Grundsätzlich gibt es aber natürlich auch hier einige, schöne **Wanderwege**, die man aber besser im **Herbst** oder **Frühling** in Erwägung zieht oder am frühen Morgen.

Death Valley - Devil's Golf Course

Verlässt man das Badwater Basin und fährt die Straße weiter, erreicht man bald die Abzweigung, die zum sogenannten **Devil's Golf Course** führt.

Eine Schotterstraße später ist man dann auch da. Hier ist man quasi umgeben von zerklüfteten und spitzen Salzformationen, von denen auch der Name kommt ("Nur der Teufel könne auf diesem Platz Golf spielen"). Wenn man eine Weile an den Salzstrukturen steht, hört man ab und zu das Knacken der Salzkristalle, aufgrund der Hitze.

Death Valley - Mesquite Flat Sand Dunes (Stovepipe Wells)

Fährt man die Badwater Basin Road nun wieder zurück, gelangt zunächst wieder zum Ort "**Furnace Creek**".
Auf dem Weg dorthin sollte man aber nicht vergessen, den **Artist Drive** zu fahren. Diese Einbahnstraße verläuft 14,5 km durch farbenfrohe, interessante

Felsen und ist einen Abstecher definitiv wert. Einfach nach dem Schild Ausschau halten.

Furnace Creek ist quasi der **Hauptort** des Death Valley, mit 2 Campingplätzen, Lodge, Flugplatz und verrückterweise auch einem Golfplatz (auf dem man im Sommer aber sicherlich nicht spielen möchte). Außerdem, soweit ich mich erinnere, eine **Tankstelle**.
Allerdings sollte man es vermeiden, dort zu tanken, da die Preise doppelt so hoch sind, wie normalerweise.

Ab Furnace Creek folgt man wieder der Hauptstraße (Hw 190) und kommt kurz vor dem zweiten "Ort" (**Stovepipe Wells**) an einem Parkplatz vorbei, der einen Zugang zu den sogenannten **Mesquite Flat Sand Dunes** ermöglicht.

Dies ist ein großes Gebiet aus wunderschönen Sanddünen in verschiedenen Farben und Variationen. Ganz so heiß wie im Badwater Basin ist es hier auch nicht mehr, sodass ein kleiner Ausflug auf die Dünen durchaus machbar ist. In den kühleren Jahreszeiten kann man sich hier natürlich umso länger aufhalten.

Nach dem Besuch der Mesquite Flat Sand Dunes geht es bereits in Richtung **Parkausgang**, wenn man nicht woanders noch einen Zwischenstopp einlegt.

Ab hier geht es nun auch wieder kontinuierlich **aufwärts** von etwa 0 m auf **über**

1000 m Höhe. Während der Fahrt aus dem Park heraus hat man aber noch einmal einige schöne **Ausblicke** auf die Landschaft des Death Valleys.

Dies war ein Ausschnitt über einige der schönsten und populärsten Sehenswürdigkeiten, die der Death Valley Nationalpark zu bieten hat. Auch ich habe aber hier noch lange nicht alles entdeckt, insbesondere die **Wanderwege**, die man eigentlich nur bei kühleren Temperaturen auf sich nehmen will.

Beliebte Trails im Frühling sind zum Beispiel der Wildrose Trail. Interessant ist wohl auch der Mosaic Canyon, der sich in der Nähe von Stovepipe Wells befindet.

Was außerdem sehr sehenswert sein kann, wenn auch nicht ganz einfach und vor allem schnell zu erreichen, sind die Eureka Sand Dunes oder das Naturphänomen der sich bewegenden Steine auf dem "Racetrack".

Wer also etwas mehr Zeit, als nur einen Nachmittag hat, der sollte sich ruhig aufmachen und ein paar der "off the path"-Ziele ansteuern, vor allem außerhalb der Sommermonate.

Yosemite Nationalpark - Zwischen Gletschern und Mammutbäumen

4 Millionen - So viele Menschen besuchen jedes Jahr den Yosemite Nationalpark, um sich an der schönen Natur dieses riesigen Nationalparks in Kalifornien zu erfreuen. Kein Wunder, schließlich ist dieser mit dem Auto sehr gut zu erreichen und deshalb v.a. auch für Wochenendausflügler, sowohl aus den Metropolregionen von Los Angeles, als auch San Francisco, interessant.

Wer daher vor hat, in der Hauptsaison bzw. Ferienzeit im Juli und August hierher zu kommen, muss sich auf regen Betrieb einstellen, zumindest an den angesagten Punkten, wie dem Glacier Point oder dem Tunnel View, die mit einer hervorragenden Aussicht hervorstechen.

Auch ich war hier bereits Ende August zu Besuch. Wer ein wenig **abseits** der typischen **Touristenpfade** geht, lässt allerdings 90% der anderen Touristen zurück.

Problematisch sind dann auch die **Übernachtungsplätze**. Es gibt zwar 13 Campingplätze im Yosemite, allerdings sind diese in der Hauptsaison gerne mal alle voll, sodass man entweder reservieren sollte oder sich möglichst zu Beginn des Tages einen Stellplatz per first come, first serve sichert.

Yosemite Nationalpark - Informationen

- Informationen zu den **Campingplätzen** und den Reservierungsmöglichkeiten gibt es unter „https://www.nps.gov/yose/planyourvisit/camping.htm“

- Wer lieber in den Lodges übernachtet, kann sich unter „http://www.travelyosemite.com/lodging/yosemite-lodging-experience/“ umsehen (Reservierung in Hauptsaison auf jeden Fall frühzeitig erforderlich).

- Der **Eintritt** in den Park ist regulär 30$ (sodass sich der Annual Pass für alle Nationalparks für 80$ mal wieder sehr lohnt).

- **Broschüren zum Park** gibt es in zahlreichen Sprachen, auch in deutsch. Diese werden am Eingang ausgehändigt.

- Der Park hat vier **Eingänge**. Vor allem bekannt ist der schöne Tioga Pass, welcher von Lee Vining aus startet (Osten). Ich bin beides Mal über diesen Weg in den Park gefahren, was aufgrund der Schönheit der Strecke unbedingt zu empfehlen ist. Der Pass steigt zwischendurch auf ca. 3000 m an. Beachten sollte man, dass diese Strecke **nur im Sommer, von Juni bis Oktober befahrbar** ist und in den übrigen Monaten gesperrt.

Ein Tag im Yosemite Nationalpark - Was gibt es zu sehen?

Wer, so wie wir, über den Tioga Pass in den Yosemite fährt, sollte für diese Fahrt schon ein wenig Zeit einplanen und den ein oder anderen Zwischenstopp machen. Bergseen, Wälder, Aussichtspunkte - Orte, an denen man nicht immer nur vorbei fahren sollte.

Die Strecke bis ins **Yosemite Valley ist dabei etwa 120 km** lang und dauert entsprechend auch mind. 2 Stunden reine Fahrtzeit.

Yosemite Valley und Umgebung

Im Yosemite Valley einmal angekommen, kann man sich über die Campingplätze/Lodges informieren, wenn man noch keine gebucht hat, die Wanderkarten anschauen (um z.B. zu einem der Wasserfälle zu laufen, welche v.a. im Frühjahr am meisten Wasser geben und daher sehenswert sind), bzw. sich überhaupt orientieren, was man alles sehen und tun möchte.

Wir sind damals auch zu einem der Wasserfälle gegangen. Da dies allerdings schon Anfang September war, kam hier leider nicht mehr allzu viel Wasser heraus.

Die größten Fälle sind die "**Yosemite Falls**", welche nicht nur die höchsten des Parks sind, sondern auch die höchsten Nordamerikas (insgesamt 739 m, in 3 Stufen). Im Frühjahr also unbedingt sehenswert.

Vom Yosemite Valley sind dann auch zwei der beliebtesten **Sehenswürdigkeiten** des Parks in Reichweite.

Auf dem Southside Drive fährt man vorbei am **Bridalveil Fall** und gelangt nach einer Kreuzung, auf der man in die Wawona Road abbiegt, zur wohl meist fotografierten Aussicht des Yosemite, dem **Tunnel View**.

Von dort erhält man den berühmten Ausblick der dichten Waldlandschaft, umgeben von hohen, massiven Granitfelsen. Parken ist manchmal ein wenig stressig hier und man sollte sich natürlich auf eine gewisse Menge an Selfie-schießenden Menschen einstellen.

Tunnel View

Fährt man die Wawona Road weiter, gelangt man irgendwann zur Abzweigung in Richtung des **Glacier Points**, der wohl höchsten, einfach befahrbaren Aussicht des Parks.

Die etwa **25 km lange** Strecke führt über eine kurvenreiche und ansteigende Straße direkt zum Parkplatz des Glacier Point. Hier herrscht dann doch immer ein gewisser Betrieb, schließlich lässt kaum ein Besucher diesen Aussichtspunkt aus.

Lohnenswert aber auf jeden Fall, schließlich erhält man neben der Aussicht auch einen schönen Überblick über einen großen Teil des Yosemite.

Hat man sich hier satt gesehen, neigt sich der Tag meist schon dem Ende zu, zumindest, wenn man erst morgens in den Park hineingefahren ist.

Wir sind anschließend direkt weiter zum **Campingplatz in Wawona** gefahren (in Richtung Südausgang). Wer hier einen weiteren Tag mit Wanderungen, usw. verbringen will, übernachtet nach Möglichkeit aber wohl eher in der Nähe des Yosemite Valley.

Yosemite - Mammutbäume bei Wawona

Ein weiteres Highlight im Yosemite Nationalpark ist der südliche Teil, genauer gesagt Wawona. Dazu fährt man einfach die **Wawona Road** Richtung Süden weiter, bis man irgendwann am Wawona Campground entlang kommt. Hier haben wir übernachtet (Reservierung ebenfalls erforderlich).
Fährt man weiter, gelangt man irgendwann zum **Visitor Center**, wo sich auch Lodges, ein Supermarkt, usw. befindet.

Um die Mammutbäume zu sehen, fährt man allerdings noch ein Stück weiter, bis man an einer Kreuzung weiter Richtung "Mariposa Grove" fährt (im Winter geschlossen).
Vom Parkplatz am Mariposa Grove führt anschließend ein schöner Rundweg an den teils riesigen Bäumen vorbei.
Diese beeindrucken nicht nur durch ihre Höhe, sondern vor allem auch durch ihren Umfang.

Der größte Sequoia (wie diese Baumart auch genannt wird), welcher sich hier in der Maripoa Grove befindet, wurde einst "**Grizzly Giant**" getauft.

Dieser hat einen Durchmesser von ca. 9 Metern am Boden, bei einer Höhe von 64 Metern und einem sagenhaften Alter von 2700 Jahren.

Grizzly Giant

Bei über **500 Sequoias** hier, gibt es aber natürlich noch viel mehr zu entdecken, beispielsweise den "**Fallen Monarch**", ein umgestürzter Baum, dessen riesige Wurzeln herausragen. Aus der Nähe betrachtet erkennt man dabei noch einmal die Dimension dieser Riesenbäume.

Der höchste Baum im Mariposa Grove und im ganzen Yosemite ist dagegen der "**Columbia Tree**" mit ca. **88 Metern** Höhe.

Neben Mariposa Grove gibt es übrigens auch noch andere Stellen im Park, an denen es Mammutbäume zu sehen gibt.
Zu nennen wären dabei **Tuolumne Grove** und **Merced Grove.**

Wer genügend Zeit hat, kann auch noch die über 3 Stunden Fahrt auf sich nehmen und weiter südlich zum **Sequoia National Park** fahren.

Durch den Südausgang des Yosemite zurück

Nach der Übernachtung am Wawona Campground ging es für uns dann auch schon wieder weiter, in Richtung Südausgang und San Francisco.
Sicherlich kann man in diesem Park aber auch einige Tage bleiben. Nach einer mehrwöchigen Rundreise im Westen der USA hat man aber auch schon an anderer Stelle viele schöne Eindrücke gehabt, sodass auch ein kürzerer Besuch hier ausreichen kann.

Verlässt man den Park auf der Route 41 gen Süden, hat man es schließlich ähnlich weit nach San Francisco (ca. 320 km), wie auch nach Los Angeles (430 km), sofern man einer (oder beiden) der Städte einen Besuch abstatten möchte.

Yellowstone Nationalpark - Amerikas Wunderland der Geysire und heißen Quellen

Weit abseits von den Großstädten an der amerikanischen Westküste liegt einer der größten und faszinierendsten Nationalparks, den die USA zu bieten hat. Der **Yellowstone Nationalpark** ist allseits bekannt, aber oft nur schwer als Abstecher zu verbinden, wenn man einen klassischen Roadtrip im Südwesten der USA macht.

Allein von **Salt Lake City**, der letzten größeren Stadt sind es noch über 500 km bis zum Südeingang des Yellowstone.

Dennoch sollte man einen Abstecher wagen, wenn man die Zeit dazu hat, denn es lohnt sich auf jeden Fall.
Für mich gehört dieser Park definitiv zu den Highlights aller Nationalparks in den USA und wenigstens einmal sollte man es in diese wundersame Gegend schaffen.

Ankommen im Yellowstone Nationalpark

Ich denke die meisten Reisenden werden über Salt Lake City fahren und dort einmal übernachten. An einem Tag schafft man die Strecke aus dem Südwesten sonst eh nicht. Dementsprechend kommt man in der Regel am Südeingang des Parks an.

Für einen Besuch des Yellowstone Nationalparks sollte man **mindestens 3 Tage einplanen** (+ je 1-2 für Hin- und Rückfahrt, es sei denn man fliegt), um eine kleine Rundreise durch dieses Gebiet unternehmen zu können.
Immerhin ist die Entfernung vom Südeingang des Yellowstone bis zum Nordeingang schon ca. 150 km Fahrtstrecke. Daher kann man davon ausgehen, dass man innerhalb des Parks um die 500 km herumfährt.

Wir waren dort 4 Nächte und diese Zeit brauchte man auch. Das heißt wir hatten etwas mehr als 3 volle Tage, die gefüllt waren mit wundervollen Eindrücken und schönen Wanderungen.

Wie gesagt kamen wir am Südeingang des Parks an. Da wir den Nationalpark Pass für 80$ hatten, mussten wir entsprechend nichts mehr zahlen. Der reguläre Eintrittspreis ist sonst aber **30$.**

Übernachten im Yellowstone Nationalpark

Camping:

Im Nationalpark gibt es insgesamt **12 Campingplätze** (insg. ca. 2000 Stellplätze). Da es den Rahmen sprengen würde, jeden Einzelnen aufzuführen, verweise ich auf diese Übersicht von der NP Verwaltung: „https://www.nps.gov/yell/planyourvisit/campgrounds.htm".
Hier kann man auch gleich **online einsehen**, ob noch Stellplätze verfügbar sind und/oder ab wann der jeweilige Campingplatz am Vortag voll wurde.

Eine Sache ist jedoch sicher: Wenn man in der **Hauptsaison** kommt (ca. von Juni bis September), vor allem im Juli oder August, ist es oft sehr schwer einen Stellplatz zu erhalten, wenn man nicht bereits vormittags am Campground ist und sich seinen Platz reserviert.
Bei etwa 20.000 täglichen Besuchern im August und nur 2.000 Stellplätzen auch kein Wunder (unter „https://www.nps.gov/yell/planyourvisit/visitationstats.htm" gibt es eine Statistik zu den Besuchern pro Monat).
Einmal wagten wir es, auf einer etwas abgelegenen "Rest Area" (Picknick-Areal) im Auto zu übernachten, da alles voll war.

Prompt klopfte nachts um 1 Uhr einer der Parkranger an die Scheibe, um uns mitzuteilen, dass wir hier nicht übernachten dürfen (theoretisch hätte man um die 60 km bis zum Parkausgang fahren müssen). Letztlich ließ er uns dann aber dort übernachten.

Lodging:

Im Yellowstone Nationalpark gibt es **9 Lodges**. Hier ist es wohl ähnlich wie bei den Campingplätzen, sodass es im Sommer schwierig wird ohne Reservierung eine Übernachtung zu finden.
Mehr Infos zu den verschiedenen Lodges und der Verfügbarkeit gibt es unter „https://www.nps.gov/yell/planyourvisit/lodging.htm“.
Die Preise für ein Zimmer sind natürlich nicht unbedingt günstig. Mit **150$ aufwärts** pro Nacht sollte man dann schon rechnen.

Den Yellowstone Nationalpark mit seinen Sehenswürdigkeiten an 3 Tagen erkunden

Wer mindestens 3 volle Tage Zeit hat, kann den Park auf einer Art Rundreise erkunden. Vom Südeingang kann man am **Yellowstone Lake** vorbei fahren und

bis in die Mitte zum "**Grand Canyon of Yellowstone**" fahren.
Von dort aus bietet es sich an die Schleife, welche u.a. am Gebiet "**Mammoth Hot Springs**" und am Nordeingang vorbei führt, zu nehmen.
Weiter am schönen **Norris Geysir Basin** nähert man sich auf der Route dem größten Geysir hier, dem **Old Faithful**.
Ebenfalls in der Nähe befindet sich das faszinierende Midway Geysir Basin, bei welchem sich neben einigen beeindruckenden heißen Quellen auch das Postkartenmotiv, der "**Grand Prismatic Spring**" befindet.

Tag 1 im Yellowstone Nationalpark: Rund um den Yellowstone Lake und Wanderung am Grand Canyon

Gelangt man über den Südeingang in den Yellowstone Nationalpark, kommt man, wenn man möchte, am ersten Visitor Center vorbei, dem **Grant Visitor Center**

Kurz danach geht die Straße am großen **Yellowstone Lake vorbei.**
Hier sahen wir die ersten kleinen Geysire und heiße Quellen, die man im weiteren Verlauf des Besuchs hier zwar für fast selbstverständlich gehalten hätte, aber zu Beginn faszinierten sie doch etwas.

Eine Attraktion, die wir offenbar verpasst hatten, befindet sich am nördlichen Ende des Sees. Auf der sogenannten "**Fishing Bridge**" kann man ein paar Meter über dem Boden die Fische beobachten, welche im Yellowstone Lake umher schwimmen.

Weiter geht die Route in Richtung "Grand Canyon".

Vorher sollte man aber noch einen Stopp beim "**Mud Volcano**" (Schlammvulkan) machen. Früher war der Mud Volcano noch ein kleiner Vulkan, welcher den Schlamm auf der Oberfläche beim Ausbrechen hoch schleuderte. Nachdem der Vulkan irgendwann implodiert ist, blubbert der Schlamm nun eher nur noch vor sich her.
Neben dem ehemaligen Vulkan gib es hier aber auch weitere hydrothermale Besonderheiten (z.B. "Dragon's Mouth") zu entdecken. Da in diesem Areal einiges

an **Schwefelwasserstoff** ausströmt, riecht es hier meist ziemlich streng.

Wandern am Grand Canyon of Yellowstone

Weiter geht es zum Grand Canyon of Yellowstone. Auf dem Weg dorthin begegnen wir ein paar Bisons, welche sich ab und zu an der Straße oder den umliegenden Wiesen befinden. Dieser Grand Canyon ist zwar wesentlich kleiner als der "richtige" Grand Canyon in Arizona.
Dennoch sehr beeindruckend, zumal der reißende Fluss **drei Wasserfälle** enthält, wovon man den großen "Upper Falls" z.B. am Parkplatz **"Uncle Tom's Point"** schön beobachten kann.

Der Grand Canyon eignet sich auch sehr gut für eine **Wanderung**, abseits der Besuchermassen. Denn so viele Besucher wie sich im Yellowstone jeden Tag aufhalten, so wenige schaffen es offenbar auf die Wanderwege, denn auf der etwa 2-3-stündigen Wanderung in dieser Gegend sind wir nur wenigen Menschen begegnet.

In der Park Broschüre, die du vor Ort erhältst, gibt es eine Übersicht der Wanderungen, welche man am Grand Canyon machen kann.
Wir haben damals den "**Ribbon Lake Loop**" gemacht, ein schöner Rundweg am Canyon und im umliegenden Wald entlang. Gut ist auch, dass man diesen abkürzen kann, wenn man nicht so viel Zeit hat. Dann ist der Weg nur 5 km, statt 9 km lang.

Der Weg führt zunächst am Rande des Canyons entlang, mit einer schönen Aussicht auf die Schlucht. Anschließend geht es ein wenig durch den Wald, vorbei an Seen und heißen (schlammigen) Quellen.

Das letzte Stück führt über Wiesen und Wälder, zurück zum Ausgangspunkt.

Wer von dem Trubel an den Aussichtspunkten ein wenig **Entspannung und Abgeschiedenheit** sucht, macht mit dieser Wanderung alles richtig. Ängstliche sollten aber Bärenspray dabei haben, da man mit viel "Glück" (oder Pech) einem Bären hier über den Weg laufen kann.

Tag 2 im Yellowstone Nationalpark: „Mammoth Hot Springs“ und „Norris Area“

Das Highlight in diesem Teil des Parks sind die bunten Kalksteinterrassen ("Travertine terraces"), welche durch Mikroorganismen diese Farben bekommen.

Bei den "Mammoth Hot Springs terraces" kann man daher auf den im Park üblichen Stegen umherlaufen und dieses "Wunderland" aus der Nähe betrachten.

Alternativ gibt es auch einen **Rundweg für das Auto** um die Kalkformationen herum.
Auch fürs Wandern ist das Gebiet um Mammoth Hot Springs gut geeignet.

Abstecher in der schönen "Norris Area"

Von Mammoth Hot Springs aus geht es den Loop wieder südwärts. Bevor man aber zum bekannten "Old Faithful" Geysir fährt, sollte man in der "**Norris Area**" noch einen Halt machen.

Hier handelt es sich um eine weitläufige Landschaft, voll von Geysiren und Quellen, welche man über kilometerlange Stege begehen kann.

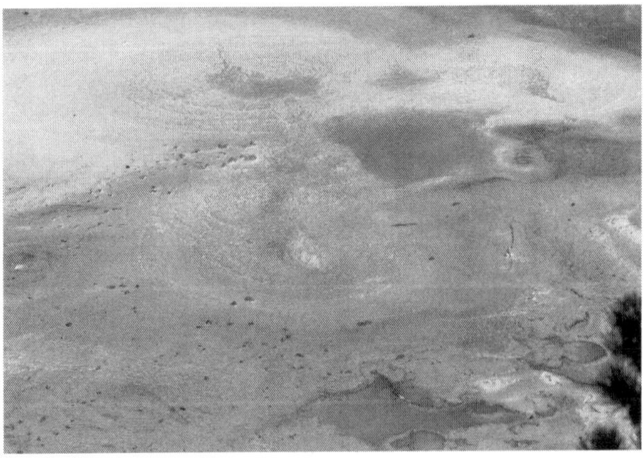

Hier blubbert und dampft es einfach überall ,mit vielen farbigen Wasserlöchern/Quellen bzw "Pools".

Auf der Rückseite der großflächigen Landschaft (wie auf dem ersten Bild zu sehen) befindet sich unter anderem der "Steamboat Geysir", welcher, man glaubt es kaum, sogar der **größte Geysir der Welt ist**.

Warum dieser nicht soo bekannt ist, liegt aber an der Unregelmäßigkeit der Hauptausbrüche, welche in der Form nur alle Jahre auftreten. Dann kann das heiße Wasser aber auch auf **bis zu 130 m** aufsteigen.

Aber auch so schießt hier immer mal wieder die ein oder andere Fontäne in die Höhe und es ist ganz interessant zu beobachten.

Tag 3: Grand Prismatic Spring und Old Faithful Geysir – Die 2 Top Highlights

Eigentlich denkt man, dass man bei den Eindrücken der vergangenen Tage und Stunden im Yellowstone Nationalpark keine Quelle oder keinen Geysir findet, der das bisher Gesehene noch groß toppen kann.

Grand Prismatic Spring

Dennoch habe ich im Gebiet der größten hydrothermalen Quelle, dem "**Grand Prismatic Spring**", die schönsten Quellen und Wasserpools im Park gesehen, die doch noch alles übertrafen. Zugegeben war das Wetter zu dem Zeitpunkt auch gut, was hier auch sehr viel ausmacht, wenn die Farben so schön leuchten.

Vom Parkplatz aus läuft man über eine kleine Brücke über das Wasser, wo man direkt sieht, wie das heiße Wasser aus den Quellen hineinläuft.

Wieder geht es über Stege an zahlreichen Quellen vorbei, die diesmal alles an Farbenpracht übertreffen, so wie auch der "**Blue Sapphire Pool**", welcher seinen Namen ganz offensichtlich dem intensiven Blau zu verdanken hat.

Aber auch sonst ist dieses Areal voll von farbenfrohen hydrothermalen Quellen, welche ihre Farben von den unterschiedlichen Mikroorganismen bekommen, so wie die goldene Farbe hier.Das Highlight, welchem man sich am Schluss dieses Rundwegs auf den Stegen nähert, stellt die größte heiße Quelle in den USA dar. Wenn man Glück hat, ist es sonnig, sodass die Farben schön leuchten. Außerdem muss man ab und zu eine Phase abwarten, wo weniger Dampf aufsteigt. Dann jedoch sieht das so schön aus, wie hier:

Grand Prismatic Spring

Old Faithful Geysir - Fast stündliches Schauspiel

Fast jede Stunde versammelt sich hier ein großes Publikum an Besuchern, welche auf den **Ausbruch des "Old Faithful" Geysirs** warten. Der Geysir ist so bekannt, weil er der **höchste, sehr regelmäßig ausbrechende** Geysir im Yellowstone ist, welcher eine Auswurfhöhe von etwa **30-55m** erreicht.

Der nächste voraussichtliche Ausbruch ist immer im Visitor Center zu sehen.
Lange warten muss man meistens nicht, da er durchschnittlich **alle 1,5 Stunden** ausbricht.
Geht es dann erst mal los, schießt die Wasserfontäne aber auch recht schnell ohne großes "Vorspiel" in die Höhe, wie auf dem Bild unten zu sehen ist.
Außer dem Old Faithful Geysir ist hier eigentlich vor allem noch die **Umgebung** interessant (zu der im Grunde auch der Grand Prismatic Spring gehört).

Interessant sind jedenfalls auch das "**Midway Geysir Basin**", sowie das "**Lower Geysir Basin**".

Nun schließt sich die Route durch den Yellowstone Nationalpark wieder und man kann den Park durch den Südeingang verlassen, wenn man möchte.

Die war ein grober Überblick von den **Highlights des Yellowstone Nationalparks**, welcher eine unglaubliche Vielfalt an Naturphänomenen bereit hält.

Natürlich gibt es hier noch viel mehr zu entdecken, als in diesem Kapitel aufgeführt.

Auf jeden Fall lohnt sich ein Besuch, wenn man die, meist weite Strecke, auf sich nehmen kann.

New Mexico – 2 Highlights im äußeren Südwesten

Die meisten Reisenden werden bei einem Roadtrip im Südwesten der USA zwar nicht so weit in Richtung Osten fahren. Dennoch kann sich ein Abstecher nach New Mexico lohnen. Die zwei Nationalparks bzw. nationale Monumente, die ich dort besucht habe, möchte ich dir allerdings nicht vorenthalten.

White Sands National Park (ehem. National Monument), New Mexico

Wer den Westen der USA bereist, kommt meist nicht östlicher als Arizona und Utah.
Dennoch hat auch New Mexico ein paar tolle **Sehenswürdigkeiten** zu bieten und es lohnt sich durchaus, mal einen Umweg dafür zu fahren.

Der seit Ende 2019 vom National Monument in den jüngsten Nationalpark der USA umgewandelte „White Sands" ist eines dieser Highlights New Mexicos.

Sliden auf Dünen und Camping in der Wüste

Im Vorfeld hatte ich schon gehört, dass die Gegend auch ein **Raketentestgebiet** ist, weshalb der **White Sands Nationalpark** auch manchmal geschlossen sein kann.

Auf der Fahrt dorthin, noch ca. 30 km entfernt, ließ sich dann spätestens erahnen, warum hier ab und zu Raketen übers Land geschossen werden. Die Landschaft ist einfach unglaublich **weitläufig** und vor allem - **flach**.

Der White Sands Nationalpark liegt am nördlichen Ende der **Chihuaha Wüste** und ist im Grunde ein riesiges **Gipsfeld**, auf dem sich Dünen gebildet haben. Daher ist der "Sand" bzw. Gips auch so strahlend **weiß**.

Beim **Visitor Center** gibt's wie üblich alle **Infos** über den Park. Eintrittsgebühren: **3$/Person** (außer man hat den Nationalparkpass "America the beautiful, dann ist es kostenlos). Wer sich den Spaß nicht nehmen lassen will, kann sich dort auch **Plastik-Slider** ausleihen oder kaufen, um darauf die Dünen hinunterzurutschen (siehe Bild). Naja, so gut, wie auf Schnee rutscht es sich aber leider doch nicht.

Wer nur ein paar Stunden bleiben will, kann nun den 12 km langen "**Dunes Drive**" entlang fahren (one way), der durch die Dünen führt.
Wenn man spät dran ist, sollte man die Öffnungszeiten beachten, da der Park zur Dunkelheit komplett schließt.
Zu den **Schließungszeiten** fährt auch noch ein Ranger durch den Park, um die Verbliebenen "einzusammeln", damit keiner eingesperrt wird.

Ansonsten gibt es natürlich auch ein paar Möglichkeiten durch die ganzen Dünen zu wandern, was v.a. zu **Sonnenuntergang** zu empfehlen ist. Dafür gibt's auch **Ranger-Führungen**, wenn man möchte.

Das größte Highlight vom Park war für uns allerdings die Möglichkeit, **mitten in der Wüste**, zwischen den Dünen sein **Zelt aufstellen** zu können. Das ist dann auch der einzige Weg, um legal im Park zu **übernachten**.

Dafür braucht man wie immer ein **Permit**, d.h. eine Berechtigung, die man sich im Visitor Center abholen kann, bis max. 1 Stunde vor Sonnenuntergang (Kosten: 3$/Person).

Als ich vor Ort war, waren nur etwa 3 andere Parteien dort, die eins der 10 Permits bekommen wollten. Die Permits werden auch nur per **first come first serve** Prinzip vergeben. War hier aber kein Problem.

Hat man nun seine Zeltgenehmigung bekommt man eine primitive Karte, wo der Standort, an dem man sein Zelt aufschlagen soll, eingezeichnet ist.

Am Parkplatz angekommen, ging's also los, mit Zelt, Schlafsack und was man sonst noch tragen konnte, etwa 1,5 km durch die Dünen gewandert (der Pfad war mit Holzpflöcken gekennzeichnet).

Irgendwann findet man dann auch den **Zeltplatz** (ein weiterer Holzpflock), womit man sich nun völlig abgeschieden von Allem befindet (die anderen Stellplätze sind je ca. 500 m entfernt).

Eigentlich muss man **nach Dunkelheit in seinem Zelt** sein, da es nicht vorgesehen ist, im Dunkeln durch die Dünen zu laufen. Nachdem wir allerdings noch nichts gegessen hatten und noch allerlei Grillzeug bereit hatten, sind wir dann erst mal zurück zum Parkplatz gelaufen und von dort zur nächsten Picknick-

Area.
Mittlerweile herrschte hier eine absolute **Ruhe**, die man sonst fast nirgendwo findet. Irgendwann kam dann aber doch noch mit Blaulicht eine Rangerin angefahren, welche normalerweise die Leute an die Schließungszeiten erinnert oder die zeltenden Leute zu den Zelten schickt.

Nachdem wir ihr versichert hatten, dass das Zelt schon aufgestellt ist und wir im Besitz einer Taschenlampe sind, fuhr sie wieder von dannen und das BBQ konnte beginnen.

Der **Rückweg zum Zelt** war dann tatsächlich nicht mehr so einfach, auch wenn man durch die Kombination Mondschein und weiße Landschaft einigermaßen gut sehen konnte. Nach ein paar falschen Richtungsabzweigungen konnten wir das Zelt aber doch noch wiederfinden.

Der nächste Morgen begann wieder mit strahlender Sonne und **strahlend weißer Landschaft**. Für den Rückweg sollte man eh nicht allzu spät aufstehen, da es hier wieder relativ schnell heiß wird.
Vorher sollte man aber einfach noch ein wenig **genießen**, auf eine Düne steigen, in die weite Dünenlandschaft blicken und der vermeintlich Einzige weit und breit sein...

Dies war das erste Highlight in New Mexico, welches in der Tat einzigartig war und auf jeden Fall einen Besuch wert ist.

Eine Übernachtung kann ich dringend empfehlen, wenn man dem Zelten/Campen nicht abgeneigt ist.

Carlsbad Caverns, New Mexico

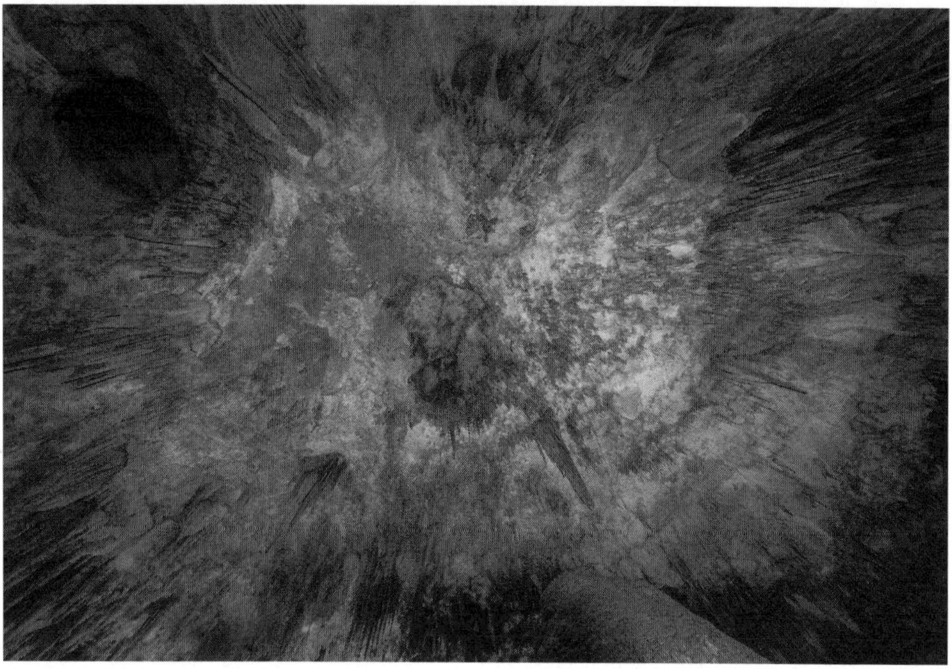

Die **Carlsbad Caverns** sind seit 1930 ein **Nationalpark**. Wer schon den Nationalpark-Pass hat, zahlt also keinen Eintritt. Ansonsten **10$/Person**.

Unbedingt zu beachten sind auch wieder die **Öffnungszeiten** (aktuelle hier: http://www.nps.gov/cave/planyourvisit/hours.htm. Je nach Jahreszeit ist der letztmögliche Einstieg in die Höhle bereits um 14.30 Uhr).

Es gibt verschiedene Möglichkeiten in die Höhlen zu gelangen.
Ganz einfach mit dem **Aufzug**, der von oben direkt in das "Herz" der Höhle führt. Oder über den **natürlichen Eingang**, was in jedem Fall zu empfehlen ist, wenn man normal fit ist.

Zurück geht's dann in der Regel immer mit dem Aufzug, es sei denn man hat noch genug Zeit und Lust das Ganze wieder hoch zu laufen. Wenn man **spät am Tag dran ist**, muss man schauen, ob man noch hinunter laufen kann, da der "natürliche Eingang" immer ca. 2,5h vor dem letzten Aufzug schließt.
Im Frühling kann das dann schon mal um 14.30 Uhr sein (Aufzug um 16:30h).

Neben der Carlsbad Höhle gibt es zwar noch andere Höhlen im Nationalpark (z.B. Spider Cave und Slaughter Cave), diese sind aber nur mit Führung besuchbar.

Nachdem man sein **Ticket** gezahlt hat, wird man zum "natürlichen Eingang" gebracht und muss sich noch eine kurze (Sicherheits)Einweisung anhören, bevor man am oberen Ende der Höhle beginnt, einzusteigen.

Hier sieht man sofort, dass die Höhlen sehr stark von **Fledermäusen** bevölkert ist, welche vor allem am Höhleneingang sehr aktiv herumfliegen. Insgesamt leben dort angeblich etwa eine **halbe Million** Fledermäuse.

Nachdem man das Tageslicht hinter sich gelassen hat, beginnt der **Abstieg**. Nach jeder Biegung bietet sich ein neuer Ausblick. Allmählich wird es auch kälter. Bevor man am "Ziel", dem "**Big Room**" ankommt, läuft man etwa 1 Stunde abwärts, vorbei an Stalaktiten und Stalagmiten in teils sehr interessanten Formen.

Am Grund befindet sich schließlich der "Big Room", ein sehr großer, zusammenhängender Bereich, mit teils riesigen Kalksteinformationen. Hier benötigt man noch mindestens 30-45 Minuten um sich alles anzuschauen, bevor man wieder den Aufzug ans Tageslicht nimmt.

Insgesamt war die Höhle eine der **beeindruckendsten und größten**, die ich bisher gesehen hatte.

Wer den möglichen Umweg nicht scheut, sollte sich einen Besuch der Carlsbad Caverns auf jeden Fall zu Gemüte führen.

Die Carlsbad Caverns liegen im **Südosten** New Mexicos und sind nicht allzu gut angebunden, bzw. liegen meist nicht "auf der Strecke". Dennoch hatten wir damals auch einen recht langen Umweg genommen, ohne wirklich zu wissen, was einen erwartet und wie toll die Höhlen nun wirklich sind.

Hawaii (Big Island und Maui)

Von der Westküste der USA bietet es sich durchaus an, einen Abstecher nach Hawaii zu machen. Denn die Flüge, insbesondere von San Francisco oder der Nachbarstadt Oakland sind mitunter die günstigsten, um vom Festland nach Hawaii zu gelangen.

Da ich selbst so einen Abstecher gemacht habe, gibt es als Bonus zu den vorangegangen Kapiteln zum Südwesten der USA nun meine ausführlichen Berichte und Infos zu Big Island und Maui.

Big Island ist die größte Hawaii-Insel und wartet mit den vielfältigsten Sehenswürdigkeiten auf sich. Ob die Fahrt auf den höchsten Gipfel Hawaiis (über 4000 m), die Beobachtung von heißer Lava oder Entspannung an zahlreichen Stränden – auf Big Island gibt es viel zu sehen und zu tun.

Maui ist nicht ganz so groß, aber mindestens genauso beliebt und schön wie Big Island. Das Highlight auf Maui ist der Ganztages-Roadtrip auf der „Road to Hana“, wovon ich unter anderem ausführlich berichte und dir alle Infos gebe, die du benötigst.

Big Island Sehenswürdigkeiten - In 5 Tagen die größte Hawaii Insel entdecken

Big Island Hawaii - Wer nach Hawaii möchte, hat meist die Qual der Wahl. Schließlich gibt es gleich 8 (große) Inseln zur Auswahl, von denen jede mit unterschiedlichen Highlights lockt.
Neben Maui haben wir uns entschieden, auch 6 Nächte auf der größten aller Inseln im Staat Hawaii zu verbringen - Hawaii Island (welche in der Regel als "Big Island" bezeichnet wird).
Was man dort in 5 Tagen alles erleben kann, habe ich im folgenden Kapitel beschrieben.

Unsere ersten 2 Nächte verbrachten wir an der Westküste Big Islands, nicht allzu weit entfernt vom Kona International Airport, den wir von der Nachbarinsel Maui angeflogen hatten. Die 4 anderen Nächte dagegen in der Nähe von "Volcano" bzw. dem Volcanoes Nationalpark.

Big Island Hawaii - Flüge, Unterkunft und Mietwagen

Sicht aus dem Kleinflugzeug nach Hawaii Big Island

Ich hatte zuvor einige Flugverbindungen von Städten im Westen der USA überprüft und am günstigsten vom Festland konnte man immer jeweils von **San Francisco, bzw. Oakland** aus fliegen.
Nachdem wir zuvor auf der Nachbarinsel Maui waren, sind wir nach Big Island jedoch für ca. **80€** in einem Kleinflugzeug rüber geflogen (mit Molekulele Airlines).
Allein dieser Flug war schon ein Erlebnis. Hier hatten nur ca. **8 Leute Platz**. Wir waren zufällig in der ersten Reihe und konnten dem Piloten sogar über die Schulter schauen. Auch die Aussicht nach draußen war grandios.

Am Flughafen angekommen, nahmen wir unseren **Mietwagen** (ein BMW Cabrio) entgegen, den ich zuvor über Alamo gebucht hatte.

Unsere erste Unterkunft war ein gemütliches AirBnb Apartment im "Ort" **Captain Cook** an der Westküste, ca. **35 km vom**

Flughafen entfernt, welches bei uns **80€/Nacht** gekostet hat.

Das Apartment gibt es unter „https://www.airbnb.de/rooms/13764353", falls du interessiert bist und wenn du neu bei AirBnb bist, kannst du dir über meinen Anmeldelink (http://bitly.com/airbnb-rabatt) **25€ Startguthaben** sichern!

Wer ein normales Hotel bevorzugt, findet natürlich auch auf B**ooking.com** eine gute Auswahl.

Big Island Hawaii - Tag 1: Die Strände bzw. Beach Parks der Westküste erkunden

Aiopio Fish Trap

An der Westküste der Insel gibt es einige kleinere marine (national-historische) Parks, welchen man einen Besuch abstatten sollte. Die Parks stehen entsprechend unter Schutz, sodass ab und zu auch Ranger vor Ort sind, um z.B. für den Schutz der **Meeresschildkröten** zu sorgen.

Wir haben an dem einen Tag zwar nicht alle Parks angefahren, die sich hier an der Westküste befinden, aber ein paar davon gilt es zu erwähnen.

Aiopio Fish Trap - Sehr schöner, entspannter Strand mit vielen Schildkröten

Von unserer Unterkunft aus mussten wir für den ersten Park, den wir besuchen wollten, wieder ein gutes Stück in Richtung Flughafen zurück fahren. Denn nur wenig weit entfernt, befindet sich die sogenannte **"Aiopio Fish Trap"** (Koordinaten: 19°40'15.4"N 156°01'34.7"W), ein kleines Gebiet mit einem sehr schönen Strand und vor allem einem guten Aufkommen an Meeresschildkröten, welche sich im warmen Sand ausruhen.

Natürlich befinden sich nicht ständig Schildkröten außer Wasser, aber bei unserem Besuch hatten wir Glück und es bewegten sich gleich mehrere durch den Sand. Anfassen bzw. zu nahe kommen sollte man den Tieren aber nicht, denn darauf stehen hohe Strafen und es ist sowieso meist ein Ranger vor Ort.

Die Aiopio Fish Trap ist jedenfalls so oder so einen Besuch wert. Denn trotz dessen, dass man hier sehr gut Schildkröten beobachten kann, war hier nicht viel los (wie man auch an den Bildern oben sieht) und man kann eine sehr entspannte Zeit hier verbringen. Auch das Wasser lädt zum schwimmen ein und die Kulisse ist wunderschön.

Parken kann man hier am Hafen (von der Hauptstraße leitet ein Schild zur "**Honokohau Marina**") und von dort aus läuft man ein kleines Stück (ca. 200 m?) zum Strand.

Kahaluu Beach Park - Schöner Schnorchel-Spot

Unser nächster Stopp an der Westküste Richtung Süden war der **"Kahaluu Beach Park"** (Koordinaten: 19°34'44.3"N 155°58'02.2"W).
Der Strand an sich ist nichts Besonderes und relativ klein. Allerdings ist hier ein guter Ort zum **schnorcheln**, da das Wasser verhältnismäßig seicht ist und man viele (teils sehr große) Fische sehen kann.
Badeschuhe o.ä. können aufgrund des steinigen Untergrunds von Vorteil sein. Allerdings nicht nur deshalb. Ich wurde hier das erste Mal von einem der kleineren Fische gebissen!

Pu'uhonua O Honaunau National Historical Park - Historische Stätte

In diesem Park kann man etwas mehr über die hawaiianische Kultur erfahren. Unter dem Pu'uhonua versteht man einen ehemaligen **Zufluchtsort** für hawaiianische Gesetzesbrecher, die der Todesstrafe nur entkamen, wenn sie sich hierher retten konnten, ohne vorher ergriffen zu werden.

Die restaurierte Tempelanlage mit ihren Statuen und vielen weiteren Sehenswürdigkeiten ist sicherlich einen Abstecher wert. Leider hatten wir diesen Park aus irgendeinem Grund verpasst. Aber dafür erwähne ich diesen nun hier. Eine Quelle mit weiteren detaillierten Infos zum Park findest du unter „https://www.angies-dreams.net/infos/bigisland/puuhonuaohonaunau.php“.

Der Eintritt kostet übrigens **5$**. Wer den Annual Pass für alle Nationalparks für 80$ besitzt, kann aber "kostenfrei" hinein fahren.

Neben dieser 3 erwähnten Parks und Strände gibt es natürlich noch einige weitere an der Westküste, daher gilt es ggf. auch woanders noch anzuhalten, z.B. am Ho‘okena Beach Park, dem Keolonahihi State Historical Park, usw.

Mit dem Besuch einiger Parks ist man für einen Tag aber jedenfalls ganz gut ausgelastet.

Big Island Hawaii - Tag 2: Fahrt über die Südspitze nach Volcano

Nach den 2 Nächten an der Westküste brachen wir am 3. Tag zu unserer nächsten Unterkunft auf, welche sich im Ort **"Volcano"**, in der Nähe des Volcanoes National Parks befand, im Südosten der Insel.

Auf dem Weg dorthin gibt es einiges zu entdecken, wenn man möchte.

Ka Lae South Point (Cliff Dive) - Südlichster Punkt der USA

Von der Hauptstraße in Richtung Osten aus (Hawaii Belt Road bzw. HI-11) gibt es an einer Stelle eine Abzweigung in die **"South Point Road"** (Koordinaten: 19°03'34.8"N 155°39'45.9"W). An der Abbiegung kann man leicht vorbei fahren, daher gibt man die Straße zuvor am besten in ein Navi ein.

Eine schöne, satt grüne Landschaft erwartet einen auf der South Point Road, die immerhin ca. **17 km** lang geht, bis man irgendwann am Ende angekommen ist.

Kurz vor Ende gibt es eine kleine Abzweigung. Eine Richtung führt in Richtung des Green Sand Beach (dazu gleich mehr). Folgt man der Straße aber, endet diese am sogenannten **South Point Cliff Dive.**

Hier sollte man dann spätestens sein Auto abstellen, wenn man nicht gerade einen Jeep oder Vergleichbares hat, mit dem man die sandige, hügelige Piste, die noch ein wenig weiter führt, befahren könnte.

Wer sehr abenteuerlustig ist, hat hier die Möglichkeit, von einer **Klippe zu springen**, welche immerhin **12 m** hoch ist.

Nachdem ich nicht so der Klippenspringer bin, liefen wir lieber den staubigen Weg weiter, welcher zum "Ende" der Vereinigten Staaten führt. Nachdem der "Southernmost Point" in Key West, Florida zwar der südlichste Punkt des nordamerikanischen Kontinents ist, so ist der südliche Zipfel Hawaii Big Islands tatsächlich der **südlichste Punkt der USA**.

Wahnsinnig spektakulär ist es hier an der Küste nun zwar nicht, aber trotzdem hat die Einsamkeit hier etwas. So richtig waren wir auch nicht sicher, ob wir jetzt tatsächlich am definierten südlichsten Punkt waren, da wir kein konkretes Schild dafür sahen. Laut Karte war dem aber so.

Green Sand Beach

Der Green Sand Beach befindet sich hier ganz in der Nähe und man muss nur die nächste Abzweigung auf dem Rückweg nehmen, welche den Strand beschildert. Diese führt zur **Kaulana Bay.**

Den Green Sand Beach von dort dann zu erreichen ist allerdings nicht ganz einfach. Mit dem Mietwagen (auch mit Jeeps o.ä.) ist das nicht erlaubt. Alternativ bieten einige Locals den Touristen an, sie für ca. **10$** zum Strand zu bringen. Legal ist das allerdings für die Locals auch nicht.

Alternativ kann man zum Strand wandern. Die Strecke ist hin und zurück ca. **7 km** lang und schattenlos. Somit auch ein wenig anstrengend, v.a. in der Mittagshitze. Nachdem wir den Strand anhand der Bilder nicht soo aufregend fanden, um diesen Aufwand zu betreiben, ließen wir den Green Sand Beach letztendlich aus. Wer die Mühen nicht scheut und Lust hat, sollte den Weg aber auf sich nehmen.

Punalu'u Black Sand Beach - Schwarzer Strand mit Meeresschildkröten

Wieder an der Hauptstraße zurück erreicht man einige Kilometer später eine beschilderte Abzweigung, welche zum **"Punalu'u Black Sand Beach"** führt, einem mit Palmen gesäumten, beliebten Sandstrand aus schwarzem Lavagestein.

Auch hier soll man sehr viele **Meeresschildkröten** sehen können, die sich auf dem heißen **schwarzen Sand** ausruhen. Garantiert ist eine Sichtung der Tiere aber nicht, denn als wir hier waren, trafen wir leider auf keine einzige. Vielleicht lag es auch an der Tageszeit.

Barfuß kann man auf dem Sand kaum laufen, da es einfach zu heiß ist. Wer sich hier also sonnen möchte, sollte vielleicht nicht das dünnste Handtuch dabei haben und auf jeden Fall Schuhe/Sandalen o.ä.

Insgesamt ein schöner, ungewöhnlicher Strand, der trotz der Beliebtheit nicht überfüllt ist und auf dem es sich unter den Palmen gut ausruhen lässt. Mit ein wenig Glück wird man dabei auch auf einige Meeresschildkröten stoßen.

Vom "Punalu'u Black Sand Beach" sind es nun noch ca. 50 km bis zu unserem Tagesziel "Volcano". Hier hatten wir für die nächsten **4 Nächte** ein gemütliches **AirBnb** Apartment gemietet.

Dabei handelte es sich um die "**Volcano Eco Cabin**", einer kleinen, aber sehr schön eingerichteten und ruhigen Hütte im Urwald bzw. dem sogenannten "Fern Forest".
Eine der schönsten Unterkünfte, die wir auf dieser Reise hatten. Die Unterkunft findest du hier, falls du interessiert bist: https://www.airbnb.de/rooms/18870748 (ist oft Wochen vorher ausgebucht, spontan geht also meistens nicht).

Über den Link http://bitly.com/airbnb-rabatt erhältst du **25€ AirBnb-Startguthaben**, falls es deine erste Reise damit ist. Preislich war diese Unterkunft für hawaiianische Verhältnisse auch relativ gut und lag bei ca. **100$/Nacht**, bzw. 89€/Nacht bei uns.

Wer ein Hotel bevorzugt, findet natürlich auch auf **Booking.com** eine gute Auswahl.

Wir sind am Abend dieses 2. (ganzen) Tages noch zum "**Jaggar Museum**" im Volcanoes Nationalpark gefahren, um die glühende Caldera des Vulkans bei Dunkelheit zu bestaunen.
Dies kann man aber genauso gut auch an einem der nächsten Tage machen.

Big Island Hawaii - Tag 3: Den Volcanoes Nationalpark besuchen!

Der Volcanoes Nationalpark ist eines der großen Highlights von Big Island Hawaii. Angeblich ist der Park sogar der **meistbesuchte Nationalpark in den USA**.

Wo sonst kann man aktiven Vulkanen aber auch so nahe sein und die Auswirkungen früherer Eruptionen und Lavaströmen von Aussichtspunkten, dem Auto oder auf Wanderungen bestaunen.
Im Park kann man an einem Tag viel erleben. Viel länger als **1-2 Tage** benötigt man aber auch eigentlich nicht, außer man möchte wirklich tief "eintauchen".

Nachdem es einiges zu erzählen gibt, habe ich meine Erfahrungen und Infos über den Volcanoes Nationalpark schon in einem separaten Kapitel zusammengefasst, das du auf Seite 191 findest.

Big Island Hawaii - Tag 4: Heiße Lavaströme in Kalapana "hautnah" beobachten!

Wenn man den vulkanischen Aktivitäten noch ein Stück näher sein möchte, sollte man den Aufwand nicht scheuen, die **"Kalapana Viewing Area"** aufzusuchen, welche sich etwa **70 km bzw. eine Stunde Autofahrt** vom Volcanoes Nationalpark entfernt befindet.
Hier hat man - nach einer knapp halbstündigen Radfahrt oder 1,5-2-stündigen Wanderung - die Möglichkeit, sich über erkaltete Lavafelder dem aktiven Lavastrom zu nähern. Dabei gibt es keine Absperrung und man kann so nah ran, wie man möchte.
Ein tolles Erlebnis, welches ich zu meinen Highlights auf Hawaii zähle.

Wie man dort genau hin gelangt und was ich genau erlebt habe, steht in meinem eigenen Kapitel dazu, das du auf Seite 199 findest!

Big Island Hawaii - Tag 5: Von 0 auf über 4000 m mit dem Auto hochfahren? Der Mauna Kea macht's möglich.

Wer hätte gedacht, dass ich meinen ersten 4000-er nicht mühsam erwandern muss, sondern einfach mit dem Auto hoch fahren kann?

Auch der Mauna Kea ist ein Vulkan, allerdings nicht mehr aktiv. Tatsächlich ist er (eigentlich) sogar der **höchste Berg der Erde**, da er nicht nur **4205 m** in den Himmel ragt, sondern auch noch etwa 6000 m in den Meeresboden. Er ist damit so gesehen über 10.000 m hoch. Zählt man mit, dass er zusätzlich noch in den Meeresboden eingesackt ist, misst der Berg sogar etwa 17.000 m. So viel zu den Fakten.

Bei unseren Recherchen über die Fahrt auf den Berg stießen wir darauf, dass man das letzte Stück (ab dem Visitor Center) nur mit **Allradfahrzeugen** befahren darf und sollte. Nachdem wir allerdings ein BMW Cabrio hatten, war klar, dass wir damit definitiv nicht hoch sollten.

Somit gab es für uns also 2 Möglichkeiten: Entweder wir versuchen unser Auto in ein Allrad-Fahrzeug **beim Vermieter umzutauschen** oder hoffen darauf, dass uns jemand am Visitor Center mit hoch nimmt (ist hier durchaus üblich). Nachdem wir auf dem Weg zum Mauna Kea sowieso an **Hilo** und damit der

Alamo-Mietstation am Flughafen vorbei kamen, versuchten wir, das Auto dort umgetauscht zu kriegen.

Den erhofften Jeep Wrangler bekamen wir zwar nicht. Stattdessen aber einen Pickup mit Ladefläche (die für uns zwar völlig überflüssig war, aber immerhin mit 4WD)!
Nun stand der Fahrt nach oben also nichts mehr entgegen.

Von Hilo sind es nun knapp **70 km** bis auf den Gipfel des Mauna Kea. Viel Fahrtstrecke also und nachdem es auch noch 4200 Höhenmeter zu überwinden gibt, sollte man nicht mit leerem Tank losfahren.

Die ersten **45 km** fährt man auf einer Verbindungsstraße entlang (die an das andere Ende von Big Island Hawaii führt), auf der es bereits ordentlich nach oben geht. Uns schlägt Regen entgegen, teilweise fahren wir wohl auch in tiefen Wolken. Hilo soll übrigens die regenreichste Stadt der USA sein, daher ist der Regen eigentlich kein Wunder.

Nach der beschilderten Abbiegung auf die "**Mauna Kea Access Rd**" nach ca. 45 km geht es noch einmal stark aufwärts, bis man nach **weiteren 10 km das Visitor Center erreicht**, welches sich auf **2800 m** Höhe befindet. Wegen der Gefahr von Höhenkrankheit wird empfohlen, sich hier mindestens eine halbe Stunde zum "**akklimatisieren**" aufzuhalten, bevor man sich weiter nach oben begibt. Nachdem wir nicht wussten, wie wir auf die Höhe reagieren, folgten wir mal lieber der Empfehlung.

Ein deutsches Paar nahmen wir dann auch noch mit nach oben, die uns deshalb fragten, weil sie keinen tauglichen Mietwagen für den restlichen Aufstieg hatten.

Sich mit dem Pickup über die, mit teils großen Steinen übersäte Schotterstraße, nach oben zu kämpfen kann dabei durchaus Spaß machen, auch wenn es für die Beifahrer manchmal etwas beängstigend war.
Einem normalen Mittelklasse/Cabrio-Mietwagen hätte ich das aber nicht antun wollen, auch wenn es theoretisch im Schneckentempo schon gegangen wäre. Die Aussicht über Big Island Hawaii ist an manchen Stellen wirklich beeindruckend, vor allem im Zusammenspiel mit den Wolken, denen man allmählich empor steigt.

"Mondlandschaft" auf dem Gipfel des Mauna Kea, Hawaii Big Island

Oben am Gipfel angekommen erwartet den Besucher eine karge ("Mond"-)Landschaft, welche mit zahlreichen **Weltraum-Teleskopen** ausgestattet ist, insgesamt **13** an der Zahl.
Der Gipfel hier ist weltbekannt als einer der besten Orte für einen klaren Sternenhimmel. Angeblich sogar der beste Platz der Erde auf der nördlichen Hemisphäre.

Teleskope auf dem Gipfel des Mauna Kea, Hawaii Big Island

Parken kann man immer an den Teleskopen und zu manchen dieser hat auch man auch Zutritt.

Eine Sicht auf das Innere des Teleskops allerdings nur durch eine Scheibe (wobei es grundsätzlich auch Führungen geben soll).

Ein bisschen merkt man die Höhe dann auch tatsächlich. Ein leicht seltsames Körpergefühl hatte sich bei mir zu Beginn eingestellt.
Am meisten wird man die Höhe von 4200 m aber wohl merken, wenn man sich

anstrengt und z.B. den "**Mauna Kea Summit Trail**" geht.
Dabei handelt es sich um einen, eigentlich relativ kurzen Pfad (ca. 0,5 km einfach) auf den "tatsächlichen" Gipfel, welcher an der "**Sunset View Parking Area**" (Koordinaten: 19°49'19.0"N 155°28'15.0"W) los geht
Nachdem wir uns von der Aussicht auf dem höchsten Gipfel Hawaiis satt gesehen hatten, ging es das Ganze wieder runter.

Wir waren nachmittags hier. Der Vorteil dabei ist wohl, dass dann sonst kaum jemand hier ist. Die meisten Besucher kommen hier allerdings zum **Sonnenuntergang** hoch und finden sich anschließend am Visitor Center wieder, um den Sternenhimmel zu bestaunen (nach Sonnenuntergang muss man, meines Wissens nach, den Gipfel wieder verlassen).
Das ist sicherlich auch ein cooles Erlebnis und würde ich grundsätzlich auch empfehlen. Man sollte sich dann allerdings warm anziehen. Nachts kann es schon sehr kalt hier oben werden, auch im Sommer.

Insgesamt schon ein interessanter Ausflug, den man sich auf Big Island Hawaii nicht entgehen lassen sollte, v.a. weil es einem so einfach gemacht wird und man die 4200 m einfach mit dem Auto hoch fahren kann.

Wer an Tag 5 vor oder nach der Fahrt auf den Mauna Kea noch Zeit und Lust hat, kann auch noch einen Abstecher in den "**Panaewa Rainforest Zoo**" machen.
Dabei handelt es sich um einen mittelgroßen Zoo mit **kostenlosem** Eintritt, der sich in der Nähe von Hilo befindet (Koordinaten: 19°49'19.0"N 155°28'15.0"W).
Beachten sollte man die Öffnungszeiten von 9.00-16.00 Uhr.

Dies waren 5 Tage auf Hawaii's größter Insel! Es gibt also einiges zu entdecken.

Hawaii Volcanoes National Park - Kalte Lavaseen & Vulkane auf Big Island

Der Hawaii Volcanoes National Park auf Hawaii Big Island ist eines der großen Highlights Hawaiis. Er befindet sich im Südwesten der Insel und gilt tatsächlich als der meistbesuchte Nationalpark in den USA.

Auf 1348 km² lassen sich zahlreiche erkaltete Lavafelder und Vulkane, sowohl per Mietwagen, als auch zu Fuß entdecken. Außerdem befindet sich hier der Kilauea, einer der aktivsten Vulkane weltweit, der auch zurzeit weiterhin Lava austreten lässt.

Der Eintritt in den Park kostet zurzeit **25$** pro Auto und ist 7 Tage lang gültig (mit dem USA Annual Pass natürlich "kostenlos"). Außerdem ist hier **24-Stunden geöffnet**, was es praktisch macht, die feurige Caldera des Kilauea auch bei Dunkelheit zu beobachten.

Caldera des Kilauea

Übernachtung in bzw. beim Hawaii Volcanoes National Park

Wer **direkt im Park** übernachten möchte, hat eigentlich nur die Möglichkeit im (eher hochpreisigen) Volcano House zu übernachten, einer Lodge, welche 33 Zimmer bietet. Man sollte davon ausgehen, dass hier einige Zeit im Voraus ausgebucht ist.

Alternativ gibt es auch 2 **günstige Campingplätze** im Park. Mehr Infos unter: „https://www.nps.gov/havo/planyourvisit/camp.htm“

Ansonsten bietet es sich an, außerhalb des Parks, im Ort "Volcano" oder Umgebung zu nächtigen.
Wie überall auf Hawaii hatten wir uns (nicht nur aus preislichen Gründen) eine sehr schöne und gemütliche AirBnB Unterkunft für 4 Nächte gebucht.
Dabei handelte es sich um die "**Volcano Eco Cabin**", einer kleinen aber sehr schön eingerichteten und ruhigen Hütte im Urwald bzw. dem sogenannten "Fern Forest" (siehe auch Informationen auf Seite 184)

Achtung: Wir mussten feststellen, dass es im Ort Volcano bzw. in der Umgebung kaum Einkaufsmöglichkeiten gibt, v.a. für Lebensmittel.
Auch Restaurants gibt es nur wenige (z.B. aber die Kilauea Lodge & Restaurant, welche etwas hochpreisiger ist, bei der wir aber zweimal essen waren).
Will man sich selbst versorgen oder braucht sonst noch etwas, sollte man sich also lieber vorher eindecken.
Der nächste größere Supermarkt, von dem wir wissen und bei dem man alles bekommt ist ein Foodland in Kea'au, ca 30 km von Volcano entfernt.

Erkundung des Hawaii Volcanoes National Park

Um den Nationalpark zu erkunden, bietet es sich an (wenn man 2 Tage Zeit hat), zuerst nachmittags zu starten und dann den Crater Rim Drive entlang zu fahren, um schließlich bei Dunkelheit am Jaggar Museum die Aussicht auf die glühende Caldera bestaunen können.
Karten zum Nationalpark gibt es gewöhnlich bei Einfahrt bzw. am Visitor Center.

Am nächsten Tag kann man sich die Chain of Craters Road vornehmen, sowie die ein oder andere Wanderung unternehmen.

Volcanoes National Park - Am Crater Rim Drive bis zum Jaggar Museum

Auf dem Weg zum "Jaggar Musem" wird man bereits einige vulkanische Gase bzw. **Wasserdampf** bemerken, welcher am Wegesrand ausströmt.
Einen ersten kurzen Stopp kann man daher an den "**Steam Vents**" machen.
Überall gibt es hier Erdlöcher aus denen heißer Dampf strömt. Außerdem einen ersten Blick auf den Mittelpunkt des Kilauea - der sogenannten Caldera. Wer möchte, kann hier außerdem ein paar kurze Wanderungen bzw. vielmehr Spaziergänge unternehmen.

Weiter geht es den Crater Rim Drive, vorbei am Militärcamp und kurze Zeit später gelangt man bereits zum **Parkplatz des Jaggar Museum**.
Hier erfährt man einiges über den Kilauea, die vulkanischen Aktivitäten im Park, deren Entstehung, die aktuellen Zustände des Lavastroms und vieles mehr. Außerdem hat man hier einen der besten Blicke auf die glühende Caldera, was leider auch viele andere (unruhige) Besucher anzieht, insbesondere nach Sonnenuntergang.

Wer ein gutes Foto bei Dunkelheit machen möchte, sichert sich also am besten schon vorzeitig einen Platz, denn anschließend sind die besten Plätze zum Großteil von chinesischen Fotografen und deren Stativen belegt.

Hawaii Volcanoes National Park - Wanderung durch einen erkalteten Lavasee (Kilauea Iki Crater)

Begibt man sich vom Visitor Center aus auf dem Crater Rim Driver gen Süden, stößt man kurze Zeit später zum "**Kilauea Iki Trailhead**" bzw. zur Thurston Lava Tube.
An beiden Stellen beginnt bzw. endet die Wanderung durch den Kilauea Iki Krater. Eigentlich fängt man die Wanderung am offiziellen Trailhead an, aber grundsätzlich ist es völlig egal wie rum man die Wanderung geht.

Als wir schließlich um **kurz nach 8 Uhr** am Parkplatz der Thurston Lava Tube ankommen und die Wanderung "verkehrt herum" starten, sind wir allerdings auch die Einzigen, die das tun, trotz der Beliebtheit dieses Trails. Ein tolles Gefühl, im Morgenlicht allein auf dieser Wanderung zu starten.

Die Wanderung geht **6,4 km** lang. Die angegebenen 2-3 Stunden Länge waren in unserem Fall etwas übertrieben. Wir waren in ca. **1:45h** wieder zurück.

Zu Beginn führt der Weg durch Dschungel hinunter in den Krater. Nach einer Weile kann man den ersten Blick auf den (erkalteten) Lava-See erhaschen (s. Bild vorherige Seite).

Unten angelangt findet man sich auf einer bizarren Landschaft wieder. 1959 brach der Kilauea hier aus und erzeugte, entgegen seiner (zurzeit) sonst typischen Ausbrüche, bis zu knapp **600 m hohe Lavafontänen**. Das geschmolzene Gestein erzeugte den Lavasee, auf welchem man heute hier wandern kann.

Trotz dessen, dass der Ausbruch bereits fast **60 Jahre** zurück liegt, tritt an vielen Stellen immer noch heißer Wasserdampf aus (an dem man sich auch verbrennen kann, wenn man nicht aufpasst!). Weiter unten ist es nämlich immer noch heiß und noch lange nicht abgekühlt. Durch in den Boden sickerndes Regenwasser entsteht der Wasserdampf.

Auf dem erkalteten Lavagestein sind zwischenzeitlich wieder Pflanzen und Bäume aus dem Boden gesprossen, welche aus den Rissen im Gestein sprießen. Hebt man einen der Lavasteine auf, wird man feststellen, wie leicht und brüchig das Material ist. Auch erkennt man an einigen Stellen/Rissen, dass sich unterhalb ein Hohlraum befindet. Trotz der vermeintlichen Öde der Landschaft gibt es hier einiges zu entdecken.

Hat man den Krater durchquert, findet man sich wieder am Kraterrand, welchen man nun erklimmen muss. Ein kurzes, anstrengendes Stück nach oben. Die zusätzliche Hitze bzw. Schwüle macht es dann doch zu einer etwas schweißtreibenden Angelegenheit.

Allmählich treffen wir auf die ersten Wanderer, die uns entgegen kommen und am offiziellen Startpunkt der Wanderung los sind. Hat man den Anstieg zum Kraterrand bewältigt, erwartet einen wieder ein toller Weg durch den Dschungel bzw. Wälder.

Auf dem weiteren Weg am Kraterrand bieten sich tolle Aussichten auf den ehemaligen Lavasee und die Caldera des Kilauea von weitem.

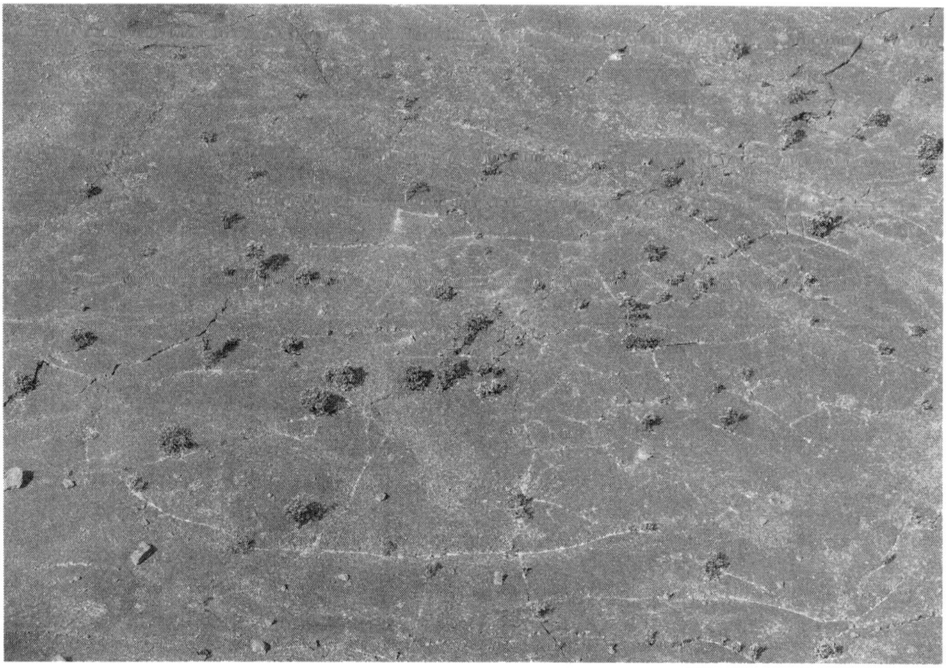

Kilauea Iki Krater von oben

Eine knappe halbe Stunde später waren wir am Kilauea Iki Trailhead wieder angekommen und liefen das kurze Stück bis zum Parkplatz der Thurston Tube, welche wir als nächstes erkundeten.

Hawaii Volcanoes Natonial Park - Thurston Lava Tube

Weg zur Thurston Lava Tube

Der kurze Rundweg zu und durch die Thurston Lava Tube ist nicht sehr lang und dauert nur ca. **20 Minuten**. Lavaröhren gibt es auf Hawaii offenbar einige, diese ist jedoch eine der größeren (**46 m lang**). Wie eine Lavaröhre entsteht, steht z.B. unter „https://de.wikipedia.org/wiki/Lavaröhre" gut erklärt.

Wieder führt ein Weg durch den Dschungel an die Lavaröhre. Diese ist im Grunde nichts weiter als eine Höhle, allerdings erkennt man hier schon die gewölbte, runde Form.

Ist man durch, geht es noch ein kurzes Stück durch den Urwald bis man wieder am Parkplatz ankommt.

Hawaii Volcanoes National Park - Auf der Chain of Craters Road bis zum Meer

Hat man den zugänglichen Teil des Crater Rim Drive erkundet (leider ist ca. die Hälfte der Straße seit einiger Zeit gesperrt), kann man sich die sog. "**Chain of Craters Road**" vornehmen.
Hin und zurück ist die Chain of Craters Road **61 km** lang. Man sollte also ein wenig Zeit mitbringen und nicht mit leerem Tank losfahren.

Bevor man auf die Chain of Craters Road fährt, bietet es sich an, noch kurz den "**Devastation Trail**" zu laufen, welcher sich an der Kreuzung zum Crater Rim

Drive befindet. Auf diesem kurzen, **0,8 km** langem Rundweg, soll die Auswirkung des 1959 Ausbruchs (Kilauea Iki, siehe oben) gezeigt werden, bei der sich Asche auf die einst florierende Landschaft gelegt hatte.

Zu erkennen ist, dass sich allmählich wieder Vegetation gebildet hat. Der Trail ist kein Must-Do, aber wenn man Zeit hat (dauert nur ca. 20-30 Minuten), dann kann man sich den Trail natürlich mal anschauen.

Auf der Chain of Craters Road gestartet, fährt man vorbei an einigen (aktiven) Kratern des Volcanoes Nationalparks, an denen man jeweils anhalten kann, wenn man noch nicht genug vom Lavagestein hat.

Nach einigen Kilometern auf der Ebene beginnt irgendwann das letzte Stück der Strecke, wo man bereits das ca. 1000 m darunter liegende Meer sehen kann. Einige tolle Aussichtspunkte bieten sich hier zum Anhalten an.

Nun geht es ziemlich bergab die nächsten Kilometer. Schließlich müssen ca. 1000 Höhenmeter nach unten überwunden werden.
Am Ende der Straße befindet sich dann u.a. der sogenannte "**Holei Sea Arch**", ein 18 m hoher Steinbogen an der Klippe, sowie eine tolle Aussicht über die raue Küste hier am Ende des Nationalparks.

Wer nun noch Energie hat, kann z.B. etwas weiter oben auf der Chain of Craters Road den **Pu'u Loa Petroglyphs Trail** machen, einen **2,4 km** langen Rundweg, auf dem es alte hawaiianische Petroglyphen zu entdecken gibt.

Ist man von der Chain of Craters Road nun zurück am Eingang des Parks, dann sollte man eigentlich die wichtigsten Highlights des Parks entdeckt haben. Wer immer noch nicht genug hat, kann z.B. weitere Wanderungen unternehmen.

Aktive Lava auf Hawaii Big Island beobachten - Kalapana Lava Viewing Area

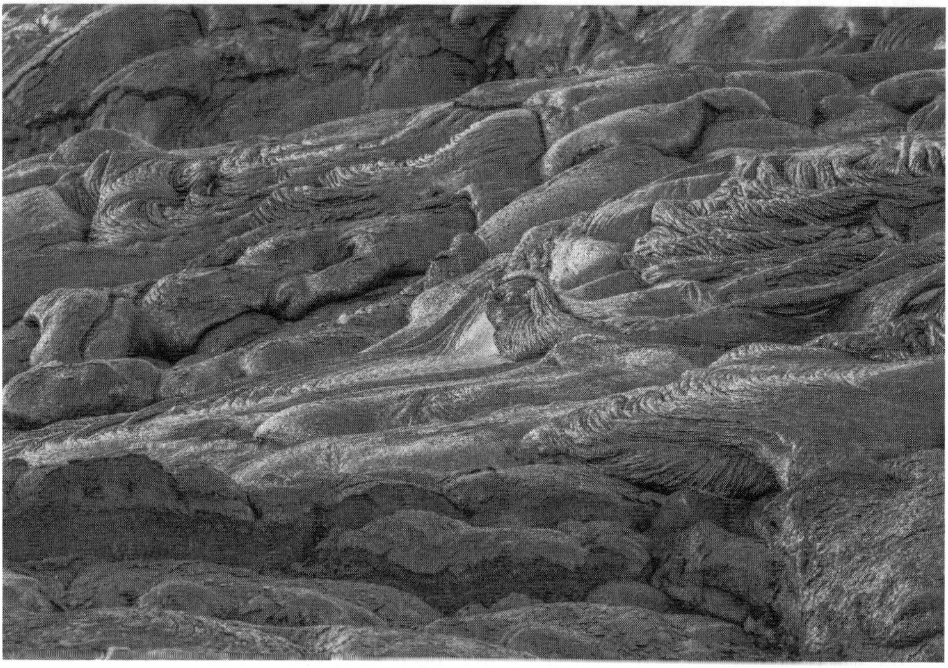

HINWEIS: Durch die Ausbrüche des Kilauea Vulkans im Mai 2018 ist die Lava Viewing Area vermutlich nicht mehr aktiv oder existent. Informiere dich daher bitte vorher. Als aktuelle Quelle mit nützlichen Infos habe ich die Facebookseite eines Touranbieters gefunden (https://www.facebook.com/kalapanacultural.tours).

Für einen Eindruck dieses Lava Erlebnisses lasse ich das Kapitel daher noch bestehen, muss aber **vorwarnen**, dass Lava-Sichtungen dieser Art eventuell nicht mehr möglich sind. Zustände ändern sich allerdings stetig, sodass es Wochen oder Monate später wieder anders aussehen kann.

Wie schon im letzten Kapitel über den Volcanoes National Park beschrieben, ist insbesondere der Kilauea Vulkan auf Hawaii Big Island noch sehr aktiv und lässt täglich neue heiße Lava fließen. Dies geschieht "effusiv", das heißt die Lava quillt aus dem Inneren nach oben und fließt in langsamen, kontinuierlichen Lavaströmen abwärts, teilweise bis in das Meer.
Dementsprechend sind das keine explosionsartigen Ausbrüche, was es für die Besucher relativ ungefährlich macht, die Lava zu beobachten.

Um tatsächlich heiße, fließende Lava sehen zu können, muss man auf Big Island zwar ein wenig Aufwand betreiben, aber wert war es mir auf jeden Fall.

Hotspot und Ausgangspunkt für die Erkundung des Lava Stroms ist die "**Lava Viewing Area**" bei **Kalapana**. Dieser kleine "Ort" befindet sich im Südosten der Insel und ist über den Highway 130 zu erreichen.

Wie gelangt man zur Lava Viewing Area und was gibt es dort zu sehen?

Wer, wie wir, von "Volcano" bzw. aus der Richtung des Volcanoes National Park anreist, fährt über den **Highway 11** bis **Keaau** und dann den **HI-130** bis zum Ende. Dort biegt man auf die Kaimu-Chain of Craters Road ab und findet sich kurz darauf am Parkplatz wieder, von dem man sich zum Viewpoint aufmachen kann. Immerhin kostet das Parken hier nichts. Einlass ist von **15-21 Uhr**. Das letzte Auto wird 20.30 Uhr reingelassen. Man sollte also auch zusehen, dass man bis 21 Uhr wieder vom Viewpoint zurück ist. Auf die Minute genau wird hier aber nicht geachtet.

Was anfangs etwas verwirrend sein mag sind die beiden Punkte, von denen die Rede ist, dem "**Lava Ocean Entry View Point**" und der "**Lava Viewing Area**". Mit Ersterem ist zunächst nur der Punkt gemeint, von welchen man (allerdings aus einiger Entfernung) die Lava in das Meer fließen sehen kann ("Lava Ocean entry").

Bei Tag sieht man allerdings nur den Dampf der durch die Abkühlung der Lava im Meer entsteht und bei Nacht ein Glühen. Sicher - auch das ist interessant anzusehen, aber den ganzen Aufwand, hierher zu gelangen, nicht alleine wert. Die Lava Viewing Area ist hingegen grob als das Gebiet definiert, in welchem man die heiße Lava aus der Nähe sehen kann. So habe ich das zumindest aufgefasst.

Mit dem Fahrrad zum Lava Ocean Entry View Point

Zuerst ist es trotzdem erst einmal wichtig, an den "Lava Ocean Entry View Point" zu gelangen. Die Strecke dorthin und zurück ist allerdings ca. 13,5 km (knapp 7 km einfach) lang und führt über eine Schotterstraße, komplett ohne Schatten. Grundsätzlich wäre es total simpel, die Strecke einfach mit dem Auto zu fahren, allerdings ist diese nur für die Ranger und ein paar Anwohner zugelassen.

Aus diesem Grund finden sich am Parkplatz zahlreiche Fahrradverleiher, bei denen man ab **15$ ein Fahrrad** (inkl. Ausrüstung, wie Lampen, "Medikit", etc.) **leihen** kann, um diese lieblose Strecke über Schotter und inmitten der getrockneten Lava zu bewältigen.

Wer nur an den Lava Ocean Entry Point möchte (was ich aber nicht empfehlen würde), der kann sich diese Distanz schon auch zu Fuß antun, schließlich sollte man diese in **2-3** (bzw. einfach: 1-1,5) **Stunden** überwinden können. Allerdings ist es auch am späten Nachmittag noch sehr heiß, sodass es nicht unbedingt Freude bereitet, diese Strecke zu Fuß zu gehen.
Mit dem **Fahrrad** ist man dagegen in **20-30 Minuten am Ziel**. Auch das Fahrradfahren ist mühsam, da die Straße relativ losen Schotter hat und man daher wesentlich schlechter voran kommt, als auf Asphalt. Man kann sich gegen Aufpreis aber auch Mountainbikes oder Elektrofahrräder leihen.

Wir nahmen uns das billige Fahrrad für 15$ und fuhren los. Bevor man auf der Schotterstraße los fährt, warnt noch einmal ein großes Schild vor der Länge des Weges und der Hitze und dass man mit genügend Wasser und Taschenlampen ausgestattet sein sollte.

Am Wegesrand stehen tatsächlich ein paar kleine Häuser aus Holz, die irgendwann auf die erkaltete Lava gebaut wurden und in denen jetzt tatsächlich Menschen wohnen. Bis auf die Ranger scheinen das auch fast die einzigen zu sein, die auf dem Weg mit dem Auto fahren dürfen. Der ein oder andere Anwohner bietet sogar noch ein paar Fahrräder zum Verleih an, falls man es sich doch anders überlegt.

Nach ein paar anstrengenden Hügeln geht es am Schluss der Strecke tendenziell abwärts und nach ca. **20-25 Minuten** erreichten wir den Lava Ocean Entry View Point.

Wie gesagt, die Entfernung zur Lava, die ins Meer fließt, ist von hier aus noch ziemlich weit, sodass man nicht allzu viel sehen kann. Ein **Fernglas**, o.ä. ist empfehlenswert.
Bei Ankunft war es kurz vor **16 Uhr**. Eine gute Zeit, da man den Lavafluss ins Meer später dann auch bei Nacht sieht. Ebenso wie die fließende Lava.

"Wanderung" zur heißen, fließenden Lava über unwegsames Gelände

Hier am Viewpoint ist stets ein Ranger Auto positioniert, welches wohl u.a. darüber wachen soll, dass niemand durch die Absperrung läuft (hinter der man wohl direkt in Richtung des Lavaflusses, der in das Meer führt, gehen würde).
Nachdem es zum Lavafluss keinerlei Beschilderung oder ausgetretene Wege gibt und sich der Fluss auch immer mal wieder ändert, ist es am besten, die Ranger vor Ort nach der Richtung zu fragen, wenn man sich unsicher ist.

In unserem Fall mussten wir in Richtung der Mitte des obigen Bildes gehen, um die Lava zu finden.

Der Weg bzw. das Terrain ist relativ unwegsam, da man hier wie gesagt über erkaltete Lava geht, welche sich einst ihren Weg aus dem Erdinneren heraus gebahnt hatte. Feste Schuhe sind natürlich Pflicht.

Wir benötigten **etwa 1 Stunde**, um die erste Glut in den Felsen zu sehen und uns der Lava zu nähern. Ab und zu fliegen hier ein paar Schwefeldämpfe durch die Luft, was ein wenig unangenehm sein kann.

Schließlich entdeckten wir die ersten Lava-Ströme. Das coole hier ist, dass man so nah ran laufen kann, wie man möchte. Keine Absperrung, kein Aufpasser. Demnach muss man also selbst ein wenig auf sich aufpassen.

Übrigens auch darauf, sich möglichst nicht mit den Händen auf dem Gestein abzustützen, da sich hier überall bzw. sehr oft sehr kleine Splitter an Lavagestein befinden, die mir nach nur einem aufsetzen der Hand ein paar sehr dünne, aber leicht blutende Kratzer hinzugefügt hatten.

Wer Angst hat, "aus Versehen" in Lava zu treten, dem kann ich nur sagen: Man merkt es an der Hitze, wenn man einem Lavastrom zu Nahe kommt.
Etwa 2-3 m vor einem der kleinen Lava-Ströme wurde es in der Regel eindeutig zu heiß.

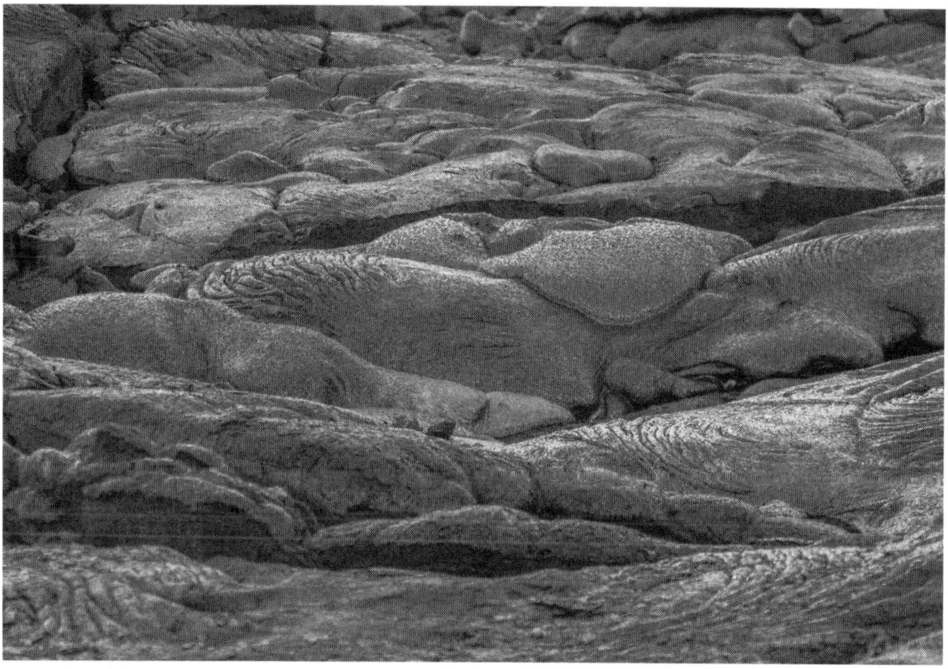

Flüssiges neues Gestein aus der Erde fließen zu sehen ist schon eine beeindruckendc Erfahrung, vor allem wenn man diese Erfahrung nicht mit zahlreichen anderen Menschen teilen muss, sondern sich frei und ungestört über die Lavafelder bewegen kann.

Ich würde auch hier wieder empfehlen, es mir in etwa gleich zu tun und so loszulaufen, dass man den Hinweg zur Lava im Hellen erledigt und somit auch die Ströme im Hellen beobachten kann.
Am besten also spätestens 1,5 Stunden vor Sonnenuntergang vom Ocean Entry View Point losgehen. Dann ist es auch nicht ganz so heiß wie in der Mittagshitze.

Grundsätzlich würde ich also raten, etwa um 15 Uhr am Parkplatz mit dem Auto zu sein, wenn man anschließend mit dem Rad losfährt.

Nachdem wir das Gebiet und die Lavaströme etwa eine halbe Stunde lang erkundet hatten, wurde es dunkel. Bei Dunkelheit erkennt man dann noch einmal deutlicher das Ausmaß der einzelnen Ströme und wie viele sich wo befinden. Davon abgesehen ist es aber eh ein verrücktes Gefühl in aller Dunkelheit alleine auf einem Lavafeld umherzuwandeln.

Schließlich mussten wir uns auf den Rückweg begeben. Nun natürlich bei absoluter Dunkelheit und nur mit ein paar kleinen Taschenlampen ausgestattet (eine wirklich helle Taschenlampe wäre hier schon besser gewesen).

Auch die Orientierung wird nun schwieriger. Wir sind zunächst ein wenig in die falsche Richtung gelaufen. Es hilft jedenfalls, sich nach ein paar gelben, blinkenden Lichtern umzusehen, die beim Ocean Entry View Point irgendwo postiert sind. Die zuverlässigste Lichterquelle sahen wir erst ein wenig später, nämlich das Ranger Auto, welches (vermutlich tatsächlich zur Orientierung der "Wanderer") ein helles, weißes Licht blinken ließ. Diesem folgend war es dann einfach, die richtige Richtung zu finden. Anstrengend und langwierig war der Rückweg dennoch ein wenig.

Am Viewpoint wieder angekommen, kann man jetzt noch einmal den Lavafluss ins Meer von Weitem bestaunen (mittlerweile hatten sich hier schon mehr Zuschauer eingefunden) und anschließend ging es auf dem Rückweg, der aufgrund der Steigung ein bisschen anstrengender ist, als der Hinweg, mit dem Fahrrad wieder zurück.

Insgesamt eine sehr empfehlenswerte Sache auf Hawaii Big Island, zumindest dann, wenn man vor allem wegen des Lavastroms hierher kommt. Wo sonst kann man schon einmal flüssiges Gestein aus dem Boden fließen sehen und zwar so nah wie man möchte.

Maui Sehenswürdigkeiten - 3 Tage voller Highlights auf Hawaii

Unsere erste Insel war die beliebte und zweitgrößte Hawaii-Insel Maui, auf der wir 4 Nächte blieben.

Maui auf Hawaii hat für den Besucher einiges zu bieten - nicht nur tolle Strände. Wenn man nicht gerade mit Meeresschildkröten schnorchelt, könnte man, wenn man Lust hat, auch die Aussicht auf Maui vom über 3000 m hohen Haleakalā Vulkan genießen. Oder man begibt sich auf den schönsten Roadtrip auf Hawaii - der Road to Hana, welche nicht nur abenteuerlich ist, sondern auch sehr faszinierend.

Im Kapitel berichte ich von den spannendsten Sehenswürdigkeiten auf Maui und wie man diese in 3 Tagen erleben kann.
Zunächst aber ein paar nützliche Infos zum Aufenthalt auf Maui.

Maui - Flüge, Unterkunft und Mietwagen

Flüge nach Maui

Ich hatte zuvor einige Flugverbindungen von Städten im Westen der USA überprüft und am günstigsten vom Festland konnte man immer jeweils von **San Francisco, bzw. Oakland** aus nach Maui fliegen. Von Deutschland aus sind v.a. ab Düsseldorf günstige USA-Flüge zu finden. Wie es von Deutschland "direkt" nach Hawaii aussieht, also ohne erst an der Westküste Urlaub zu machen, kann ich nicht genau beurteilen. Ich kann mir aber vorstellen, dass auch dafür ab Düsseldorf gute Verbindungen zu finden sind.

Mietwagen auf Maui

Am Flughafen angekommen, nahmen wir unseren Mietwagen (ein Ford Mustang Cabrio) entgegen, den ich zuvor über Alamo gebucht hatte. Alternativ zu Alamo fahre ich auf meinen sonstigen Reisen auch immer gut mit dem Mietwagenvergleich von Check24.

Unterkunft auf Maui

Unsere **Unterkunft** auf Maui war ein gemütliches AirBnb Apartment mit toller Veranda, riesiger Hängematte und teilweise reifen Früchten im Garten.
Das Apartment befindet sich in Kihei, ca. **18 km südlich vom Flughafen** entfernt, welches bei uns etwa **90€/Nacht** gekostet hat.
Der Preis ist für Maui-Verhältnisse relativ günstig. In Kihei befinden sich mitunter die meisten erschwinglichen Unterkünfte/Hotels auf Maui. Größere Hotels befinden sich vor allem an den beliebten Stränden an der Westküste. Diese sind dann aber auch entsprechend teuer.

Unter „https://www.airbnb.de/rooms/8254692“ geht es zum Apartment, falls du interessiert bist und wenn du neu bei AirBnb bist, kannst du dir über meinen Anmeldelink (http://bitly.com/airbnb-rabatt) **25€ Startguthaben** sichern!

Maui, Hawaii - 3055 Höhenmeter: Fahrt auf den Haleakalā Vulkan (Tag 1)

Bereits die Fahrt auf den Gipfel ist ein kleines Abenteuer. Von knapp über 0m oberhalb des Meeresspiegels geht es an einem Stück auf eine Höhe von **über 3000 m auf geteerten Straßen**. Der Tank sollte voll genug sein, denn unterwegs gibt es keine Möglichkeiten mehr zu **tanken**.

Spätestens wenn auf dem Weg nach oben der **Highway 377** in den **Highway 378** abbiegt, geht es über zahlreiche mehr oder weniger enge Kurven steil aufwärts. Mit dem Ford Mustang Cabrio aber sehr spaßig Etwas über **70 km** sind es von unserer Unterkunft auf den Gipfel und inklusive Pausen/Fotostopps sollte man für den "Aufstieg" etwa **2 Stunden** einplanen.

Bereits 18 km vom Gipfel entfernt, befindet sich der Eingang in den Haleakalā Nationalpark. Der Eintritt kostet zurzeit **25$/Auto**. Mit dem USA Nationalpark (annual pass) für 80$ fährt man wie üblich aber "kostenlos" rein. Kurze Zeit später durchqueren wir beim Aufstieg die Wolken und es bietet sich ein tolles Panorama auf Maui.

Oben am Gipfel angekommen, bietet sich dann ein sehr interessanter Ausblick auf die Kraterlandschaft des Haleakalā und es ist ganz schön kühl im Vergleich zu unten.

Wer genug Energie hat, kann sich am "**Sliding Sands" Trail** (auch: Keonehe'ehe'e Trail) versuchen, der hier oben am Gipfel startet und auf einem schattenlosen Weg mehrere Kilometer in den Krater führt. Der Wanderweg soll tolle Perspektiven bieten, ist aber auch relativ anstrengend.

Wir beließen es diesmal bei der Panorama-Aussicht. Den Mini-Wanderweg "**Pa'kaoao Trail**" für eine noch bessere Aussicht auf den Krater liefen wir aber dann doch noch. Dieser ist nur **640 m** lang (hin und zurück).

Sehr beliebt am Haleakalā ist auch der **Sonnenaufgang**. Nachdem mittlerweile so viel Andrang darauf zu sein scheint, gibt es hierfür ein **Reservierungssystem**.

Bis zu **60 Tage im Voraus** kann man sich einen "Platz" reservieren. **Zur Reservierung geht es unter „https://www.recreation.gov/ticket/facility/253731"**.
Die Gebühren betragen **1,50$**/Reservierung.

Als wir uns am Gipfel satt gesehen hatten, ging es dann wieder hinunter mit ein paar weiteren Zwischenstopps am Wegesrand. Ein toller Ausflug.
Wo kann man schon einmal vom Meer bis auf einen 3055 m Gipfel mit dem Auto direkt hochfahren? Wer nicht groß wandert, kann hier einen halben Tag einplanen. Andernfalls entsprechend länger.

Maui, Hawaii - Die Road to Hana befahren! (Tag 2)

Die "Road to Hana" an der Ostseite von Maui ist eine faszinierende Panoramastraße, für die du einen vollen Tag - von morgens bis abends - einplanen musst, falls du nicht in der Mitte, im Ort Hana übernachtest.

Über etliche Kurven und kleinen Brücken führt diese relativ enge Straße durch Dschungel/Urwaldgebiete, immer in Küstennähe und vorbei an zahlreichen Wasserfällen. Es gibt auf dem Weg nach Hana viel zu entdecken.
Im relativ unspektakulären Ort Hana muss der "Roadtrip" aber noch nicht enden. Wenn man hinter Hana weiter fährt, ist der "Spaß" nämlich noch lange nicht vorbei.
Neben dem Pipiwai Trail, einem 2,5-3-stündigen Wanderweg, welcher durch Bambuswälder führt und am wohl höchsten Wasserfall der Road to Hana endet, ist auch das letzte, steppenartige Stück an der Südküste Mauis eine Sensation.

Nachdem es über die "Road to Hana" als Tagestour einiges zu erzählen gibt, habe ich dafür bereits ein eigenes, sehr umfangreiches Kapitel verfasst, welches du ab **Seite 214** findest.

Maui, Hawaii - Am Strand relaxen und mit Schildkröten schnorcheln (Tag 3)

Um ehrlich zu sein, haben wir das relaxen am Strand fast ein wenig vernachlässigt auf Hawaii. Daher wird das hier sicherlich auch kein ultimativer Strand-Guide. Trotzdem habe ich einige der wichtigsten Strände und Buchten herausgesucht, die man sich notieren sollte, wenn man neben dem Besuch toller Strände, auch vor hat zu schnorcheln und möglicherweise ein paar Meeresschildkröten zu sehen.

Allgemein lässt sich aber schon einmal sagen, dass sich die "schönsten" und vor allem beliebtesten Strände an der Westküste der Insel befinden. Hier ist dann allerdings auch mehr los und die Strände befinden sich oft vor größeren Hotel/Resort-Anlagen.

Kaanapali Beach

Dieser Strand an der Westküste wurde offenbar schon einmal zum schönsten Strand Amerikas gekürt. Darüber lässt sich natürlich immer streiten, aber wer sich auf einen optisch tollen Sandstrand, an dem man auch gut baden kann, freuen möchte, wird hier sicher nichts falsch machen. Für mich persönlich gehört zum perfekten Strand ja auch, dass er einsam ist.

Das wird hier eher nicht der Fall sein, auch wenn der Kaanapali Beach in der Regel nicht überfüllt ist.

Honolua Bay

Wer vom Kaanapali Beach aus weiter Richtung Norden fährt, um den Zipfel der Westseite zu umrunden, wird im Norden auf die Honolua Bay stoßen, einer im "Winter" bei Surfern sehr beliebten Stelle. Auch zum schnorcheln scheint es hier aber gut geeignet zu sein und von oben hat man eine tolle Aussicht. Um einen richtigen Strand handelt es sich hier aber nicht.

Wer sich dennoch an einen schönen Strand legen möchte, findet gleich nebenan den "**Slaughterhouse Beach**", einen eher kleinen und beschaulichen Strand.

Wailea Beach

Wer Luxus sucht, wird am Wailea Beach fündig. Neben Weltklasse-Golfplätzen steht hier auch das luxuriöse Grand Wailea Resort. Der sichelförmige Sandstrand ist stets beliebt und das auch zurecht. Denn neben guten Schwimmbedingungen ist dieser auch wirklich schön anzusehen.

Maluaka Beach (Turtle Town)

Wer schon am Wailea Beach ist, hat es nun auch nicht mehr weit zum Maluka Beach. Um mit Meeresschildkröten zu schnorcheln, bietet sich dieser Strand, als eine der besten Möglichkeiten auf Maui, an. Der Maluaka Beach bzw. das Gebiet drum herum wird auch als "Turtle Town" bezeichnet, eben weil hier ein so hohes Vorkommen an Meeresschildkröten ist.

Wir haben von dem Strand erst auf einer Schnorchel-Tour erfahren, die wir an einem Tag auf Maui gemacht haben. Diese Touren führen in der Regel immer zum **Molokini Krater** und anschließend hierher, zum Maluaka Beach. Die Schnorchel-Tour würde ich aber nicht weiterempfehlen. An besagtem Molokini Krater gab es meiner Meinung nach nichts besonderes zu sehen und den Maluaka Beach kann man schließlich auch auf eigene Faust besuchen. Überhaupt war die Tour eher auf absolute Schnorchel-Anfänger ausgerichtet. Zudem sind Touren auf Hawaii natürlich auch teurer, als z.B. in Asien. Die ca. 70€ dafür hätten wir uns also eigentlich sparen können.

Wer auf eigene Faust hierher zum Strand fährt, kann man am Ende der Makena

Road parken, bzw. am **Maluaka Beach Parking Lot** (Koordinaten: 20°38'57.0"N 156°26'28.2"W).

Falls du dich über weitere Strände auf Maui informieren möchtest, kannst du dir diese Quelle mal anschauen: „https://www.to-hawaii.com/de/maui/straende/".

Sicherlich kann man den Tag 3, wie ich ihn hier bezeichnet habe, auch auf 2 Tage aufteilen. Sollte man vermutlich auch, wenn man alle Strände/Schnorchel-Spots besuchen möchte.

Dies waren 3 beispielhafte Tage, wie man sie auf Maui verbringen kann. Besonders die Road to Hana würde ich als "Must-Do" bezeichnen. Wer zufällig auf Big Island den Gipfel des Mauna Kea mit über 4000 m befährt, könnte den Haleakala auf Maui zwar auch auslassen.

Allerdings sind die Gipfel doch sehr unterschiedlich. Wenn man die Zeit hat, würde ich diesen Ausflug also schon empfehlen.
Auch das Schnorcheln mit den Honu (hawaiianisch für die Meeresschildkröte) ist natürlich ein Highlight, wenn denn welche anwesend sind. Die Chancen sind aber schon relativ groß dafür, denke ich.

Road to Hana - Maui auf der schönsten Route Hawaiis entdecken!

Die "**Road to Hana**" genannte Route an der Ostseite der Insel ist eine der sehenswertesten "Panorama"-Straßen, die man in den USA und besonders auf Hawaii finden kann. Der Tagesausflug kann dabei auch problemlos als "Roadtrip" bezeichnet werden, denn die ca. 52-Meilen (**84 km**) lange Strecke (ab Kahului) wartet mit sagenhaften ca. **620** Haarnadelkurven und ca. **50-60** nur **einspurig befahrbaren Brücken** auf sich.

Bevor es los geht, zunächst noch kurz ein paar Infos und Organisatorisches zur Road to Hana.

Road to Hana - Zeitplanung: Wann starten und wie viel Zeit einplanen?

Definitiv nicht unterschätzen sollte man die **Dauer der gesamten Tour**.
Die Fahrt bis nach Hana wird in der Regel mit **2,5 Stunden** angegeben (reine Fahrtzeit). Selbst ohne Stopps wäre man also schon **5 Stunden unterwegs für Hin- und Rückfahrt**.
Bei der Vielzahl an Sehenswertem und der ein oder anderen (kleinen) Wanderung auf der Route, sollte man aber noch einmal mindestens 5 Stunden drauf schlagen.

Viele Touristen fahren tatsächlich nur bis Hana und kehren dann um. Das würde ich aber nicht empfehlen, auch wenn es immer wieder heißt, dass Mietwagenverleiher die Befahrung eines gewissen Streckenabschnitts hinter Hana verbieten.
Auch wenn wir bei unserem Vermieter "Alamo" nicht direkt Hinweise auf dieses Verbot gefunden hatten, mag das schon stimmen. Zur Strecke aber später im Artikel mehr.
Wer jedenfalls hinter Hana weiter fährt, wird noch ein wenig mehr Zeit benötigen, als wenn er die gleiche Strecke zurück fährt.
Allein der zu Recht beliebte "**Pipiwai Trail**" nimmt mindestens 2,5 Stunden in Anspruch (dazu ebenfalls später mehr).

Wir hatten (und das hätten wir vorher auch nie gedacht) insgesamt über **12 Stunden** für die Road to Hana von unserer Unterkunft in Kihei und zurück gebraucht und sind deshalb auch erst nach Sonnenuntergang wieder zurückgekommen.

Starten sollte man daher allein schon wegen der Dauer so früh wie möglich.
Optimal wäre es sogar, wenn man schon zum Sonnenaufgang den Null-Marker (Koordinaten: 20°55'01.3"N 156°15'53.2"W), also den Beginn der Road to Hana, erreicht.
Dann ist man unter den Ersten, die hier starten und wird vielleicht auch an späteren Stopps oft einer der Ersten sein.

Wir sind um **6:30 Uhr** von unserer Unterkunft, also ca. **7 Uhr** an der Road to

Hana gestartet, was dann eher schon 1 Stunde nach Sonnenaufgang war. Damit mussten wir uns bereits den ersten Stopp mit anderen Besuchern teilen.
Später sollte man definitiv nicht starten, wenn man die komplette Runde nach Hana und an der Südküste zurück machen möchte - so wie wir.
Diese Route (von Kahului und zurück) ist laut Google Maps nämlich **114 Meilen (ca. 183 km)** lang und mit **4:30h Fahrtzeit** angegeben (was allerdings untertrieben ist, denn man ist schließlich nicht alleine auf der Road to Hana).
Realistisch sind eher **6 Stunden reine Fahrtzeit.**

Zuletzt besteht aber natürlich auch die Möglichkeit, in Hana eine Unterkunft für eine Nacht zu mieten, wenn man sich noch mehr Zeit für alles nehmen möchte.

Road to Hana - Roadtrip an einem Tag

Auf der Road to Hana gibt es viele **Sehenswürdigkeiten** bzw. empfehlenswerte "**Stopps**", die aber nicht immer klar und eindeutig markiert sind. Auch wir sind an dem ein oder anderen vorbei gefahren.
Eine gute App, die es für Maui und v.a. auch die Road to Hana gibt, nennt sich **Gypsy**. Sie ist offline nutzbar und funktioniert wie ein Audioguide - gesteuert per **GPS**.
Damit weiß man nicht nur, wenn man sich einem interessanten Stopp nähert, sondern erfährt auch andere wissenswerte Fakten und Stories über Hana und Umgebung. Aktuell kostet der Guide für die Road to Hana **5,99$** und für die ganze Insel Maui 9,99$.
Die App für iPhone und Android findest du unter:
„https://gypsyguide.com/tour/maui/"

Der sogenannte Hana-Highway beginnt eigentlich schon in Kahului.
Richtig los geht es aber erst am Meilen-Marker 0.

Road to Hana - Erster Stopp: Twin Falls (Mile Marker 2)

Das erste Ziel, welches auch einigermaßen ausgeschildert ist, sind die "**Twin Falls**". Begrüßt wird man am Parkplatz gleich mit einem Fruchtstand, den man auf der Road to Hana noch öfter sehen wird. Die Früchte sind wie auf Hawaii üblich zwar nicht günstig, bieten aber einen netten Snack auf dem großen Tagesausflug.

Zu den "Twin Falls" Wasserfällen gelangt man über einen kurzen, schönen Weg durch leichten Dschungel/Regenwald mit beeindruckend hohem Bambus, den man im Verlauf der Road to Hana aber noch öfter sehen wird.

Weiter geht es durch die Kurven der Road to Hana

Fährt man nun weiter, fängt kurze Zeit später die Road to Hana mit ihren 620 Kurven erst so richtig an. Ab hier ist das Tempolimit auf **25 MPH**, also **40 km/h** beschränkt und oftmals geht durch die Kurven auch gar nicht mehr.

Ein nächster möglicher Stopp könnte der **Waikamoi Nature Trail** sein (Koordinaten: 20°52'31.5"N 156°11'12.1"W), den wir wohl übersehen hatten. Der kurze Wanderweg gibt offenbar einen guten Vorgeschmack auf den Dschungel und Regenwald auf dieser Route.

Das offene Verdeck des Ford Mustangs macht sich nun auch langsam so richtig bezahlt. Meiner Meinung nach ist ein Cabrio für die Road to Hana schon fast ein Muss und auch straßentechnisch absolut geeignet, trotz der späteren etwas schlechteren Straßen hinter Hana. Im normalen Mietwagen kann man die Natur und die Aussichten einfach nicht so genießen, wie mit einem Cabrio.

Road to Hana - Garden of Eden Zwischenstopp - Mile Marker 10,5 (alternativ: Ke'anae Arboretum)

Ein paar Kurven später gelangt man an den, in privaten Besitz befindlichen, sogenannten "**Garden of Eden**", einer Art botanischem Garten.
Hier gibt es angeblich über **700 verschiedene Pflanzenarten**, welche man auf einigen, meist schattigen Wegen entdecken kann. Die riesigen Bambusstämme sind toll anzusehen. Wer später den Pipiwai Trail macht, sieht davon allerdings noch viel mehr. Auf den Wegen gelangt man schließlich auf eine kleine Anhöhe, wo sich auch eine Aussicht auf einen **Wasserfall** befinden soll.
Angesichts der tollen Wasserfälle, die einem später noch auf der Road to Hana erwarten, ist dieser hier eigentlich nicht so spektakulär bzw. vor allem auch recht weit weg. Davon abgesehen hat man aber eine schöne Aussicht auf den Dschungel, das Meer, sowie ein paar Abschnitte auf den kurvigen Hana Highway, der sich weiter unten entlang schlängelt.

Nun aber zum kritischen Aspekt des Garden of Eden: Der **Eintritt** kostet **15$ pro**

Person (5$ pro Kind) und das ist angesichts der doch eher überschaulichen Größe des "Parks" schon ein wenig happig, wenn nicht überteuert.
Sicher, der Zwischenstopp hier ist schön und sehenswert, aber im Nachhinein gesehen sind 30$ für 2 Personen und ca. 30-60 Minuten, die man hier in der Regel nur verweilt, schon zu teuer. Vom Eintrittspreis erfährt man übrigens auch erst am Kassenhäuschen.

Wem die Gebühren nichts ausmachen, sollte sich den Garden of Eden ansehen. Andernfalls bietet sich als Alternative aber auch das sogenannte "**Ke'anae Arboretum**" (Koordinaten: 20°51'17.7"N 156°09'01.0"W) an, welches etwa 10 km weiter auf der rechten Seite liegt.

Abstecher auf die kleine Halbinsel Ke'Anae und Stopp am Bananenbrot-Stand (Mile Marker 16.7)

Direkt nach dem oben erwähnten Arboretum gelangt man an eine Abzweigung nach **Ke'Anae**.
Hier führt eine nicht mal 2 Km lange Straße an der Küste der Halbinsel entlang. Am Ende findet man einen Zugang zum Meer mit - für Hawaii typisch schwarzen Felsen - an denen die Wellen zerschlagen. Eine recht fotogene "Landschaft", bei der man eine Pause einlegen kann.

Vorher oder auf der Rückfahrt fährt man auf Ke'Anae aber auch fast unweigerlich an "**Aunty Sandy's Banana Bread**"-Stand vorbei.

Hier wird frisches **Bananenbrot** verkauft, sowie Kokos-Eis und noch ein paar andere Dinge. Das Bananenbrot ist nicht ganz günstig, dafür dass es nur ein "Kuchen" ist, aber sehr lecker. Das finden auch die zahlreichen Sittiche (o.ä.), die sich hier umhertreiben:

Road to Hana - Wasserfälle über Wasserfälle

Weiter geht es auf der Road to Hana. Auf den nächsten Kilometern geht es nun wieder sehr kurvig durch den **Regenwald** und immer mal wieder gelangt man an verschiedene **Wasserfälle**.
Manche sind direkt an der Straße bzw. an einer Brücke, sodass es eher schwierig ist, dort zu parken und auszusteigen (oft herrscht auch Parkverbot).
Interessant wären hier zum Beispiel die "**Upper Waikani Falls**" (Koordinaten:

20°49'56.8"N 156°08'19.3"W).
Um hier zu parken, muss man aber ein Stück weiter den Hügel hochfahren, wo es ein paar wenige, enge Parklücken am Straßenrand gibt. Anschließend muss man am engen Straßenrand zum Wasserfall hinunter laufen.

Andere Wasserfälle, wie die "**Pua'a Ka'a Falls**" (Koordinaten: 20°49'01.4"N 156°07'31.4"W), vor denen sich quasi ein Rastplatz befindet, sind dagegen leicht zugänglich und wer möchte, kann dort auch baden.

Wai'napanapa State Park - schwarze Strände vor grünem Dschungel (Mile Marker 32)

Hat man sich an den Wasserfällen am vorherigen Verlauf der Road to Hana satt gesehen, so findet man kurz vor Hana noch einmal einen sehenswerten Zwischenhalt, welcher sich **"Wai'napanapa State Park"** nennt.
Wir bogen zunächst zu früh ab und landeten beim **Hana Airport.**
Da gibt es eigentlich nichts zu sehen. Nur, dass hier nichts los ist, der "Flughafen" wirklich sehr klein ist und das Terminal aus einem Häuschen besteht.

Im "Wai'napanapa State Park" erwartet den Besucher eine wunderbare Kulisse - türkisblaues Meer, sattgrüner Urwald und der kontrastreiche "**Black Sand Beach**", an dem der ein oder andere badet.
Nachdem wir aktuell etwas erledigt waren, liefen wir aber nur am Weg oben

entlang.

Wer hier länger "Pause" macht, kann sich auch zur **Lava Tube** oder den anderen **Höhlen**, die es hier geben soll, aufmachen.

Road to Hana - Ankunft in Hana

Hana selbst ist ein kleines Örtchen mit ca. **1200 Einwohnern**, in dem es ein paar Restaurants und Food Trucks, den ältesten privaten General Store auf Maui und sonst auch nicht viel mehr zu sehen gibt. Der Ort eignet sich daher gut als Stopp für ein Mittagessen, bevor es dann entweder die Strecke zurück oder weiter geht (empfehlenswert).

Fährt man also nicht die selbe Strecke bis nach Haus zurück, sondern hinter Hana weiter, so wird man bald feststellen, dass sich das Landschaftsbild ein wenig verändert. Mehr in Richtung Steppenlandschaft mit Blick auf das Meer und weniger dichter Regenwald/Dschungel, wie bisher. Später wird das noch zunehmen.

Wer noch einmal an den Strand möchte, kann auf der weiteren Strecke einen Abstecher an den "**Hamoa Beach**" (Koordinaten: 20°43'09.6"N 155°59'15.3"W) machen. Wir sind bis zum nächsten Ziel jedoch durchgefahren.

Die nächsten Kilometer führt die Straße dann wieder mehr durch Wald und wird auch teilweise ziemlich eng. Vermutlich sehen das ab hier schon manche Mietwagenfirmen nicht mehr gern, wenn ihr Mietwagen hier durchgefahren wird. Dies aber vor allem deswegen, weil durch die Enge der Straße Unfälle mit dem Gegenverkehr passieren können, wenn man unvorsichtig ist. Wer sich als einigermaßen geübter Fahrer zählt, sollte damit aber keine Probleme haben.

Pīpīwai Trail - Durch den Bambus-Wald zum schönsten Wasserfall auf der Road to Hana

Der **Pipiwai Trail** am **Kipahulu Visitor Center** (Koordinaten: 20°39'42.1"N 156°02'42.6"W) stellte für mich eigentlich das bisherige Highlight der Road to Hana dar, auch wenn hier angelangt, Hana schon längst durchquert wurde.

Wer keinen USA Nationalpark Pass ("annual pass") besitzt, muss **25$** Eintrittsgebühr pro Fahrzeug entrichten, da es sich bei diesem Gebiet um einen Nationalpark (Haleakalā) handelt. Dabei erhält man einen 3-Tages-Pass, den man auch für den Besuch des Haleakalā Kraters/Gipfels nutzen kann (oder umgekehrt).

Der Wanderweg ist **4 Meilen** (ca. 6,5 km) lang und wir haben etwa **2,5 Stunden** gebraucht. Hier befinden sich auch die "**Seven Sacred Pools at Ohe'o**".

Zu Beginn des Pipiwai Trails geht es stetig aufwärts, auf anfangs noch relativ unspektakulärem Weg. Es bieten sich aber tolle Ausblicke auf den Urwald. Nach schätzungsweise 1 Kilometer trifft man auf einen sogenannten **Banyan-Baum**, welcher riesige Ausmaße hat und ziemlich beeindruckend ist.

Insgesamt **1 Meile dauert der stetige Aufstieg** auf dem Wanderweg an, bis man an die "**Makahiku Fall**" gelangt, einem **61 m** hohen Wasserfall, welcher ungefähr die Hälfte der Wegstrecke markiert.

Nun beginnt der spannendere Teil des Wanderwegs. Die Bambusgewächse nehmen zu und nachdem man eine hölzerne Brücke überquert hat, sowie einen weiteren steilen aber kurzen Aufstieg, findet man sich wenige Zeit später in einem Bambuswald wieder.

Die Dicke, Höhe und Anzahl der Bambus-Gewächse hier ist wirklich faszinierend. Der Weg erinnert fast an eine Art überdimensioniertes Maisfeldlabyrinth, nur dass es sich hier um **schätzungsweise 10 m hohen Bambus** handelt.

Durch den Wind stoßen die Bambus-Stämme oben immer wieder aneinander, sodass man ein stetiges Klackern vernimmt. Manchmal hört es sich auch ein wenig wie Regen an. Später führt der Weg durch den Bambus-Wald über Stege und es kann manchmal ein wenig rutschig sein.

Waimoko Falls

Nach etwa 1,5 km (und gesamt 3,2 km) kommt man dann endlich am Ziel des Pipiwai Trails an, den **"Waimoku Falls"**, einem **122 m** hohem Wasserfall, welcher die meisten Fälle auf der übrigen Road to Hana eigentlich in den Schatten stellt.

Er ist zwar nicht sonderlich breit, beeindruckt aber durch die Höhe und die landschaftliche Kulisse, in der er eingebettet ist.

Zurück geht es anschließend den selben Weg wie hinwärts, wieder 2 Meilen oder **3,2 Kilometer** durch den (Bambus-)Wald.

Insgesamt ist der Pipiwai Trail eine sehr schöne und weder allzu lange, noch sehr anstrengende Wanderung, welche man sich auf Maui nicht entgehen lassen sollte. Ein wenig schweißtreibend kann es aufgrund der Luftfeuchtigkeit aber dennoch werden.

Zurück am Auto traten wir unsere letzte Etappe an, die es noch einmal in sich haben sollte, sowohl von der Entfernung, als auch der atemberaubenden Landschaft und Atmosphäre.

Road to Hana - Das Beste zum Schluss!

Nachdem wir vom Parkplatz am Pipiwai Trail weiter fuhren, dauerte es nicht lange, bis die Strecke wirklich interessant wurde. Ab hier lässt man auch einige andere Touristen hinter sich, die maximal bis zum Pipiwai Trail usw. fuhren.
Nach einigen Kurven führt die Straße plötzlich dicht am Meer entlang und an gewissen Stellen würden wohl nur noch mühsam (oder gar nicht) zwei Autos durchpassen. Gegenverkehr kommt uns ab hier aber zum Glück auch kaum mehr entgegen.
Für einen Eindruck der weiteren Strecke kannst du auch sehr gut Google Street View nutzen, da hier alles abfotografiert wurde.

Hier geht es nun auf und ab. An manchen Stellen gibt es leichte Schlaglöcher oder die Straße wird etwas schlechter. Mit dem Mustang dennoch kein Problem. Aufpassen muss man auf die "blind curves", also enge Kurven hinter denen unerwartet Gegenverkehr kommen könnte.

Hat man diesen meeresnahen Abschnitt geschafft, gewinnt man wieder an Höhe, etwas weiter weg vom Meer und man befindet sich schließlich quasi am Hang bzw. Fuß des Haleakalā Vulkans.
Was für eine faszinierende Landschaft!

Ehrlich gesagt fanden wir die Strecke hier sogar noch schöner als die eigentliche Road to Hana zuvor. Der Asphalt ist nun auch wieder gut und das Befahren der kurvigen Hügel mit dem Cabrio macht einfach Spaß.
Dazu eine tolle Lichtstimmung der nachmittäglichen Sonne.

Insgesamt ist das landschaftlich beeindruckende Stück ab dem Pipiwai Trail und bis man um die südwestliche Flanke herumgefahren ist, etwa 50 km lang. Laut Google Maps dauert es 1,5 Stunden.

Nachdem es nicht mehr allzu lange bis Sonnenuntergang war, haben wir uns aber an den Einheimischen-Fahrstil angepasst und sind die leere Landstraße ein wenig schneller gefahren.

Auch wenn die Tour sich wie erwähnt, nun auf insgesamt 12 Stunden gestreckt hatte, bis wir wieder in unserer Unterkunft in Kihei waren, so hätten wir etwas verpasst, wenn wir auf diesem Abschnitt nicht zurück gefahren wären. Allein die Schönheit, Ruhe und Abgeschiedenheit der Landschaft mit Blick auf den Haleakalā machen diesen Routen-Abschnitt zu einem tollen Erlebnis und Abenteuer.

Rechtzeitig nachdem mit einer tollen Aussicht die Sonne untergegangen war, entfernten wir uns wieder vom Meer und der Aussicht und es war Zeit, das Verdeck des Cabrios wieder einzufahren.
Die Dunkelheit und Kühle der Nacht lässt hier schließlich nicht lange auf sich warten ...

Die wichtigsten Tipps, Tricks und Infos zur Reisevorbereitung

Wie angekündigt folgt nun der zweite Teil dieses Guides, in dem ich eine nützliche Auswahl an verschiedenen Informationen zur Reisevorbereitung zusammengestellt habe.

Dabei findest du in den folgenden Kapiteln Reisetipps und Informationen speziell zu den USA. Alle weiteren Kapitel sind nicht nur für die USA hilfreich, sondern können dir auch für andere Reisen von Nutzen sein.

Einreise in die USA mit ESTA - Die wichtigsten Infos kompakt dargestellt

Um in die USA einreisen zu können, benötigt jeder Tourist oder Geschäftsreisende (seit 2009) eine vorläufige Reisebewilligung, die mittels **ESTA** (Electronic System for Travel Authorization) eingeholt wird.

Dies muss unbedingt vor Reiseantritt geschehen und zwar spätestens **72 Stunden davor.**

Wer hat die Möglichkeit an ESTA teilzunehmen, um somit unkompliziert einzureisen?

1. Grundsätzlich zunächst einmal **alle Bürger der am Visa Waiver Program (VWP) teilnehmenden Länder**, welche als Tourist oder Geschäftsreisende einreisen möchten.
   Darunter fallen auch die Länder **Deutschland, Österreich und die Schweiz**.

2. Die maximale Aufenthaltszeit darf dabei **90 Tage** nicht überschreiten.

3. **Geschäftsreisende** dürfen dabei natürlich nur der Tätigkeit des auftraggebenden Unternehmens nachgehen. Für eine Arbeitserlaubnis bei einem US-Unternehmen wird ein richtiges (Arbeits-)Visum benötigt.

Außerdem:

- Der Reisepass muss **mindestens bis zum Ende der Reise** noch gültig sein.
- Man muss ein **Rückflugticket** oder ein weiterführendes Flugticket vorweisen können, damit gewährleistet ist, dass eine Ausreise aus den USA (finanziell) gesichert ist.

Wie lange dauert es bis man die ESTA Genehmigung erhält?

Dies geschieht in der Regel innerhalb von Minuten oder Stunden. Spätestens nach **72 Stunden** hat man aber eine Antwort.

Wie wird die ESTA Reisegenehmigung beantragt und wie hoch sind die Kosten?

Grundsätzlich läuft der Antrag immer über die Website des "**Department of Homeland Security**" (https://esta.cbp.dhs.gov). Im Verlaufe des Antrages werden sämtliche Daten zur Person abgefragt.
Dazu gehören unter anderem die Reisepassdaten, Adresse/Kontaktinformationen, Namen der Eltern, beruflicher Werdegang, (erste) Aufenthaltsadresse in den USA und eine Reihe von Sicherheitsfragen, bei denen es gut ist, wenn alle mit "Nein" beantwortet werden können. Wenn nicht, sollte man sie aber natürlich wahrheitsgemäß beantworten.

Bezahlt werden muss am Ende eine Gebühr von **14$** und zwar mit **Kreditkarte**. Die Gebühr geht direkt an die Homeland Security. Wem die Kreditkarte dabei gehört, ist egal.

Was tun, wenn der ESTA Antrag abgelehnt wurde?

Normalerweise sollte man keine großen Befürchtungen haben, dass der eigene Antrag abgelehnt wird. Nichtsdestotrotz können Leichtsinnsfehler, Vertipper, o.ä. im Antrag passieren. Ebenso kann es passieren, dass die Behörde bzw. das System anhand der persönlichen Daten Auffälligkeiten findet, nach denen eine Einreise nicht vorab gewährt werden kann.

In dem Falle hat man leider eher wenige Chancen, den ESTA Antrag erneut ganz regulär auszufüllen. Wenn dem so ist, muss man sich wohl oder übel mit einer **US Botschaft** in Kontakt setzen (z.B. hier) und einen Antrag auf ein richtiges Visum stellen.
Dafür sollte man dann schon mindestens einen Monat einplanen. Deshalb sollte man auch ESTA nicht zu spät vor Reiseantritt beantragen, denn eine Woche vor dem Flug ist es dann gewöhnlich schon zu spät für ein echtes Visum.

Was es sonst noch zu wissen gibt

- Nach Genehmigung ist der ESTA Antrag **2 Jahre gültig**. Wer also 1 Jahr später wieder in die USA reisen möchte, braucht ESTA nicht noch einmal zu beantragen. Sollten sich in der Zwischenzeit z.B. Adressdaten geändert haben, kann man den eigenen Antrag auf der Seite des Homeland Security auch aktualisieren.
  Nur wenn man einen neuen Reisepass hat, muss man ESTA zwingend neu beantragen.

- Bist du nach dem 1. März 2011 in einem der folgenden Länder gewesen, kommt ESTA für dich regelmäßig nicht in Frage und du benötigst ein richtiges Visum:
  Irak, Iran, Jemen, Syrien, Libyen, Sudan und Somalia

- Ein erfolgreicher ESTA Antrag ist leider noch **keine 100% sichere Einreiseerlaubnis**. Letztendlich entscheidet der Grenzbeamte am Flughafen, ob man einreisen darf. Auch das ist in der Regel kein Problem, wenn man sich ganz normal verhält.

- Die ESTA Genehmigung muss man **nicht ausgedruckt**/verfügbar bei der Einreise parat haben, da diese sowieso im System gespeichert ist. Wer ganz sicher sein will, kann sie aber auch ausdrucken.

Roadtrip USA: Das Wichtigste zum Mietwagen

So gut wie jeder, der eigenständig einen **Roadtrip** bzw. eine Rundreise in den USA machen will, leiht sich vor Ort einen **Mietwagen** oder ein **Wohnmobil**.

Damit vor Ort auch nichts schief geht und man sich sicher sein kann, alles richtig gemacht zu haben, stelle ich dir in diesem Kapitel das **Wichtigste** zur Wahl und **Anmietung** eines Mietwagens in den **USA** vor.

Die Wahl des richtigen Autos bzw. Kategorie

Zunächst sollte man sich Gedanken darüber machen, welche **Kategorie** bzw. **Preisklasse** man benötigt und ob es ein **PKW** oder ein **Wohnmobil** werden soll.

Hierzu ein kurzer Überblick über die **Vor-und Nachteile** von PKW/Wohnmobil:

	PKW	Wohnmobil
Vorteile	• geringerer Spritverbrauch • unbegrenzte km • bei SUV auch offroad-Straßen (z.B. beim Monument Valley) befahrbar • schneller und mehr Fahrspaß • insgesamt günstiger bei der Anmietung	• kein Zelt o.ä. auf Campingplätzen notwendig/ höherer Komfort • mehr/bessere Möglichkeiten zur Selbstverpflegung • mehr Platz für Gepäck, etc.
Nachteile	• weniger Platz, insbesondere Kofferraum • Aufbau/Nutzung von Zelt auf Campingplätzen notwendig	• längere Fahrtzeiten • hoher Spritverbrauch • Kosten variieren je nach km (keine unbegrenzten km) • bestimmte Wege schlecht/ nicht befahrbar (z.B. Scenic Drive/Monument Valley) • teurer in der Anmietung

Entscheidet man sich für ein Wohnmobil, findet man z.B. **unter „http://www.camperboerse.de/“** gute Infos über die **verschiedenen Modelle** und kann gleich einen **Preisvergleich** anstoßen.

Fällt die Wahl auf einen normalen **Mietwagen**, sollte man aufpassen kein zu kleines **Modell** zu nehmen. Insbesondere die **Kofferräume** sind bei amerikanischen Autos oft kleiner als man erwartet.

Reist man zu **viert**, sollte es von der Größe her im Bereich eines **Full-Size-SUVs** sein. Diese haben gewöhnlich 5 normale Sitze und 2 Notsitze, die zurückgeklappt werden können. Dann ist auch der **Kofferraum** ausreichend groß. Erfahrungsgemäß ist das für 4 Personen gut ausreichend, bei 5 Personen wird es aber auch in dieser Fahrzeugklasse sehr knapp, weshalb bei 5+ Leuten bereits über einen **Van** nachgedacht werden sollte.

Bei 3 Personen sollte man mit einem normalen **SUV** gut zurecht kommen. Ein midsize-SUV dagegen wird auch hier schon etwas eng.

Bei 2 Leuten reichen dann natürlich auch alle anderen Fahrzeugklassen. Empfehlenswert ist trotzdem die Anmietung von SUVs wegen der **Sitzhöhe**(Landschaft) und der besseren **Fahreigenschaften** in unebenem Gelände, was in manchen Gegenden vorkommen kann.

Die Auswahl des Vermieters und der Anleihstation

In den USA gibt es eine relativ **große Auswahl** an Vermietern. Einige der **Bekanntesten** sind z.B. Alamo, Avis, Enterprise, Dollar, Thrifty, Hertz, National und Budget.

Unabhängig davon sind folgende Dinge bei der Anmietung und der Auswahl des Angebots zu beachten:

1. Führt man einen **Mietwagenvergleich** durch, sollte man unbedingt darauf achten, dass beim jeweiligen Angebot die **Haftpflicht-Deckungssumme** nicht zu gering ist. Manche Angebote haben z.B. nur 5000$ Abdeckung, was schnell **sehr teuer** werden kann, da man diese Grenze bei einem selbstverschuldeten **Unfall** natürlich gleich erreicht. Empfehlenswert ist eine Deckung von **1 Mio.$**

2. Man sollte insbesondere beim Vergleich des Preises auf die **Details der jeweiligen Angebote** achten. So wird zum Beispiel oft unterschieden, ob man das vollgetankte Auto wieder voll oder leer zurückgeben muss, was sich in ca. **50-70€** bemerkbar macht. Weitere Faktoren sind u.a. die **Kaskoversicherung** mit/ohne SB, die **Glas/Reifen/Unterboden-Versicherung**, etc.

3. Bei der Wahl der **Anmietstation** des ausgewählten Vermieters ist es immer ratsam, die Anmietstation am **Flughafen** auszuwählen. Diese Stationen haben eine wesentlich **größere Auswahl** an Fahrzeugen, weshalb man in der gebuchten Kategorie oft eine Auswahl zwischen **verschiedenen Autos** hat (choiceline).

Des weiteren sind die Erfahrungen bei den **innerstädtischen Stationen** tendenziell schlechter, insbesondere wegen der **Wartezeiten** (wenige Autos, viele Mieter).

Hinweis für Fahrer unter 25:

Bei unter 25-jährigen Fahrern wird bei allen Anbietern eine **U25-Gebühr** erhoben, die für jeden Tag anfällt. Dabei handelt es sich oft um ca. 20-25$. Ein sehr gutes Angebot bietet hierbei **Alamo** mit dem **Jungfahrer-Special („https://www.alamo.de/angebote/jungfahrer“)**.
Dabei ist neben dem insgesamt relativ **geringem Aufschlag** z.B. die erste Tankfüllung kostenlos und alle **Mitfahrer inklusive** ohne Aufschlag. Insgesamt ein sehr empfehlenswertes Angebot.

Was ist sonst noch wichtig?

1. Vor Ort werden einem sehr oft **Upgrades, bzw. Zusatzversicherungen** für den Mietwagen angeboten. Diese sollte man in der Regel ablehnen, da sie meist nicht notwendig sind.

2. Oft wird bei Anmietung vor Ort eine **Kaution** verlangt. Diese wird normalerweise mit der **Kreditkarte**, mit der man auch gebucht hat, gemacht. Deshalb sollte man diese auf jeden Fall dabei haben.

3. Für das Navigationsgerät sollte man abwägen, ob es sich lohnt, für ein bereits Vorhandenes USA-Karten dazu zu kaufen oder vor Ort ein Neues zu kaufen. Die Anmietung beim Mietwagenverleiher ist insbesondere bei längeren Mietzeiten nicht lohnenswert. Neue Navis sollte es ab ca. 100$ in Supermärkten, o.ä. geben. Hier gilt es abzuwägen, was günstiger ist.

4. Wer einen Mietwagen in einem **anderen Bundesstaat** abgeben möchte, als in dem angemieteten, zahlt in der Regel eine sogannte **Einweggebühr** oder "drop charge". Diese beträgt normalerweise zwischen 100-500. Mietet man z.B. in Florida an und möchte das Auto in Kalifornien zurück geben, wird man die Höchstgebühr zahlen, die zumindest bei dem von mir empfohlenen Autovermieter Alamo 500$ beträgt. Ich musste diese letztes Mal nicht zahlen, das war aber vermutlich nur Glück.

5. Weitere umfangreiche Infos zum Fahren in den USA findest du ab Seite 242.

Mietwagen buchen - 7 Tipps um alles richtig zu machen

Viele Länder, wie die USA, lassen sich hervorragend mit einem Mietwagen erkunden. Was gibt es auch schöneres als die ultimative Freiheit eines Roadtrips zu spüren und ein Land auf eigene Faust zu entdecken.

Damit der Roadtrip aber nicht an Problemen mit dem Mietwagen scheitert und zugleich bezahlbar ist, stelle ich hier meine besten Tipps, Infos und Hinweise für die Mietwagenbuchung zusammen.

1. Die günstigsten Angebote finden

Wie auch beispielsweise bei der Flugbuchung ist es bei der **Mietwagenbuchung** in den meisten Fällen sinnvoll bzw. notwendig ein **Vergleichsportal** bzw. eine Mietwagensuchmaschine zu nutzen.

Mitunter die besten Ergebnisse bietet Check24.de.
Dieses Portal nutze ich für alle Länder (außer bisher in den USA) um meinen

Mietwagen zu buchen, da die **Suche schön übersichtlich** ist und man vor allem ganz gute **Filtermöglichkeiten** hat.
Außerdem gibt es ein sehr schönes und großzügiges Bonussystem, wobei man bei fast jeder Buchung mal eben 10€ als Bonus ausgezahlt bekommt oder zusätzlich z.B. einen 20€ Shopping-Gutschein mit nur 20€ Mindestbestellwert erhält.
Somit erhält man die Mietwagen noch günstiger.
Das ist neben den **günstigen Ergebnissen** eigentlich der Hauptfaktor, warum ich **Check24** mittlerweile fast immer bevorzuge.
Im Übrigen sind bei diesem Portal (vermutlich bei den meisten) die Mietwagenbuchungen bis 24 Stunden vor Anmietung in der Regel **kostenlos stornierbar**.
Man kann seine Buchung also jederzeit wieder stornieren, falls man in der Zwischenzeit noch auf etwas Günstigeres stößt.

1.1 Bester Anbieter in den USA (meiner Einschätzung nach)

Speziell in den USA habe ich meinen persönlichen **Favoriten** an Mietwagenverleihern gefunden, der mit einem **Rabatt**, den ich im Folgenden beschreibe, auch einer der günstigsten ist, den ich bisher gefunden habe.
Es handelt sich um die in den USA recht bekannte **Autovermietung Alamo**.
Auf meinem ersten USA Roadtrip 2012 hatte ich schon bei Alamo gebucht, da diese einen sehr guten **Jungfahrer-Tarif** haben (in den USA müssen Fahrer unter 25 teils hohe Aufschläge zahlen). Damals wusste ich leider noch nicht von den hohen Rabatten, die man bei Alamo haben kann.

Der beste Rabatt bei Alamo sind **38% auf den Normalpreis**. Diesen würde man erhalten, wenn man in der Touristik-Branche arbeitet oder Journalist ist ("**Touristiker-Rabatt**") und dies nachweisen kann.
Dann könnte man über „https://partners.rentalcar.com/super-pep-angebote“ buchen. Das aber dann auch nur tun, wenn man auch wirklich zu dieser Personengruppe gehört, sonst kann es Probleme bei der Anmietung geben.

Die **zweite Möglichkeit,** die für jeden **kostenlos** realisierbar ist, ist die Buchung als Inhaber der **kostenfreien Mastercard von Advanzia (http://bit.ly/advanzia-kreditkarte)**.

Die Kreditkarte ist sehr schnell und unkompliziert bestellbar. Ich empfehle diese grundsätzlich für jeden Reisenden.
Wenn man die Karte hat und Kunde der Advanzia-Bank ist, kann man **über „https://partners.rentalcar.com/gebuhrenfrei/“** den Mietwagen buchen. Hier steht zwar 20% Rabatt, es sind allerdings oft mehr als 20%. Als ich gebucht hatte, war es teilweise der gleiche Preis wie beim Touristiker-Rabatt, also ca. 38% Ermäßigung.
Bei einem Mietwagen, der sonst zum Beispiel 1000€ kosten würde, sind das mit diesem Rabatt im besten Fall nur noch 620€.
Auf meinem **3-monatigen Roadtrip** in den USA habe ich insgesamt **ca. 1500€ damit gespart**.

Alternativ kann man aber natürlich trotzdem auch noch einen Mietwagenvergleich mit Check24.de anstoßen, um sich noch mehr Optionen, außer Alamo, anzusehen.

2. Den geeigneten Mietwagentyp feststellen

Wenn man über Check24 die Suche zum gewünschten Reiseziel anstößt, wird natürlich erst mal alles gelistet, was verfügbar ist und nach Preis sortiert. Allerdings sollte man sich vorher überlegen, welcher **Typ Mietwagen** für den geplanten Roadtrip sinnvoll ist.
Je nachdem wie viele Personen mit fahren und wo man fährt, entscheidet sich, nach welchem Typ Auto man suchen sollte. Kleinwagen oder Mittelklasse, Van oder SUV, ...

Zu zweit oder allein reicht grundsätzlich ein **Kleinwagen**, zumindest vom Platz her. Ab 3 Leuten würde ich schon die Mittelklasse oder Oberklasse anstreben. Viel teurer ist das meist auch nicht.

Dann kommt es aber auch auf die **Straßenverhältnisse** an.
In den USA benötigt man grundsätzlich keinen Allrad-Antrieb und es reicht theoretisch auch ein Kleinwagen oder Kompaktklasse, zumindest wenn du dich an meine Route hältst.

Check24 hat für den **Mietwagentyp** eine gute **Filterfunktion**, um die Ergebnisse entsprechend anzupassen.

3. Aufpassen beim Versicherungsschutz

Eine stets heikle Sache ist der Versicherungsschutz, insbesondere die **Höhe der Haftpflichtversicherung.**
Bei Check24 kann man grundsätzlich bei jedem Angebot die Details zum Angebot sehen, unter anderem die **Mietbedingungen**.
Hier sollte man immer wachsam sein, was bei der **Versicherungssumme** der Haftpflichtversicherung angegeben ist.

Die gesetzliche Mindestsumme ist natürlich von Land zu Land unterschiedlich, aber nur diese sollte man in der Regel nie haben.
Sonst ist man am Ende nur mit beispielsweise 20.000€ versichert - das kann bei entsprechenden Unfällen dann ganz schnell überschritten werden. Empfohlen wird mindestens 500.000€, besser **1 Mio. €** Versicherungssumme, damit man auf der sicheren Seite ist.

Ebenfalls sehr wichtig ist die **Höhe der Selbstbeteiligung** bei eigens verursachten Schäden. Ich persönlich empfehle grundsätzlich nur Angebote ohne Selbstbeteiligung (dies kann man bei der Suche gut filtern).
Sprich: "**Vollkasko ohne SB".**
Im Urlaub mit einem fremden Auto und ggf. fremden Verkehrsregeln ist die Gefahr von versehentlichen Kratzern, Dellen oder einem kaputten Außenspiegel womöglich sowieso etwas höher. Außerdem hört man immer wieder, wie Vermieter für angebliche Schäden abkassieren wollen.
Damit das gar nicht erst vorkommen kann, würde ich lieber 30€ mehr zahlen und damit die Gefahr von z.B. 1000€ Selbstbeteiligung abwenden. Denn so viel teurer sind Fahrzeuge mit 0€ Selbstbeteiligung meist gar nicht.

Zusatzversicherungen wie z.B. die **Glas/Reifen oder Unterbodenversicherung** sind meistens nicht unbedingt nötig.
Wenn man vor hat einen Offroad-Trip zu machen (Achtung: unbefestigte Straßen meist eh nur mit SUVs erlaubt) oder weiß, dass die **Straßenverhältnisse schlecht sind** (ich kann aus Erfahrung von Namibia sprechen, hier war ein Reifenschutz dringend notwendig), kann man sich allerdings überlegen so etwas dazu zu buchen.

Die **Diebstahlversicherung** sollte grundsätzlich auch enthalten sein.
Meistens ist dies auch der Fall.
Ob man hier eine Versicherung mit Selbstbeteiligung oder ohne haben sollte, sollte man am besten an der Sicherheit des jeweiligen Landes ermessen. In vielen Angeboten sind eine oder mehrere dieser Versicherungen allerdings sowieso schon enthalten.

4. Ort der Anmietung und Abgabe

Wenn es möglich ist, sollte der **Ort der Anmietung und der Abgabeort** der Selbe sein.
Oft wird andernfalls eine **Einweggebühr** verlangt, wenn das Auto an einer anderen Mietstation zurück gebracht wird. Wie hoch diese ist und ob sie überhaupt anfällt ist sehr unterschiedlich, sowohl vom Land her als auch von der Autovermietung an sich.
Auf die Einweggebühr wird normalerweise immer in den **Mietbedingungen** oder im angezeigten Preis hingewiesen werden.
Oft ist es so, dass die Einweggebühr erst vor Ort per Kreditkarte oder in Bar entrichtet wird. Daher kann es insbesondere bei den Mietwagenvergleichsportalen sein, dass diese Summe im zu zahlenden Endpreis nicht angegeben ist, sondern nur in den Mietbedingungen (also quasi dem Kleingedruckten) zu lesen ist.
Wer also vor hat, sein Auto woanders wieder zurück zu geben als beim Ort des Anmietens, der sollte einen genauen Blick in die Mietbedingungen werfen.

5. Fahrer unter 25 aufpassen!

In vielen Ländern zahlt man als Fahrer **unter 25 Jahren Aufschläge.** Manchmal ist es auch nur bei Fahrern unter 23 oder 21. In den USA beispielsweise gibt es so gut wie keinen Vermieter, der Autos an Personen unter 21 Jahren vermietet. Unter 25-jährige müssen aber immer noch Aufschläge zahlen.

In anderen Ländern ist die Altersgrenze, bei der Zusatzgebühren anfallen, teilweise auch vom Vermieter abhängig. Daher sollte man hier auch immer genau in die Mietbedingungen schauen, wie das Mindestalter ist und unter welchem Alter man ggf. Zusatzgebühren zahlen muss.

6. Zusatz-Equipment (Navi usw.) lieber nicht dazu buchen

Oft besteht auch die Möglichkeit ein **Navi** o.ä. dazu zu buchen. Wenn nicht bei der Online-Buchung, dann wird es einem ab und zu auch vor Ort angeboten.
Diesen Zusatzservice lassen sich viele Vermieter dann aber auch **recht teuer**

bezahlen. Gerade bei Navis kann die Gebühr/Tag schon mal bis zu 10€/Tag sein. Da ist es dann meist sogar günstiger, wenn man sich vor Ort ein Billig-Navi kauft oder sein eigenes von zuhause, wenn vorhanden, mitnimmt und vorher die zusätzlichen Karten für das Ausland kauft.

Alternativ und die günstigste Möglichkeit ist, das Smartphone zur Navigation zu nutzen und sich vor Ort eine günstige Sim-Karte mit Internetflatrate zu kaufen. In den meisten Ländern gibt es solche im nächsten Supermarkt. Dann kann man entweder mit **Google Maps** oder anderen Apps, wie zum Beispiel Waze, navigieren. Alternativ kann man sich natürlich auch die kostenpflichtigen Navigation-Apps drauf spielen. Dann hätte man noch schönere Möglichkeiten zur Routenplanung.
Auch das wäre meistens noch günstiger als ein gemietetes Navi.

Viel Geld wird zum Beispiel auch noch mit dem Mieten von **Kindersitzen** gemacht. Hier hat man auch relativ schnell den Preis wieder drin, wenn man sich diesen selbst kauft.

7. Weitere Tipps, Hinweise und Details

- **Zusatzfahrer inklusive?** Nicht immer ist ein zweiter Fahrer im Preis inbegriffen. Hier sollte man also darauf achten, wenn es mehr als einen Fahrer gibt

- **Uhrzeit der Abholung und Rückgabe** beachten und keinen zusätzlichen Miettag anbrechen. Die **Miettage sind immer 24 Stunden**. Wer also um 15 Uhr sein Auto anmietet, sollte es am letzten Tag auch um 15 Uhr wieder abgeben. Bei Vermietern, die nicht kulant sind, muss man sonst unter Umständen den vollen angebrochenen Miettag bezahlen; bei anderen wird dagegen anteilig eine Verzugsgebühr berechnet.

- Im Zweifelsfall sollte man sich vorher auch kurz über den Vermieter und den **Erfahrungen der Kunden** informieren. Bei Check24 ist eine Bewertungsfunktion gleich integriert, sodass man meist ganz gut abschätzen kann, wie der Autovermieter so abgeschnitten hat.

- Bei der **Anmietung den Zustand des Autos immer überprüfen**. Wenn Schäden am Auto vorher nicht gut von der Autovermietung dokumentiert wurden, kann es bei der Abgabe des Wagens vorkommen, dass man dich für einen Kratzer verantwortlich macht, der eigentlich vom Vormieter stammt. Wenn dir also eine Delle, Kratzer oder anderer Schaden auffällt, der nicht im Mietvertrag angegeben ist, dann würde ich das noch in das Übergabeprotokoll eintragen lassen oder zumindest mittels Fotos dokumentieren. Wer sowieso eine **Vollkaskoversicherung ohne Selbstbeteiligung** hat, kann diesen Punkt etwas lockerer sehen.

- **Internationaler Führerschein:** Ich habe bisher keinen benötigt. In den USA ist dieser auch nicht notwendig. In bestimmten Ländern kann dieser aber vonnöten sein. Daher sollte man sich im Zweifelsfall vorher darüber informieren.

- **Tank bei der Rückgabe und Tankregelungen:** Manchmal gibt es Tankregelungen ("gratis Tankfüllung"), bei denen du das Auto vollgetankt erhältst und (fast) leer zurück geben kannst. Wenn diese Regelung nicht besteht, dann gibt man das Auto immer mit der selben Tankfüllung zurück. Das sollte man auch ernst nehmen, denn ansonsten wird die **fehlende Tankfüllung mit hohen Aufschlägen** (z.B. statt 1,30€/Liter werden dann 3€/Liter berechnet) getilgt.

Autofahren in den USA - Das musst du wissen!

Autofahren in den USA - ich denke vom Höhrensagen her gelten **Roadtrips** auf amerikanischen Highways als Symbol der **Freiheit** und allgemein als relativ **entspannt**.

Ist es auch. Trotzdem gibt es natürlich einiges was man wissen sollte, wenn man sich auf die Straßen Amerikas begibt. Anderes Land - andere **Regeln**. Zumindest teilweise.

Ich versuche daher mal alles Wissenswerte in diesem Artikel für dich zusammenfassen aus meinen Erfahrungen aus ca. 30.000 km Autofahren in den USA.

Verkehrsregeln und was in den USA anders ist

Klar erfinden die USA die Verkehrsregeln zum Autofahren nicht neu. Trotzdem gibt es manches was anders geregelt ist.

Hier das Wichtigste:

1. An einer **roten Ampel** kann man im Gegensatz zu hier nach **RECHTS abbiegen**, wenn man zuvor kurz angehalten hat. Nicht erlaubt ist das, wenn es entsprechend ausgeschildert ist ("No turn on red"). Im Übrigen sollte man aufpassen, auch tatsächlich kurz zu **stoppen** (so wie beim Stoppschild hierzulande), da es an manchen Ampeln Kameras gibt, die genau diesen Verstoß filmen (so wie bei uns der Blitzer eben). In New York City gilt ein generelles Verbot dieser Regel.

2. In **Wohngebieten**, in denen bei uns in der Regel "rechts vor links" gilt, sind entsprechende Kreuzungen in den USA fast immer durch **Stoppschilder** geregelt (4-way-Stop). Hierbei gilt die Regel: "Wer zuerst an der Kreuzung ankommt, darf nach dem Stoppen als erster weiterfahren". Wenn beide Autos gleichzeitig ankommen, gilt im Grunde "rechts vor links" oder man stimmt sich ab (Blickkontakt, etc.)

3. Die **Promillegrenze** für Alkohol liegt allgemein bei 0,8. Allerdings sollte man sich immer bewusst sein, dass die Autovermietung ein Fahren mit Alkohol fast immer vertraglich untersagt und ihr eventuell nicht oder nicht mehr vollständig **versichert** seid.

4. Man kann in den USA in der Regel rechts überholen bzw. vorbei fahren. Dementsprechend muss auch aufgepasst werden, wenn man von links nach rechts wechselt.

5. Bei **Schulbussen** besonders aufpassen. Während man bei uns meines Wissens nach an Bussen mit Warnblinkanlage noch in Schrittgeschwindigkeit vorbei fahren darf, muss man in den USA bei einem haltenden Schulbus vorher ganz **anhalten**. Bloß nicht vorbeifahren, hohe Bußgelder. Gilt auch für die Gegenseite, zumindest wenn Kinder die Straße überqueren.

6. In manchen Bundesstaaten ist das Mitführen von "geöffneten **Alkoholbehältern**", sprich offene Weinflasche zum Beispiel, im **Fahrzeuginnenraum** nicht erlaubt.

7. **Car Pool Lane:** In Großstädten, wie zum Beispiel Los Angeles gibt es sogenannte Car Pool Lanes, die ausschließlich für Fahrgemeinschaften, d.h. **mind. 2 Personen** in einem Auto, gedacht sind. Diese Lanes befinden sich immer ganz links des Highways und sind durch ein rautenförmiges Symbol gekennzeichnet.

Geschwindigkeitsbegrenzungen beim Autofahren in den USA

Innerorts:

- zwischen **25-35mph** (40-56 km/h), meist sind es 30 mph
- im Bereich von Schulen: **15mph** (24 km/h). Oftmals gibt es ein Schild, welches zu Schulzeiten blinkt und erst dann die 15mp/h gelten. Hier auch wieder hohe Bußgelder schon bei 1mph zu viel.

Außerorts:

- Highways: **55-65mph** (89-105 km/h)
- Interstates: meist **75mph** (120 km/h), kann aber bis zu 85mph (137 km/h) sein, je nach Bundesstaat

Polizeikontrollen, Verstöße, Strafen ... und mit was man rechnen kann

Ich habe auf meinen Autofahrten in den USA wohl schon mindestens 30 **Polizeikontrollen** irgendwo beobachtet. Selbst bin ich zwar in keine klassische Routine-Kontrolle geraten, aber dazu ein paar sehr **wichtige Hinweise:**

In den USA ist es sehr üblich, dass Polizeistreifen Autos aus dem Verkehr ziehen und eine Verkehrskontrolle durchführen. Dabei fährt der Officer mit seinem Auto hinter dich, schaltet seine sämtlichen Lichter an um seine Aufmerksamkeit zu erregen (die er mit Sicherheit auch bekommt, bei dem Geblinke) und man fährt an den **Seitenstreifen**.

Wichtig hier: Man macht erstmal nichts, sondern lässt (ganz wichtig) seine **Hände am Lenkrad** bis der Officer am Fenster steht und Hallo sagt. Bloß nicht versuchen vorher auszusteigen oder ähnliches!

Ansonsten macht man dann eben brav, was der Officer sagt.

Wenn man doch mal zu schnell Auto gefahren ist oder falsch parkt...

Vorweg, es gibt in den USA so gut wie keine stationären Blitzer, zumindest hab ich noch nicht davon gehört. **Radarkontrollen** geschehen eigentlich immer aus den Polizeiautos heraus, die sich entsprechend postieren. Meist so, dass sie dich direkt rauswinken können. Oder natürlich sie fahren hinter dir her und messen so die Geschwindigkeit.

In Miami war es dann bei mir auch mal soweit. In einer 30 mph-Zone hatten sie sich so postiert, dass man sie erst gesehen hat, als es zu spät war. Zwei Polizeiautos standen im Mittelstreifen und ich wurde direkt rausgewunken.

Mir wurde "speeding", also zu schnell fahren und "Überholen von Fahrrädern mit zu wenig Seitenabstand" vorgeworfen.

Hier gleich der Rat: Lasst dich nicht erwischen, es ist einfach viel teurer als bei uns! Immer 100% richtig fahren ist meiner Meinung nach fast nicht möglich, schließlich kann man ein Tempolimit auch mal übersehen, allerdings sollte man es zumindest versuchen.

Während dieses Vergehen hierzulande vielleicht etwa 50€ gekostet hätte, sollten hier 450$ fällig werden. Einverstanden war ich mit dem Vorwurf, insbesondere dem Seitenabstand nicht ganz, aber machen kann man erst mal nichts, man bekommt seine Tickets in die Hand gedrückt und kann weiter fahren.

Wie geht es danach weiter?

Innerhalb 30 Tage kann man zahlen, das geht auch online.
Theoretisch kann auch die Autovermietung informiert werden und sogar direkt deine Kreditkarte belasten. Offenbar hat der Vermieter das Recht, einen Bußgeldbetrag einzuziehen. War bei mir aber nicht der Fall.

Und wenn man einfach nicht zahlt?

Natürlich kann man einfach nichts unternehmen und zur Sicherheit die Kreditkarte sperren. Nachverfolgung bis nach Deutschland ist bei einem Bußgeld so gut wie unmöglich und wird seitens der Polizei nicht geschehen.

Das Risiko dabei ist die erneute Einreise. In der Regel ist es so:

In dem Bundesstaat in dem der Verstoß erfolgt ist, wird dein Vergehen auch erst mal weiterhin gespeichert und registriert ob es bezahlt wurde oder nicht.
Sollte man also in den nächsten Jahren in den selben Bundesstaat per Flugzeug wieder einreisen, wird mit hoher Wahrscheinlichkeit das Bußgeld bei der Einreise fällig + mögliche Zusatzgebühren.
Die Wahrscheinlichkeit abgewiesen zu werden steigt natürlich auch etwas. Soweit ich informiert bin, ist dies allerdings trotzdem nach wie vor eher unwahrscheinlich. Das entsprechende Bargeld sollte man in dem Fall allerdings dabei haben.

Bei der Einreise in andere Bundesstaaten: Ob Bußgelder bis in andere Bundesstaaten kommuniziert werden, ist umstritten und vermutlich auch nach Staaten unterschiedlich. Meiner Recherche nach wird das zwischen den Immigrationsbehörden aber nicht kommuniziert.

ABER: Im Polizeicomputer scheinen die Vergehen dennoch lange gespeichert zu sein. Das heißt, falls du noch einmal in eine Kontrolle gerätst, wird es dann sehr wahrscheinlich herauskommen.

So oder so, wer nicht zahlt, sollte sich zumindest darauf einstellen, dass bei einer erneuten Einreise die Gebühr fällig wird und es möglicherweise auch Probleme bei der Immigration gibt. Mit etwas Glück nicht, mit Pech schon. Es gibt teilweise Verjährungsfristen, allerdings kann ich dazu auch nichts Sicheres sagen.

Ich persönlich habe übrigens nicht gezahlt und bin auf eigenes Risiko auch danach noch einmal eingereist (nicht in Florida allerdings) und es ist nichts passiert. Gefahren bin ich dann aber auch immer korrekt.

Wer das Bußgeld aber verschmerzen kann und sich beim nächsten Mal USA keinen Stress antun will, sollte lieber zahlen.

Noch besser: Immer versuchen an die Regeln zu halten!

Wichtige Begriffe aus dem Verkehr und was sonst noch interessant ist

Verkehrsbegriffe zum Autofahren in den USA

Damit du dich in dem englischsprachigen Verkehrsjargon auch zurechtfindest, hier eine kleine **Top-10 Übersicht** häufig auftauchender Bezeichnungen:

YIELD	Vorfahrt beachten
DETOUR	Umleitung
NO PASSING	Überholverbot
MERGE	Einfädeln (bei Verengung etc,)
DIP	Bodenwelle/senke
NO U-TURN	Wendeverbot
RIGHT OF WAY	Vorfahrt
PEDESTRIANS X-ING	Fußgänger überqueren Fahrbahn
ROAD CONSTRUCTION AHEAD	Ankündigung einer Baustelle
MEN WORKING	Bauarbeiter an Fahrbahn

Tanken

Wer das erste mal tankt, wird sich unter Umständen wundern, warum nichts aus dem Zapfhahn kommt. In den USA ist es üblich, dass das Benzin **vor dem Tanken** entweder beim Kassierer bezahlt wird oder per Kreditkarte direkt an der Zapfsäule autorisiert wird. Das dient wohl einfach dazu Benzinklau zu verhindern.

Ansonsten sind die Zapfhähne etwas anders als bei uns, aber daran gewöhnt man sich.

Internationaler Führerschein für USA?

Ein häufiges Thema und die Antwort ist eigentlich simpel. NEIN. Man benötigt keinen internationalen Führerschein in den USA. Weder um einen Mietwagen anzumieten, noch um überhaupt zu fahren.

Der heute gültige EU-Führerschein im EC-Kartenformat ist überall anerkannt.

Roadtrip USA Kosten - Mit diesen USA Reise Kosten musst du rechnen!

Wer noch nie in den USA war oder bisher eher Pauschalurlaube gemacht hat, wird sich vielleicht fragen, wie viel ein Roadtrip in den USA kostet.

Roadtrip USA Kosten - Faktoren

Im Grunde gibt es **5 hauptsächliche Kostenquellen**: Der Flug, die Unterkünfte, Essen, Mietwagen inkl. Sprit und alles Andere.

Im Folgenden werde ich alle Kosten-Faktoren kurz behandeln und eine Abschätzung zu verschiedenen Roadtrip-Szenarien geben.

Der Flug

Ein Hin/Rück-Flug in den **Westen der USA**, z.B. nach San Francisco kostet in der Hauptsaison oft zwischen **700-800€.** Wenn man ein wenig flexibel mit Reisedaten und Abflughafen ist, sind aber schon auch mal Preise von nur 500-600€ oder weniger drin. Für meine USA-Reise im September 2017 habe ich z.B. nur 480€ für einen Direktflug nach San Francisco - Hin und Zurück - gezahlt.

Nach **New York** zahlt man etwa zwischen **400-600€**.

Unterkünfte/Hotels

Hier macht es in den Kosten natürlich einen Unterschied ob man z.B. im Westen unterwegs ist und viel campt oder ausschließlich Hotels nimmt.

Auf meinem 3-monatigen Roadtrip 2014 habe ich von knapp 50 Hotels den Schnitt ausgerechnet. Dies war ein Mix aus größtenteils Budget-Hotels bzw. Motels, aber auch teuren Unterkünften in Manhattan/NYC und z.B. 2 Nächten in einer Suite in Las Vegas.

Im Schnitt kamen wir (zu zweit) auf ca. **70$ pro Übernachtung**.

Das heißt **pro Person ca. 35$ pro Übernachtung.**

Reist man zu viert wird das Ganze natürlich etwas günstiger, allerdings kosten Zimmer mit 2 Queen-Betten meist mehr oder es wird ein Aufpreis pro Person aufgeschlagen.

Günstige Hotels oder Motels finde ich meistens **auf Booking.com** (zudem man ab 5 Buchungen/Jahr den "Genius" Status erreicht und bei einiges Hotels 10% Rabatt und andere Vorteile erhält. Hat sich bei mir schon öfters gelohnt).

Alternativ ist inzwischen auch **AirBnB** sehr empfehlenswert. Auf meiner letzten USA-Reise habe ich hier einige sehr günstige Unterkünfte bekommen können. Wenn du dich über meinen **AirBnB-Link anmeldest (http://bit.ly/airbnb-rabatt)**, sicherst du dir **25€ Guthaben für deine erste Buchung**!

Camping kostet auf den staatlichen Plätzen meist **20$** +-5$. Private Campingplätze können auch mal 30-40 kosten/Nacht.

Pro Person (zu zweit) kann man bei Camping also mit ca. **12$ pro Nacht** rechnen.

Essen

Die Kosten für die Verpflegung sind nicht zu unterschätzen und nahmen bei mir pro Tag oft mehr ein als das Hotelzimmer.

Ein Essen in einem normalen, guten **Restaurant** hat inkl. Trinkgeld und Steuern meist **ca. 20$** gekostet.

Mittags kann man aber auch gut in einer der zahlreichen **Fast-Food-Ketten essen**.
Ein Burger-Menü kostet ca. 8$. Oft auch weniger.
Auf dem 3-monatigen Roadtrip haben wir sehr oft mittags in typischen Schnellrestaurants gegessen. Im Übrigen muss es auch nicht immer Burger und ungesund sein.
Bei vielen Fast-Food-Ketten (z.B. Wendy's) kann man auch schon für 5-7 relativ gesund und günstig essen, wenn man sich die Speisekarte mal genauer anschaut...
Auch sog. **Family Diner** wie z.B. Denny's sind etwas günstiger als reguläre Restaurants, aber auch meist ganz gut.

Pro Tag würde ich pro Person mit einem Schnitt von 35$ rechnen.

Hier ist es natürlich wieder individuell. Wenn man ganz sparsam ist, kann man auch mit 20$ zurecht kommen. Wer 2x am Tag im Restaurant essen geht ist schnell bei 50$ für Verpflegung am Tag.
Die Kosten hängen aber auch davon, ob man oft **campt**.
Eine Dose Chili mit Brot kostet z.B. nur 2$, ein Steak vom Walmart ca. 10$. Campt man die Hälfte des Urlaubs wird es insgesamt also wieder etwas günstiger.

Wenn man in großen Städten wie z.B. New York oder Las Vegas ein paar Tage bleibt, kann man auch **Coupon-Anbieter** wie Groupon.com nutzen, bei denen es

eine sehr große Anzahl an **Restaurants** gibt, die **regelmäßig Angebote** einstellen, mit denen man eine Menge sparen kann.
Sowohl in New York, als auch in Las Vegas habe ich diese Angebote selbst beansprucht, viel Geld dabei gespart und war in schönen Restaurants essen, die ich sonst nicht kennengelernt hätte.

Mietwagen

Hier gilt es zunächst einmal zu unterscheiden, ob man über oder unter **25 Jahre** alt ist.

Bei meinem bevorzugten Vermieter "Alamo" zahlt man mit dem Jungfahrer Paket für Leute unter 25 ca. **40% mehr,** als wenn man schon über 25 ist.

Ansonsten kostet ein Mietwagen bei Alamo ohne Rabatt zwischen **30$/Tag** für einen Kleinwagen und **60$/Tag** für einen Full-Size SUV. Das wiederum variiert aber auch je nach Region.

In der Regel reicht bei 2 Personen etwas in der Mittelklasse für 40$/Tag, während bei 4 Personen allein aus Platzgründen etwas Größeres wie der SUV her sollte.

Möchte man sich für einen bestimmten Zeitraum ein **Cabrio** (z.B. Ford Mustang) mieten, so liegt der Preis dafür in etwa bei dem eines FullSize SUVs, d.h. die folgenden angenommenen Kosten pro Person pro Tag würden sich in etwa verdoppeln (da man aus Platzgründen ein Cabrio ja eigentlich nur zu zweit nehmen kann).
Ich kann jedenfalls nur empfehlen, sich diesen Spaß einmal zu gönnen.

Im Schnitt würde ich also mit <u>20$</u>/Person/Tag rechnen bei einem gewöhnlichen Mietwagen.

Allerdings waren das nun nur die Preise ohne **Rabatt**. Insbesondere bei Alamo gibt es zwei Möglichkeiten bis zu **38% Rabatt** zu erhalten. Entweder man ist Journalist und hat einen Presseausweis, bzw. kann nachweisen, dass man in der

Tourismus-Branche arbeitet ("Touristiker-Rabatt") oder man nutzt die **Partnerschaft zwischen Alamo und der Advanzia-Bank**.

Während ersteres eher für die wenigsten zutrifft, ist letzteres sehr einfach zu realisieren und zudem **kostenlos**.
Diese Möglichkeit hatte ich die letzten beiden Male genutzt und z.B. in den 3 Monaten Roadtrip insgesamt **ca. 1500€ gespart**, indem ich die Mietautos mit der **ADVANZIA Mastercard** gebucht hatte (auch bekannt als: "Gebuehrenfrei"-Mastercard Gold). Bestellen kann man diese unter **„http://bit.ly/advanzia-kreditkarte".**
Ich habe die Karte selbst seit 5 Jahren und bin sehr zufrieden damit, zudem ist sie kostenfrei und bietet viele Vorteile.

Wenn man die Kreditkarte hat, kann man über folgenden Link (unbedingt auch tatsächlich mit der Karte buchen) den **Rabatt erhalten**:
„https://partners.rentalcar.com/gebuhrenfrei".

Durch den Rabatt reduziert sich der angenommene Schnitt pro Person/Tag auf bis zu ca. 13$

Ich habe bisher (insbesondere dann wenn man, wie wir damals, unter 25 Jahre ist) keine günstigere/bessere Möglichkeit gefunden, einen guten Mietwagen in den USA zu erhalten.

Bei einem **beispielhaften Roadtrip** über 3 Wochen im Westen der USA, einem Full-Size SUV und 4 Personen kann man mit Kosten von 950$ rechnen. Pro Person also 240$ und pro Tag/Person 11,50$. Diese Berechnung ist mit dem vollen Rabatt. Ohne sind es ca. 1250$

Sind die Fahrer unter 25 müsste man mit ca. 1300$ oder in diesem Beispiel knapp 16$/Tag/Person rechnen (mit Rabatt).

Hinzu kommen natürlich noch Spritkosten.

Den aktuellen Durchschnittspreis in den USA findest du unter benzinpreis.de.

Zum aktuellen Zeitpunkt (04.01.2020) sind das 0,61$/Liter. Im Schnitt verbraucht man (bei einem SUV o.ä.) etwa 10l/100 km und ist bei einem klassischen Roadtrip über 3 Wochen, der z.B. 5000 km hat, bei **Gesamtkosten von 305$**, d.h. bei 4

Personen bei je ca. 75$, bei 2 Personen bei je ca. 150$.

Um einen günstigen Mietwagen zu bekommen, empfehle ich außer der oben genannten Möglichkeit mit Alamo (v.a. für "Jungfahrer" interessant) den **Mietwagenvergleich von Check24**, mit dem ich selbst in letzter Zeit sehr gute Ergebnisse erhalten habe.

Alles Weitere (Aktivitäten, Tickets, Souvenirs, etc.)

Der letzte Punkt ist am schwierigsten einzuschätzen, da es hier auch sehr auf individuelle Vorlieben ankommt.

Bei mir hat dieser Punkt **grob 20% der Gesamtreisekosten** ausgemacht.

Dazu zu zählen sind z.B. Eintritte für alles was mit **Sightseeing** und **Freizeit** zu tun hat (Heli-Flug, Eintritt für Aussichtsplattformen, Museen, Metro-Ticket, Nationalpark-Pass, usw.).

Auch geht man oft vielleicht abends mal einen **Cocktail trinken** oder Party machen. Dies kann natürlich je nach Person sehr schwanken. Genauso wie das Budget für **Souvenirs**.

Ggf. muss man sich vorher auch noch Camping-Ausrüstung oder anderes Reise-Equipment, speziell für diesen Roadtrip besorgen.

Vielleicht besucht man auch mal einen Freizeitpark oder eine Show, z.B. in Las Vegas.

Tipp: Für Aktivitäten wie z.B. Helikopter-Flüge unbedingt livingsocial.com und groupon.com checken. Hier sind öfters mal sehr vergünstigte Angebote drin. Damit habe ich sowohl in New York, als auch in Las Vegas viel Geld gespart.

Roadtrip USA Kosten - Zusammenfassung

Hier die endgültige **Rechnung**:

- **Der Flug**: z.B. 600€ (Flugpreise reagieren auch nicht so stark auf Kursschwankungen)

- Für **Hotels, Essen und Mietwagen** komme ich mit den Durchschnittswerten von 35$ (Hotels ohne Camping) + 35$ (Essen) + 20$ (Mietwagen inkl. Rabatt + Sprit) auf **90$/Tag**. Dies sind **630$/Woche**.

- Dazu kommen noch etwa **20-25%** für **alles Andere**.

Ergibt:

Kosten pro TAG von etwa **115$** (ohne Camping)

oder **Kosten pro WOCHE** von etwa **800$** (ohne Camping)

+ Kosten des Fluges

Ist man z.B. ein Drittel der Zeit **campen** komme ich rechnerisch auf etwa **750$/WOCHE** (mit Camping) bzw. **107$/TAG** (mit Camping).

Auf einem **beispielhaften Roadtrip über 3 Wochen im Südwesten** mit **1 Woche Camping** wäre das mit dieser Rechnung dann (3 x 750$ + 600€) =

2250$ + 705$ = 2.955$ oder **2.510€** (mit dem aktuellen Kurs von 1$=0,85€)

Den aktuellen Euro-Dollar-Kurs kannst du unter „http://www.finanzen.net/devisen/eurokurs“ sehen.

Diese Rechnung geht auch mit **meinem ersten Roadtrip in den USA** auf

(3,5 Wochen). Dort hatte ich insgesamt 2700€ gezahlt (Kurs damals 1$=0,75€). Wir waren zu viert.

Nimmt man die Rechnung her, wären das 3,5 Wochen x 750$ + 700€ Flug = 2670€

Bei meinem **3-monatigen Roadtrip** hatte ich insgesamt ca. 7300€ ausgegeben (Kurs bei 1$=0,75€). Wir waren zu zweit.

Nimmt man die Rechnung wären das 12 Wochen x 750$ + 700€ Flug = **7450€**

Kommt also auch in etwa hin. Da wir aber so lange unterwegs waren, reduzieren sich die tatsächlichen Kosten natürlich etwas, da Aktivitäten und dergleichen etwas gestreuter sind und man nicht so ein volles Programm hat, wie bei nur 2 Wochen.

Abschließend denke ich, dass man mit dieser Einschätzung hier schon ganz gut absehen kann, wie viel der eigene Roadtrip kostet.
Wenn man persönliche Präferenzen hat, die sich stark von den hier beschriebenen unterscheiden, muss man natürlich entsprechend abschätzen, wie sich die Roadtrip Kosten verändern.

Ultimative Packliste für Backpacker und (Welt)-Reisende

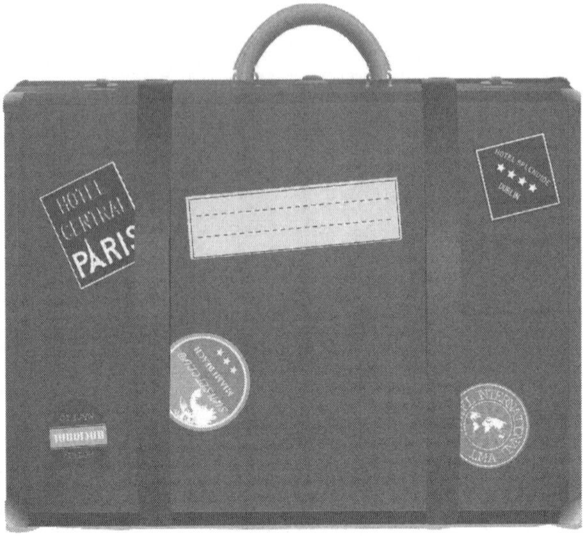

Irgendwann, wenn der Urlaub dann doch endlich vor der Tür steht, ist das letzte Stück Arbeit vor Reisebeginn das Packen...

Damit du weißt, was auf eine (lange) Reise alles mit sollte, stelle ich hier meine persönliche Empfehlung einer **Packliste** oder **Reise-Checkliste** auf, die sowohl für **Backpacker, Weltreisende, als auch alle anderen gedacht ist**.
Wer nur kurz verreist, kann natürlich auf manche Sachen eher verzichten, als jemand der ein halbes Jahr unterwegs ist. Wer das erste mal (länger) verreist, sollte sich schon wenigstens **3-4 Wochen vorher** Gedanken machen, ob alles parat ist, was vor allem an Unterlagen (z.B. gültiger Reisepass) und Zahlungsmittel (z.B. Kreditkarte) wichtig ist.

Dokumente und Finanzen

Das Wichtigste und gleichzeitig platzsparendste in der Packliste sind die Unterlagen und Zahlungsmittel. Denn ohne steht man schnell blöd da. Hier ist alles, was man braucht:

- **Reisepass** (mind. noch 6 Monate gültig)
- **2 Kreditkarten** zum Geld abheben(meine Empfehlung: Santander VISA) und zum Zahlen ohne Fremdwährungsgebühren + kostenlose Reiseversicherung (meine Empfehlung: PayVIP Mastercard) PINs und ggf. Login-Daten/Rufnummern der Banken nicht vergessen!!
- **Tan-Listen** oder falls benötigt Tan-Generator
- **Bargeld**, z.B. 50€
- **kleinen Geldbeutel** (wenn man mal nur etwas Bargeld mitnehmen will)
- **Führerschein** und ggf. **Internationaler Führerschein**
- **Versicherungskarte/Nachweis der Auslandskrankenversicherung**
- **Passfotos** (z.B. wenn man unterwegs ein Visum beantragt)
- **Impfpass** (soll man in manchen Ländern mitführen)
- **Flugticket**/-infos, **Hotelbuchungen**/-infos, Mietwagenbuchung
- **Adresse/Name der ersten Unterkunft** (wird in manchen Ländern zur Einreise abgefragt)
- optional: (internationaler) Studentenausweis
- optional: Tauchnachweise/unterlagen, falls man vor hat zu tauchen
- optional: Kopien sämtlicher Ausweise/Dokumente, am besten auch online verfügbar (z.B. auf Dropbox)
- optional: **wasserdichter Dokumentenbeutel/Zip-Beutel** oder **DryBag**

Rucksäcke und Aufbewahrung

Wer mit Rucksack reist, sollte als große Person mit einem Rucksack <= 70l auskommen (ich selbst hatte 70L), als kleinere Person reichen 60l. Man kann, wenn man sich einschränkt und gut packt, aber auch mit wesentlich weniger zurecht kommen.

Wer mit Koffer/Trolley reist, sollte sich wohl zwischen 70-100l bewegen. Während meines 3-monatigen USA Roadtrips inkl. Camping hatte ich einen günstigen 95L Trolley, den ich aber auch ausgefüllt hatte (v.a. das Camping-Zeug nahm viel Platz ein). Auf anderen (kürzeren) Reisen kommt man aber definitiv auch mit einem kleineren Koffer aus.

- **Backpacking/Trekking-Rucksack**
- dazu passend: **Kleidertaschen-Set**
- **Tagesrucksack;** alternativ für Fotografen: **Fotorucksack mit Daypack**
- **Zip-Beutel**, z.B. für Behälter im Handgepäck
- **Plastiktüten/Beutel**, z.B. für Schmutzwäsche, etc.
- optional: Dry-Bag, falls man öfter auf Booten/am Wasser unterwegs ist

Kleidung

Bei der Kleidung kann man einiges an Platz sparen, wenn man das ein oder andere mal unterwegs wäscht (was fast überall, wo ich bisher war günstig in Waschsalons/Wäschereien möglich ist,), statt Kleidung für 3 Wochen einzupacken.

- **T-Shirts** (empfehle 5 bis max. 10 T-Shirts mitzunehmen)
- **Pullover** (wenn man in tropische/warme Länder fährt, z.B. Thailand braucht man max. 1)
- **1 Hemd/Polo-Shirt** für bessere Anlässe bzw. Locations mit dress code
- **Jeans** (in warmen/tropischen Ländern reicht eine Jeans) alternativ: **Trekkinghose**
- **wetterfeste Jacke**
- **kurze Hosen** (empfehle 2 Stück)
- **Badehose/Bikini**
- **Unterhosen/Slips**
- **Socken** (in warmen/tropischen Ländern, wo man mit Flipflops o.ä. rumläuft reichen u.U. 2 Paar)
- **Sneakers oder Wanderschuhe**, falls man vor hat mal zu wandern o.ä.
- **Sandalen** bzw. **Flip-Flops**
- **Pyjama/Schlafanzug**
- **Sarong Tuch** (für Frauen, z.B. bei Besuch von Tempeln, o.ä.)

Elektronik und technische Ausrüstung

Heutzutage kann einem die ganze Technik gerade auf Reisen sehr hilfreich sein. Schluss mit der Orientierungslosigkeit, dank GPS des Smartphones; digital fotografieren und Bilder sofort verschicken können - kein Problem mit Kameras, Laptops und dem Internet. Gewicht sparen und die Bücher elektronisch auf einen Kindle laden? Ganz einfach.

- **Smartphone** (u.a. nützlich für GPS+Google Maps oder um unterwegs Hotels zu buchen)
- **Kamera** (z.B. Kompaktkamera, Spiegelreflexkamera oder Bridgekamera)
- optional: Kamerastativ
- **USB-Stick** (zur Mitnahme von Daten oder als Backup-Medium für Bilder)
- **SD-Kartenleser** (zum Übertragen von Bildern)
- **Externe Festplatte 2,5"** (als Backup-Medium für Bilder/Videos)
- **Notebook**
- **Smartphone-Ladekabel, Kamera-Ladekabel, Notebook-Ladekabel**
- **Kopfhörer** für Smartphone oder ggf. MP3-Player
- **Stromadapter international**
- **Taschenlampe**
- optional: **e-Book-Reader** z.b. Amazon Kindle
- optional: **Actionkamera** z.B. von GoPro

Reiseapotheke und Hygiene

Das meiste was sich in deinem Kulturbeutel schon jetzt befindet wirst du vermutlich auch mitnehmen. Du weißt wohl auch selbst am besten, was du alles benötigst. Auch bei der Reiseapotheke braucht man sich eigentlich nicht allzu viele Sorgen machen. So gut wie alles ist genauso wie zuhause auch im Ausland erhältlich. Trotzdem ist es natürlich nützlich, eine Grundausrüstung parat zu haben.

Hygiene:

- **dein Kulturbeutel** (mit allem oft benötigten)
- **Rasierer**
- **kleines Duschgel, Shampoo**
- **Zahnbürste, Zahnpasta**
- **1-2 schnell trocknende Reisehandtücher**
- **Nagelknipser** oder Schere
- **Taschentücher**
- **kleiner Handspiegel**
- **Reise-Handwaschmittel** Tube
- **Verhütungsmittel**
- optional: Kontaktlinsen+Pflegeset, falls benötigt

Medikamente/Reiseapotheke:

- **Mückenschutz** z.B. No-Bite
- **Sonnencreme** +ggf. Salbe für Nachbehandlung
- **Fenistil-Gel, o.ä.**
- **Pflaster**
- **Schmerzmittel** z.B. Ibuprofen
- **Kopfschmerztabletten**, z.B. Aspirin
- **Desinfektionsmittel**
- **Nasenspray**, z.B. Nasic
- **Halslutschtabletten,** z.B. Neo-angin
- **Fieberthermometer**
- **Verbandszeug** (Mullbinde, etc.)
- optional: Tabletten gegen Übelkeit/Seekrankheit
- optional: Tabletten gegen Durchfall/Kohletabletten
- optional: Vitamintabletten
- optional: persönliche Medikamente (z.B. gegen Asthma)

Was sonst noch nützlich sein kann...

Alle weiteren Kleinigkeiten, die dir im Zweifelsfall großen Nutzen bringen können.

- **kleines Nähset**
- **Vorhängeschloss** (v.a. für Schließfächer in Hostels nützlich)
- **Taschenmesser**
- **Sonnenbrille**
- **kleines Notizbuch**
- **Kugelschreiber**
- **(Karten)Spiele**
- **Gepäckanhänger**
- **Feuerzeug/Streichhölzer**
- **Nackenkissen**, am besten aufblasbar
- **Ohrstöpsel**
- **Reiseführer**
- Key Organizer

Zusatzliste für Camping

Wer vor hat, im Urlaub viel zu campen, der sollte eventuell noch ein paar mehr Dinge dabei haben.

- **Zelt** (entweder kompaktes mitnehmen oder günstiges vor Ort kaufen)
- **Schlafsack**, am besten klein/kompakt
- **Campinggeschirr/Besteck** "Spork" (Löffel und Gabel in einem)
- **Isomatte/Luftmatratze**
- **aufblasbares (Kopf)Kissen**
- **Campingkocher** (ohne Gas!)
- **LED-Laterne**
- **Schnur/Wäscheleine**

Auslandskrankenversicherung - Meine Tipps und wie du dabei Geld sparst!

Die Auslandskrankenversicherung. Ein unverzichtbarer Teil deiner Reisevorbereitungen, an dem keiner sparen sollte, wenn eine Reise außerhalb der EU geplant ist.

Und dennoch kann man je nach Reisedauer und Situation **viel Geld sparen**. Warum ich sowohl bei meinem 8-wöchigen Asien-Aufenthalt, als auch in meinen 3 Monaten in den USA auf eine teure Langzeitreiseversicherung verzichten konnte (und dennoch versichert war) und welche Versicherungen bei mehr als 3 Monaten zu empfehlen sind, erfährst du in diesem Artikel.

Welche Auslandskrankenversicherung brauche ich? Langzeit oder Kurzzeit?

Im Allgemeinen gibt es 2 Fälle. Den **Normal-Urlauber**, der zwischen **2-4 Wochen** verreist und den **Langzeitreisenden**, der zwischen **2 Monaten und länger** verreist.

Wer nur **kurz verreist** (pauschal gesagt: bis 6 Wochen), für den ist der Fall relativ eindeutig. Fast jeder Krankenversicherer in Deutschland bietet eine **Kurzzeit, bzw. Jahres-Reisekrankenversicherung** an, die in den meisten Fällen eine **Gesamtreisezeit** von bis zu **6-8 Wochen** abdeckt. Der Beitrag wird jährlich gezahlt und man ist das gesamte Jahr über versichert bei beliebig vielen Reisen. Diese dürfen nur jeweils die angegebene **Maximallänge** nicht überschreiten. Diese Versicherungen kosten normalerweise **zwischen 6-10€**, haben keine Selbstbeteiligung und decken (fast) jedes Land ab. Einzelheiten sind natürlich den genauen Bedingungen zu entnehmen.
Ich persönlich kann die **Reisekrankenversicherung der Debeka** empfehlen (dazu gleich mehr), welche zurzeit **8€** kostet. Auch **Hanse-Merkur** hat gute Tarife (dazu später mehr). Die meisten anderen Versicherungen bieten für bis zu 6 Wochen aber in der Regel ähnliche Leistungen. Zumindest finanziell gibt es kaum Unterschiede.

Warum ich bei bis zu 3-monatigen Reisen trotzdem noch keine teure Langzeit-Auslandskrankenversicherung benötige...

Als ich 2014 vor meinen 2 Reisen nach Südostasien (2 Monate) und USA (3 Monate) stand, musste ich feststellen, dass meine damalige Reiseversicherung, wie die meisten, nur eine Reisedauer von 6 Wochen anbietet.

Eine **günstige Langzeit-Auslandskrankenversicherung**, wie die von **Hanse Merkur** kostet 1,15€/Tag (ca. 35€/Monat). Das wären für Südostasien als etwa 70€ gewesen. Nicht die Welt, aber trotzdem habe ich mich umgeschaut, ob es nicht doch noch eine Kurzzeit-Versicherung gibt, die den **gesamten Reisezeitraum von 2 Monaten** abdeckt.

Während es ein paar wenige gab, die bis zu 8 Wochen abdecken, bietet die **Debeka** als einzige bis zu **70 Tage (10 Wochen)** Versicherungsschutz mit dem üblich günstigen Tarif (hier 8€).

Somit war der **Asien-Urlaub** voll abgedeckt für nur 8€ Jahresbeitrag. Der Schutz ist wie üblich **weltweit** und **ohne Selbstbeteiligung**. Auch von der **Schadensabwicklung** kann ich nur Gutes berichten (auch wenn ich darauf gerne verzichtet hätte).
Nach meinem Rollerunfall in Thailand (der leider nach 2 Wochen von 8 bereits passiert ist) wurden mir die, über die Reise hinweg angefallenen, knapp 1000€ anstandslos erstattet (mit Nachweis aller Arztrechnungen, etc. natürlich).

Und günstig bis zu 3 Monate Schutz in den USA?

Dic Kombination aus 2 Versicherungen, die ich hier gefahren habe, hat mir wohl am meisten Geld gespart.
Speziell **USA und Kanada** sind bei Langzeit-Auslandskrankenversicherungen nämlich **besonders teuer**.
Die **Hanse Merkur** würde z.B. 3,10€/Tag, d.h. ca. 93€/Monat kosten. Bei meiner Reise wären das etwa 270€ gewesen.
Für diesen speziellen Fall kann ich diese Versicherung daher nicht unbedingt empfehlen, zumindest aus Kostengründen.
Natürlich hätte ich das Risiko eingehen können, die 70 Tage der Debeka zu nutzen und die letzten 2 Wochen dann unversichert zu sein. Allerdings ist das gerade in den USA, aber eigentlich überall, gar keine gute Idee.

Was mir dann noch einfiel, war die **Reiseversicherung**, die bei meiner **kostenlosen Mastercard-Kreditkarte** von A**dvanzia** dabei ist. Denn diese umfasst bis zu **90 Tage** und versichert außer dem **gesamten Reisegepäck auch**

Krankheitsfälle. Diese mit einer Selbstbeteiligung von 100€.
Damit die Versicherung wirksam wird muss man 50% der Reisetransportkosten mit dieser Kreditkarte zahlen (z.B. Flug, Mietwagen), was ich aber sowieso gemacht habe, aufgrund der im Ausland günstigen Konditionen der Karte.
Da die **Versicherung** an sich aber **kostenlos** zustande kommt, sind die Kosten im Schadensfall immer noch die selben, wie bei einer extra abgeschlossenen Krankenversicherung.
In meinem Fall hätte die Debeka jedoch die ersten 10 Wochen versichert (ohne SB). Lediglich in den letzten 2 Wochen hätte ich im Schadensfall die Reiseversicherung mit Selbstbeteiligung der **Advanzia Kreditkarte** in Anspruch nehmen müssen.
Was dann sogar leider der Fall war, allerdings bezogen auf meine Kameraausrüstung, die in der 11. Woche gestohlen wurde ;(

Ansonsten **spart man sich aber die Kosten** und kommt mit **8€ der Debeka** und der **kostenlosen Reiseversicherung der Mastercard** zurecht.

Bei mehr als 3 Monaten in den USA?

Aufgrund des ESTA Visums, welches in den USA Aufenthaltserlaubnis bis 90 Tage gibt, werden die meisten Reisenden maximal 3 Monate in den USA verweilen.

Wer dennoch vor hat **länger in den USA** zu bleiben oder nach 3 Monaten USA noch nach Kanada möchte, dem kann die **ADAC Auslandskrankenversicherung** empfohlen werden.
Denn als eine der wenigen Versicherungen verlangt der ADAC **keinen Aufschlag für USA und Kanada** bei seiner Langzeit-Versicherung.

Hier würden beispielhaft **4 Monate** inkl. USA/CAN **126€** kosten, d.h. **31,50€/Monat** (dies gilt für Personen bis 27 Jahre, darüber knapp 45€/Monat).
Für ADAC-Mitglieder gibt es zusätzlich Rabatte.
Zusätzlich gibt es eine Selbstbeteiligung von 50€. Daher würde ich diese Reisekrankenversicherung tatsächlich nur für den Spezialfall USA/Kanada empfehlen.

Welche Reisekrankenversicherung bei mehr als 3 Monaten (außer USA/CAN)?

Für **andere Länder mit einer Reisedauer von über 3 Monaten** ist wie bereits erwähnt die Auslandskrankenversicherung der **Hanse Merkur** empfehlenswert.

Diese hat **günstige Konditionen** (1,15€/Tag), bietet umfangreichen Schutz **ohne Selbstbeteiligung** und ist allgemein bei vielen Backpackern und Langzeitreisenden beliebt.

Mehr Infos und Abschluss unter „http://bit.ly/hanse-merkur".

Aufpassen bei Langzeitreisen und der gesetzlichen Krankenversicherung in Deutschland

Wer länger verreist, wird meistens seinen Job gekündigt haben oder war vorher Student oder in der Schule. Wie auch immer.

Seit 2013 muss man die **gesetzliche Krankenversicherung** zahlen, auch wenn man die ganze Zeit im Ausland ist und dort versichert ist.

Wenn man **bis 6 Wochen** verreist, kann man bei der Arbeitsagentur noch arbeitslos bzw. "arbeitssuchend" gemeldet sein. Dadurch ist man automatisch in Deutschland **krankenversichert**.

Bei **längeren Aufenthalten** geht das allerdings nicht mehr und es verhält sich so, als wenn man Selbstständiger ist. Daher wird die Krankenkasse, wenn man nichts dagegen unternimmt, den Mindestbeitragssatz von ca. 160€/Monat fordern. Wenn man also z.B. 3 Monate weg ist, können danach knapp 500€ fällig werden.

Eine Möglichkeit das zu umgehen, wäre als Hochschulberechtigter die **Einschreibung** in ein nicht zulassungsbeschränktes **Studienfach**, da man als Student dann krankenversichert ist. Hier zahlt man dann den verhältnismäßig günstigen Studenten-Krankenkassenbeitrag.

Wer vor hat, sehr lange (z.B. 1 Jahr) zu verreisen, der kann auch überlegen seinen **Wohnsitz** in Deutschland **abzumelden**, um die unsinnigen Krankenkassenbeiträge nicht zu zahlen.

Dieser Schritt muss allerdings auch gut überlegt werden, da man dann eben abgemeldet ist und z.B. kein Auto oder kein Gewerbe mehr angemeldet haben kann und auch keinen Wohnsitz mehr hat (Postanschrift).

Insgesamt solltest du nun einen guten Überblick bekommen haben, welche (günstigen) Möglichkeiten du für deine Auslandskrankenversicherung hast.

Die 2 perfekten Reise Kreditkarten vorgestellt

Wenn du auf Reisen gehst, brauchst du heutzutage eigentlich immer eine Kreditkarte. Kaum ein Hotel ist mehr ohne buchbar. Auch zum Bargeld abheben hilft dir deine EC-Karte meist nicht mehr weiter.

Allerdings ist Kreditkarte nicht gleich Kreditkarte und insbesondere beim **Einsatz im Ausland** zahlt man mit der ein oder anderen Karte **hohe Gebühren**. Ob die sehr häufig vorhandene **Auslandseinsatzgebühr** (ca. 2%) oder Gebühren beim **Bargeld abheben** (gerne mal um die 5€/Abhebung). In der Summe zahlt man mit einer, für das Ausland schlecht geeigneten Kreditkarte, ziemlich drauf. Das muss aber nicht sein.

Während ich bei meinem ersten USA Urlaub zumindest von der eigenen Bank keine Gebühren für Bargeldabhebungen berappen musste, habe ich aber zumindest die Auslandseinsatzgebühren zahlen müssen, da ich mich damals noch nicht genug auskannte in der Welt der (Reise-)Kreditkarten. Die Auslandseinsatzgebühr fällt dann an, wenn man Beträge in der Fremdwährung (z.B. US$) zahlt. Zum Beispiel habe ich damals einige Hotels in Las Vegas in US$ gezahlt, was dann insgesamt mit ca. 25$ Gebühren behaftet war.

Mittlerweile kenne ich die für mich **beste Kreditkarten Kombination für Reisen im Ausland**, wodurch ich gar **keine Gebühren** mehr zahlen muss. Nicht nur die Kreditkarten sind kostenlos, auch ergänzen sich beide perfekt und ich komme, was die Zahlungsmittel betrifft, komplett kostenlos davon.

Im Folgenden möchte ich dir beide Kreditkarten vorstellen.

1. Santander 1Plus VISA

Die zurzeit beste VISA Reisekreditkarte ist die **Santander 1Plus VISA Kreditkarte**. Vor allem die zwei für Reisende mitunter relevantesten Aspekte - keine Fremdwährungsgebühr und Erstattung von Automatengebühren - sind mit der Karte abgedeckt. Nach aktuellem Stand und meines Wissens nach, ist die 1Plus VISA daher die einzige, welche diese beiden Punkte (und viele weitere) erfüllt.

Die wichtigsten Vorteile und Hauptkriterien der 1Plus VISA Karte im Überblick:

1. Das Abheben von **Bargeld** ist **weltweit kostenlos**

2. Es fallen **keine Fremdwährungsgebühren** (Auslandseinsatzgebühren) an bei Umsätzen

3. **Fremdgebühren der Automatenbetreiber** (z.B. häufig in Thailand der Fall) werden auf Antrag **erstattet** (E-Mail an karteninhaberservice@santander.de senden und um Erstattung bitten, bis max. 6 Wochen nach Rechnungsdatum).

4. **Tankrabatt** von 1% auf Umsätze weltweit an allen Tankstellen

5. **kein Girokonto der Santander notwendig**. Man kann auch nur die Kreditkarte bestellen und ein anderes Girokonto zum Einzug der Umsätze/Rechnungen angeben

6. **keine Jahresgebühr**. Die Kreditkarte ist völlig kostenlos.

Somit scheint die **Santander 1Plus VISA** zurzeit die einzige Kreditkarte zu sein, welche ohne Ausnahme die wichtigsten Kriterien für Reisende erfüllt (viele Kreditkarten bieten z.B. kostenlose Bargeldabhebungen an, berechnen dann aber häufig die Fremdwährungsgebühren, so z.B. auch die oftmals empfohlene DKB Kreditkarte).

Hinweise zum Antrag:

Beim Ausfüllen des Antrags muss man lediglich beachten, dass man die 5% Rückzahlungsoption auslässt. An gegebener Stelle ist der Haken an dieser Stelle bereits gesetzt. Diese Passage kann man aber (zum Zeitpunkt meines Antrags) einfach durchstreichen und den Haken darunter (100% Rückzahlung, d.h. ohne Zinsen o.ä.) setzen. Diese Option kann man aber auch im Nachhinein noch ändern, wenn man die Kreditkarte dann besitzt.

Ein weiterer Punkt, den ich persönlich nicht als störend empfinde, aber manchem vielleicht nicht gefällt, ist die Grenze von 300€ Bargeldverfügung pro Tag und maximal 10 Transaktionen pro Tag.
Bisher habe ich auf keiner meiner Reisen so viel Bargeld an einem Tag abholen müssen oder so viele Transaktionen pro Tag gehabt. Davon abgesehen empfiehlt es sich aber sowieso, mindestens 2 Reisekreditkarten mit dabei zu haben, wie z.B. die Advanzia Mastercard, welche ich im nächsten Abschnitt vorstelle und die unbegrenzte Bargeldverfügungen erlaubt.

Kreditkarte beantragt - Wie geht es weiter?

Nachdem ich den Antrag abgesendet hatte, dauerte es erst einmal eine Weile. Die nachfolgende Advanzia Mastercard geht da ein wenig schneller.
Hat man die Kreditkarte erhalten, ist diese sofort einsatzfähig. Die PIN für Bargeldabhebungen kommt dann ein paar Tage später. Wer damit verreisen will, sollte seinen Antrag am besten etwa 1,5 Monate vorher absenden, um sicher zu gehen, dass dann auch alles rechtzeitig da ist. Die Kreditkartenabrechnung kommt per Post oder nur online, wenn man sich für den Online-Zugang freischalten lässt. Möchte man Zugang zum Online Banking, um die Umsätze jederzeit aufzurufen, muss man das mit einem weiteren Formular schriftlich beantragen (mittlerweile scheint man direkt die Online-Zugangsdaten zu erhalten) und erhält dann die Zugangsdaten per Post.
Manch einer sieht aber vielleicht auch einen Vorteil darin, die Kartenumsätze noch postalisch zu erhalten, was bei den meisten Banken/Kreditkarten schließlich nicht mehr geht oder etwas kostet.

→Zur kostenlosen Bestellung der Kreditkarte geht es unter diesem Link:
http://bit.ly/santander-karte

2. Mastercard Gold der Advanzia Bank ("Gebuehrenfrei")

Die 2. Karte, die ich verwende und von der ich mittlerweile ein großer Befürworter bin, ist die kostenlose Mastercard Gold von der Advanzia Bank.

Diese Karte hat mir ungelogen schon etwa **2000€ Ersparnis** gebracht. Das wird natürlich nicht jeder erreichen, denn ich habe einige Möglichkeiten, **Rabatte** zu bekommen, auch ziemlich ausgenutzt (v.a. Mietwagen-Rabatte). Trotzdem wird sie für **nahezu jeden Reisenden Vorteile** bringen.
Bekannt ist diese Kreditkarte v.a. unter dem Namen "**Gebuehrenfrei Mastercard Gold**".
Neben der Gebuehrenfrei Mastercard Gold gibt es auch die sog. PayVIP Mastercard Gold von der Advanzia Bank, welche sich allerdings lediglich vom Äußeren unterscheidet. Die Konditionen sind gleich, daher erwähne ich diese nicht weiter.

Meine persönlichen Top Vorteile:

1. Es ist eine **Mastercard Gold** und zwar **komplett kostenlos**. Das gibt es meist nicht so häufig. Während VISA-Karten heutzutage fast immer kostenlos sind, gibt es das bei Mastercard noch nicht immer. Es gab auch schon die ein oder andere Gelegenheit, wo bei mir nur die Mastercard funktioniert hat (zum Beispiel beim Buchen von Coupons bei groupon.com)

2. Es ist (so wie auch die oben genannte Santander 1Plus VISA) eine der wenigen Kreditkarten, die **0% Auslandseinsatzgebühren** hat. Diese fallen normalerweise immer bei **Bezahlung in Fremdwährung** (Hotels, im Restaurant, im Supermarkt, etc.) an und summieren sich bei einer Reise gerne mal auf 20-50€ an)

3. Es gibt bestimmte **Partnerschaften**, die insbesondere für Reisende sehr nützlich sein können. Zum Beispiel gibt es beim amerikanischen **Autovermieter** Alamo und bei Sixt zwischen **20-38% auf eine Buchung**. Dies war für mich bisher die größte Ersparnis bei dieser Karte.

4. Es gibt eine **kostenlose Reiseversicherung** dazu, die eine Gesamtreisedauer bis zu **90 Tage** abdeckt (wenn man 50% der Transportkosten, z.B. Mietwagen/Flug mit der Kreditkarte bucht)! Dies

hatte ich bereits genutzt und auch schon mal eine Erstattung erhalten, als auf meiner letzten USA Reise die Kameraausrüstung aus dem Auto geklaut wurde. Diese Versicherung deckt sogar noch bis zu **3 Mitreisende** ab.

5. Fast alles an der Karte ist kostenlos. Hat man die Karte verloren oder muss sie sperren lassen? 0€. Jahresgebühr: 0€ usw. Es gibt nur eine einzige Sache, die teuer werden kann, nämlich die Verzugszinsen, dazu aber gleich mehr.

6. Diese Kreditkarte ist **nicht mit einem Girokonto verbunden**. Das heißt die Beantragung und Verwaltung ist sehr komfortabel und schnell. Man muss zur Bestellung zum Beispiel kein Post-Ident-Verfahren durchführen und hat später nur den Online-Zugang mit allen Umsätzen und Verwaltung.

7. Man erhält relativ schnell einen **hohen Verfügungsrahmen**. Mir wurde nach einigen pünktlich bezahlten Rechnungen sogar bis zu 5000€ eingeräumt. Allerdings wollte ich so viel gar nicht und hatte es wieder auf 2000€ runter gesetzt.

Die einzigen Hinweise, die ich hier geben kann, um doch nicht unnötige Kosten zu zahlen sind folgende:

1. Es gibt ein **zinsfreies Zahlungsziel von 7 Wochen**, d.h. man hat bis zu 3 Wochen nach Beendigung des Monats Zeit, um die Umsätze auszugleichen. Hat man also zum Beispiel im Mai mit der Karte etwas bezahlt, hat man bis ca. 20. Juni Zeit, die Rechnung zu begleichen. Verpasst man diese Zeit, fallen danach sehr hohe Zinsen von zurzeit 1,53%/Monat bzw. 19,94 p.a. an. Ich denke aber, dass es normalerweise machbar sein sollte, die Rechnungen pünktlich zu bezahlen.

2. **Bargeldabhebungen** sind grundsätzlich kostenlos. Aber: Im Gegensatz zum zinsfreien Verfügungsrahmen auf normale Umsätze fallen bei Bargeldabhebungen auch sofort Zinsen an 1,53%/Monat bzw. 19,94 p.a. Um dies zu umgehen, könnte man vorher das Kreditkartenkonto mit einer Überweisung ins Plus bringen. Trotzdem empfehle ich für Bargeldabhebungen grundsätzlich die oben genannte Santander Kreditkarte, auch deswegen, weil man bei der Advanzia Mastercard bestimmte Automatengebühren, die im Ausland oft direkt am Geldautomat anfallen, nicht nachträglich erstatten lassen kann.

Ich habe die Karte seit etwa **4 Jahren** und war bisher immer sehr zufrieden, insbesondere auch mit dem **Service** von Advanzia. Vor allem als Reisenden hat mir die Karte bisher schon enorme Vorteile gebracht und ich möchte sie nicht mehr missen.

→Zur kostenlosen Bestellung der Kreditkarte geht es unter diesem Link: http://bit.ly/advanzia-karte

10 Regeln um wirklich günstige Flüge zu finden

Die Flugbuchung. Ein Thema, das fast jeden Reisenden betrifft, der zumindest außerhalb Europas Urlaub macht. Vor allem ist es aber mitunter der teuerste Teil einer Reise und der Teil mit den größten preislichen Differenzen. Wer allerdings Bescheid weiß, wie man wirklich günstige Flüge findet, der kann eine Menge Geld sparen.

In diesem Kapitel versuche ich für dich die wichtigsten Tipps zusammenzufassen, wie man an wirklich günstige Flüge kommt.

1. Geeignete Flugsuchmaschinen verwenden

Der vermutlich naheliegendste Punkt ist die Verwendung von **Flugsuchmaschinen**. Davon gibt es mittlerweile auch schon einige. Manche besser, manche nicht so gut.

Die **2 Flugsuchmaschinen**, die ich am liebsten verwende sind **Momondo.de** und **Skyscanner.de**

Eigentlich ist mein **Favorit** aufgrund der Übersichtlichkeit und des schönen

Designs Momondo.

Dennoch fragen beide Suchmaschinen teils unterschiedliche **Fluganbieter** ab, wodurch sich ab und zu **preisliche Differenzen** ergeben. Aus diesem Grund suche ich immer zunächst bei Momondo. Wenn ich dort einen **passenden, günstigen Flug** gefunden habe, gebe ich diese **Flugdaten** aber noch bei Skyscanner ein, um zu sehen, ob es hier vielleicht noch **günstigere Angebote** gibt.

Ich habe auch schon öfters von Kayak.de als Alternative gehört und diesen Anbieter mal kurz angetestet. Auch hier kann man nach Gabelflügen suchen. Die Ergebnisse waren gut und in etwa die gleichen, wie bei der Momondo-Gabelflugsuche. Kann man sich also auch mal anschauen.

2. Möglichst flexibel beim Flugdatum und den Flugzeiten sein

Während die Verwendung mehrerer guter Flugsuchmaschinen meist schon eine große Ersparnis bringt, kann die **Flexibilität beim Flugdatum** manchmal noch mehr Auswirkung auf die Preise haben.

Will man zum Beispiel 3 Wochen verreisen, liegt es vielleicht nahe den Hin- und Rückflug jeweils am Samstag zu machen.
Trotzdem kann es hier entscheidend sein, auch die Freitage und Sonntage in Betracht zu ziehen. Zum Beispiel am Samstag Hinflug und schon am Freitag Rückflug. Oder Freitag hin und Sonntag zurück.
Hier stelle ich teils heftige **Unterschiede** von beispielsweise 300€ fest, die **ein Tag früher oder später** ausmachen können.
Ein beispielhafter Flug von mir kostet gerade zum Beispiel 536€ vom 22.08.-22.09. Ändere ich das Datum von 22.08. allerdings auf 21.08. gibt es den günstigsten Flug nur noch für 844€.
Dies liegt in dem Fall wohl daran, dass die günstige Fluggesellschaft den Flug offensichtlich nicht am 21.08. fliegt und daher nur eine andere, teurere Flugverbindung von einer anderen Fluggesellschaft gefunden wird. Diese bietet die Verbindung offensichtlich aber nur zu diesem, höheren Preis an.

Das Gleiche gilt natürlich auch bei der **Flugzeit** an sich. Wer sich auch damit arrangieren kann, um 6 Uhr früh oder 12 Uhr nachts zu fliegen und sich statt 12 Stunden Flugdauer auch mit einer 20-stündigen Flugverbindung anfreundet, bekommt in der Regel die **günstigsten Flüge.**

Skyscanner bietet hier die Möglichkeit bei **Hin/Rückflug die Flugdaten**

flexibel zu halten, indem man zum Beispiel einen **ganzen Mona**t abfragen lässt und somit unter Umständen die günstigsten Tage des Monats herausfindet.

Hier gilt also, **je flexibler, desto meh**r kann man in der Regel **sparen**.

3. Nicht nur auf einen Flughafen versteifen

Auch ein Punkt, der viel Ersparnis bringen kann, wie ich selbst schon feststellen musste. Dies gilt sowohl für den **Abflughafen**, als auch den **Ankunftsflughafen**.

Wer nach der Suche nach einem günstigen Flug ist, sollte mit den bevorzugten Flugdaten in den Flugsuchmaschinen auch mal einen **anderen Flughafen, als den nächstgelegenen einstellen**.

Wer, wie ich zum Beispiel in Nürnberg wohnt, hat 3 große **Flughäfen in akzeptabler Nähe**: Frankfurt, Stuttgart und München. Bei meinem letzten Flug nach Bangkok bin ich zum Beispiel von München geflogen, da die Flüge von dort einfach 200€ billiger waren.
Von Nürnberg aus gab es in dem gewünschten Zeitraum keine wirklich günstigen Flüge. Natürlich hat man dadurch etwas mehr **Reiseaufwand**.
Ich bin mit dem Fernbus in 2 Stunden nach München und von dort zum Flughafen gefahren. Der Fernbus (z.B. Flixbus) hat mich je Strecke allerdings nur 5€ gekostet.

Insbesondere Skyscanner bietet hier eine ganz nette Funktion, indem man nicht einen spezifischen Flughafen auswählt, sondern als **Abflug- oder Ankunftsort** auch einfach **das ganze Land** (z.B. Deutschland) angeben kann.

Natürlich kann es diese preislichen Unterschiede auch für den **Ankunftsflughafen im Ausland** geben. Wenn man also diese Flexibilität hat und sich beim Reiseziel auch vorstellen kann, einen anderen Ort anzufliegen, sollte man diese Möglichkeit in Erwägung ziehen.

4. Vermeide die teuren Reisezeiten (Hochsaison, Feiertage)

Ein Faktor, den man nicht immer beeinflussen kann, wenn man vom **Reisezeitraum**, aus welchen Gründen auch immer, eingeschränkt ist. Dennoch kann man zumindest darauf achten, wenn man zum Beispiel zum **Saisonwechsel** buchen möchte.
Als ich vor ein paar Jahren nach Flügen in die USA geschaut hatte, waren wir mit

unserem Abflugdatum scheinbar ziemlich genau an der Grenze zwischen **Hochsaison** und "Normal"-Saison. Unser Abflugdatum war um den 20. August herum. Alle Flüge davor waren etwa 200€ teurer. Alle danach entsprechend günstiger. Genauso verhielt es sich 2014, nur andersrum.

Unser Abflugdatum in die USA war um den 20. Juni. Etwa 2 Wochen später wären alle Flüge 200-300€ teurer gewesen (Hauptsaison!). Wenn man sich also in etwa an der Grenze befindet, sollte man vielleicht schauen, ob man den Flug entsprechend ein oder zwei Wochen nach vorne oder hinten verschieben kann.

Auch zu Zeiten um **Feiertage**, wie zum Beispiel eine Woche vor und nach Neujahr können teurer sein. Dessen sollte man sich bewusst sein.

5. Buche deinen Flug rechtzeitig

Rechtzeitig heißt nicht unbedingt "so früh wie möglich". Tendenziell sind, wenn man früh bucht, noch mehr **Kapazitäten** frei und Billigflüge noch nicht ausgebucht.

Trotzdem kann man nicht allgemein sagen "Früher = Günstiger".

Am günstigsten sind, statistisch gesehen, Flüge wohl erst etwa **2 Monate vor Abflug**. Dies kann ich eigentlich auch selbst bestätigen. Mein letzter USA-Flug war etwa 2 Monate vorher sogar noch etwas günstiger als zum Buchungszeitpunkt (etwa 4 Monate vorher).

Auch jetzt sind die Flüge nach Mittelamerika relativ günstig (sind jetzt 2,5 Monate vor Reiseantritt).

Viel mehr Zeit sollte man sich dann aber nicht mehr lassen. Irgendwann sind die **Billigflüge** dann eben doch **ausgebucht**. Wer erst 1 Woche vorher bucht, kann zwar immer noch **Schnäppchen** machen, aber die **Wahrscheinlichkeit** ist eben etwas **geringer**. Die Auswahl an verschiedenen Flugzeiten auch.

Faustregel sollte also sein: 2 Monate +- 1 Woche vor Abflug ist optimal. Ansonsten ist man aber auf der sichereren Seite, wenn man die Flüge lieber mehr als 2 Monate vorher bucht, anstatt erst 1 Monat vorher.

Auf **Last-Minute-Angebote** sollte man sich auch nicht unbedingt verlassen. So was kann man eher dann machen, wenn man ganz spontan Urlaub machen will und beim Reiseziel gegebenenfalls flexibel ist.

6. Beobachte deine bevorzugten Flugdaten mindestens 1 Woche lang

Hat man mit etwas rumprobieren ein günstiges Datum für Hin- und Rückflug gefunden bei dem der Preis vernünftig scheint, sollte man die Preise ruhig noch **etwas beobachten**, bevor man bucht.

Ich mache es in der Regel auch so. Meistens gibt es eine Kombination von Daten, die besonders günstig ist (bei meinem Beispiel-Flug ist das zum Beispiel vom 23.08. (Sonntag) bis 23.09. (Mittwoch). Andere Daten wie zum Beispiel vom 21.08.-23.09. sind dagegen nicht so gut).

Wenn ich diese günstigen Daten habe, **beobachte** ich die Preise aber dennoch mindestens 1 Woche lang oder **so lange, bis ich mit dem Preis zufrieden bin**. Fast immer ändern sich die Preise und/oder Flüge im **Laufe der Woche** noch etwas. So kann der Preis am Sonntag zum Beispiel bei 600€ liegen, während es am Donnerstag vielleicht nur 500€ sind. Der **(Wochen)Tag der Buchung** kann also auch noch etwas aus machen.

Klar, kann diese Strategie auch nach hinten losgehen, falls es nur noch einen, wirklich günstigen Flug gibt und dieser dann vielleicht plötzlich ausverkauft ist. Im Normalfall lohnt es sich aber, die Preise eine Weile zu beobachten, bevor man auf buchen klickt.

7. Ziehe in Betracht, auch direkt bei der Fluggesellschaft zu buchen

Dies kann sich insbesondere dann lohnen, wenn man zum Beispiel im Ausland einen **Inlandsflug** bucht, welche oft mit **lokalen, nationalen Airlines** geflogen werden. Hier ist es nicht unbedingt schlecht, die Suche ebenfalls wieder mit Momondo, Skyscanner oder dergleichen durchzuführen. Wenn man einen günstigen Flug findet, kann es sich aber lohnen, auch direkt auf der Seite der Fluggesellschaft vorbei zu schauen, den Flug hier zu finden und diesen (meist direkt in der ausländischen Währung) zu buchen.

In Asien habe ich schon festgestellt, dass man **direkt bei der Fluggesellschaft** etwas weniger bezahlt, als bei einem der Flugvermittler (wie zum Beispiel Opodo oder Expedia).

Eventuell lohnt es auch für Langstreckenflüge, dann aber tendenziell eher bei Direktflügen. Ich denke nicht, dass es lohnenswert ist, sich bei Gabelflügen alle Flüge bei der Fluggesellschaft zusammenzusuchen.

8. Schau bei Schnäppchenjägern vorbei

Urlaubspiraten.de ist mittlerweile wahrscheinlich schon vielen bekannt. Diese suchen täglich sehr günstige Urlaubsangebote heraus. Sowohl Pauschalreisen, als auch **einzelne Flüge**. Die Flüge, die hier gefunden werden, findet man sonst normalerweise nicht so einfach. Allerdings gewinnt auch hier wieder **Flexibilität**, denn wenn man zum Beispiel nach New York für unter 300€ hin und zurück fliegen kann, dann ist es logisch, dass sowohl die Zeiträume, als auch die Auswahl an Abflughäfen sehr begrenzt sind.

Trotzdem ist es eine nette Möglichkeit wirklich extrem günstige Flüge zu finden. Man kann sich in der Regel auch einen **Newsletter** abonnieren, um direkt die Angebote zu erhalten. Denn so günstig diese sind, so schnell sind sie wieder weg. Eine weitere, vergleichbare Seite ist Urlaubsguru.de.

9. Achtung bei den sogenannten "Transaktionsgebühren"

Achtung bei den **Flugvermittlern**: Alle Flugsuchmaschinen spucken in den Ergebnissen normalerweise die Preise sämtlicher Flugvermittler aus (Expedia, Opodo, Ebookers, usw.). Fast jeder dieser Anbieter schlägt **beim Zahlungsvorgang noch Gebühren drauf**, v.a. bei Verwendung von **Kreditkarten**.
Normalerweise sind das zwischen 10-20€. Es gibt aber auch manche, die wirklich unverschämt hohe Gebühren drauf schlagen (meist, damit sie in den Suchergebnissen netto mit dem besten Preis gelistet werden; durch die hohen Zusatzgebühren ist der Endpreis dann aber trotzdem höher, als bei den Konkurrenten).
Am besten ist es, wenn einem als **Zahlungsart** Sofort-Überweisung angeboten wird, da diese in der Regel nicht mit **Zusatzkosten** behaftet ist.

Fazit: Sollten einem die "**Transaktionskosten**" zu hoch erscheinen (über 20€ bei Kreditkarte), dann empfiehlt es sich, lieber nochmal die anderen Suchergebnisse anzuschauen und ggf. einen anderen Anbieter auszuwählen.

10. Sonstige Tipps und Hinweise

Weitere Spartipps:

- **Hin- und Rückflu**g sollte immer **zusammen gebucht** werden, wenn möglich. Zwei Einzelflüge kosten manchmal fast so viel wie ein Multi-Ticket. Lohnt also sehr selten.

- **Gabelflüge**, wie man sie bei Momondo suchen kann, sind manchmal eine **günstigere Alternative**, als ein separat gebuchter Inlandsflug. Hier kann ich ein **Beispiel** von Mittelamerika Flügen bringen. Ich hatte vor, in Panama City zu starten und von San Jose in Costa zurück zu fliegen. Beim Rückflug nach Deutschland fliegt man von San José zunächst sowieso zurück nach Panama, um mit dem Verbindungsflug nach Europa zu fliegen. Hätte ich einen Hin und Rückflug von Panama City gebucht und zusätzlich einen separaten Inlandsflug von San Jose nach Panama City hätte mich das knapp 100€ mehr gekostet, obwohl es eigentlich genau das Gleiche ist.

- Manchmal lohnt es auch, zu **Feiertagen** zu buchen, an denen fast keiner fliegt. Dann sind die Flugzeuge eh recht leer und die Preise unter Umständen niedrig. Solche Tage können der 31.12. oder der 25.12. sein.

Mittlerweile könnte man die ganze **Flugsuche** schon fast als Wissenschaft bezeichnen. Dennoch ist es nicht schwer, mit einigen dieser Tipps einen **günstigen Flug zu finden**, der dir im Zweifelsfall ein **paar Hundert Euro** bei einem Langstreckenflug einspart.
Es gibt schließlich, wie man oft mitbekommt, immer noch genügend Leute, die viel mehr bezahlen, als es eigentlich nötig wäre.

Reisepartner finden? Zu zweit statt alleine - So einfach geht's!

Vielen Menschen bereitet die Vorstellung alleine zu reisen **Unbehagen**. Manch einer möchte vielleicht auch aus **finanziellen Gründen** (Hotels, Mietwagen) nicht alleine reisen. Schließlich ist nicht jeder der Typ für ein günstiges Hostel, welches man noch gut alleine bezahlen kann.

Manchmal gibt es eben Gründe, um eine bestimmte Reise lieber zu zweit oder mehr zu starten, als alleine. Bei meinen Roadtrips in den USA waren das sowohl finanzielle Gründe, als auch die Vorstellung, dass man "on the road" dann eben doch relativ alleine ist und es auf dieser Art des Reisens (Roadtrip) schöner ist, einen oder mehrere Reisepartner zu haben.

In Südostasien, einem der Backpacker-Hauptgebiete, war das dagegen ganz anders.

Wie finde ich einen passenden Reisepartner?

Die meisten Leute haben ihre Reisebegleitung aus dem **Freundeskreis**. Ist ja schließlich auch am naheliegendsten.

Allerdings hat nicht jeder den "Luxus", dass unter den Bekannten ein **passender Reisepartner** dabei ist. Meistens mangelt es bei den Freunden am **Geld**, der **Zeit** oder der **Lust** auf einen abenteuerlichen Trip.

Aber ganz auf den Urlaub verzichten, nur weil niemand Zeit hat? Ganz schlechte Idee.

Zum Glück gibt es das Internet und damit **viele Möglichkeiten**, den Reisepartner auf unkonventionelle Art und Weise kennenzulernen.

Daher stelle ich dir im Folgenden vor, wie ich bereits Reisepartner gefunden habe und auf welchem Wege.

Reisepartner finden mit joinmytrip.de

Joinmytrip.de ist eine der beiden größeren Plattformen zur Reisepartnersuche, **welche in 2019 ein Update** in Funktion und Design erhalten hat.

Das Konzept der Plattform geht nun mehr in Richtung vorgeplanter Trips, denen man sich anschließen kann.
Das bedeutet, als Reiseplaner kann man sich als sogenannter "Trip-Leader" anmelden und ist anschließend für die Reiseplanung zuständig. Insbesondere also für die Route, die Unterkünfte und dem Transport vor Ort.
Gegen Gebühr (meist 100-200€) kann man dann dem Trip beitreten und muss sich nicht mehr groß um das Organisatorische kümmern (man ist dann "Trip-Mate").
Zusammenfassend kann man sich als Trip-Planer ("Trip-Leader") und Organisator also etwas dazu verdienen und als "Trip-Mate" entspannt einer Reise anschließen, ohne sich groß um die Planung zu kümmern.

Die Funktion der regulären Anzeige gibt es aber nach wie vor.
Wenn man für ein Reiseziel eine passende Begleitung sucht, kann man eine Anzeige veröffentlichen mit Reisedauer, Reisezeitraum, dem Ziel und der eigenen Beschreibung, wie man sich die Reise vorstellt.

Diese wiederum findet jeder, der in der **Suche** entsprechend passende Daten eingibt oder einfach in den **Anzeigen stöbert**.

Auf joinmytrip sind hauptsächlich Individualreisende unterwegs und das Publikum ist hier **allgemein eher jünge**r zwischen 16-35. Ich denke der Durchschnitt wird um die 25 Jahre sein.

Die Chance einen Reisepartner hier zu finden, würde ich als **relativ hoch** einschätzen, zumindest wenn nach einem Reisepartner für eher **populäre** Länder/Gebiete, wie USA, Australien oder Südostasien sucht. Ich habe hier auch schon inseriert, meine Reisepartner aber letztendlich auf den nachfolgenden Seiten gefunden. Dies hat aber nicht unbedingt etwas zu sagen. Die **Resonanz** auf Anzeigen ist auf joinmytrip nämlich **relativ hoch**.

Reisepartner finden auf Urlaubspartner.net

Urlaubspartner.net hat, soweit ich weiß, sogar noch mehr Besucher als joinmytrip.de.
Hier gibt es ein reines **Anzeigensystem**, d.h. keine Profile, wie auf joinmytrip.de. Dennoch kann jeder bei seiner eigenen Anzeige relativ viele Angaben machen, sowohl zu sich, als auch den Vorstellungen zum Reisepartner.

Das **Design** der Seite ist ansprechend und schöner als bei joinmytrip.de. Hier findet man sowohl Anzeigen für Pauschalurlaube, als auch für Individualreisen und das Publikum ist vom **Alter her recht gemischt**, so ist zumindest mein Eindruck. Ich habe das auch kurz überprüft. Etwa die Hälfte der Anzeigen ist hier von Leuten von 16-30, die andere Hälfte von allen über 30. Die meisten Inserenten haben auch ein Bild von sich reingestellt, was mir persönlich immer besser gefällt, wenn man gleich sieht, wen man anschreibt.

Wenn man erst einmal nur in den Anzeigen stöbern will, hat man recht viele **Filtermöglichkeiten**, nach Alter, Geschlecht, Reisezeitraum und einiges mehr. Auf Urlaubspartner.net habe ich übrigens einst eine Reisepartnerin für meinen USA Trip 2014 gefunden.

Ich denke auf Urlaubspartner.net hat man gute Chancen jemanden zu finden, v.a. bei kürzeren Zeiträumen (unter 4 Wochen) und beliebten Reisezielen.

Reisepartner finden auf reisepartner-gesucht.de

Reisepartner-gesucht.de ist ein etwas kleineres Portal, als die letzten beiden. Das Design und Anzeigensystem ist nun auch nicht besonders umfangreich. Als Inserent hat man die Möglichkeit ein Bild von sich hinzuzufügen und ein paar Basic-Details (Wohnort, Urlaubs-Schwerpunkte, etc.) anzugeben. Als Suchender kann man in der Suche nicht besonders viel einstellen. Aber zumindest kann man nach Alter, Geschlecht und Wohnort filtern und ein paar andere, eher unwichtige Sucheinstellungen machen.

Obwohl diese Seite optisch und technisch nicht mit den anderen beiden mithalten kann, sollte man diese miteinbeziehen, da hier täglich neue Anzeigen erscheinen.

Außerdem habe ich hier immerhin eine **Reisepartnerin** für einen früheren USA-Roadtrip **gefunden**. Ein Blick hier hinein kann sich also auf jeden Fall lohnen.

Reisepartner finden mittels Facebook

Mit dieser Option habe ich selbst noch keine Erfahrung gemacht, aber durch Facebook tun sich auch sehr viele **neue Möglichkeiten** auf, die ich persönlich in Zukunft nutzen würde, sollte ich doch noch einmal online einen Reisepartner suchen. Mittlerweile gibt es viele Reisepartner-Gruppen, z.B:

- Reisepartner - Urlaubspartner gesucht?
- Reisepartner gesucht!!!
- Reisebegleitung gesucht!

Außerdem gibt es verschiedene Gruppen zu einzelnen Reisezielen, die neben Informationsaustausch auch der Reisepartnersuche dienen, z.B.:

- Thailand Backpacker 2019 / 2020 - WER ist WO und Wann?

- Indonesien Backpacking 2019 (German)

Solche Gruppen sind zurzeit durchaus am Wachsen und wer seine Chancen, einen Reisepartner zu finden, erhöhen möchte, sollte sich innerhalb Facebooks mal umschauen. Um diese zu finden, suche einfach nach den genannten Grupennamen auf Facebook!

Couchsurfing Netzwerk zum Kennenlernen neuer Leute vor Ort

Auch das Netzwerk von **Couchsurfing.com** eignet sich sehr gut, um v.a. spontan und für Reiseabschnitte eine Begleitung zu finden. Ursprünglich dient das Netzwerk ja mehr dazu, bei aufgeschlossenen Menschen auf aller Welt (kostenlos) zu übernachten und Erfahrungen auszutauschen. Allerdings gibt es auch die Möglichkeit, zu verschiedenen Reisezielen Gesuche aufzugeben, etwas zu unternehmen oder ein Stück (oder länger) miteinander zu reisen. Diese Möglichkeit würde ich also vor allem dann nutzen, wenn man alleine los reist und dann vor Ort Lust hat, spontan neue Leute kennenzulernen.

Wie du siehst, mittlerweile gibt es einige gute Möglichkeiten, auch außerhalb des Bekanntenkreises Reisepartner zu finden.

Wenn man auf allen **3 Seiten Anzeigen schaltet, auf Facebook schaut und sich bei Couchsurfing vor Ort umsieht**, stehen die Chancen gut, jemanden zu finden, der einen begleiten möchte.

Die **Beschreibung** sollte natürlich sympathisch sein und ein Bild hochzuladen, empfehle ich immer. Ich schreibe auch lieber auf Anzeigen, wo die Person zu sehen ist.

Ansonsten würde ich in den Anzeigen immer relativ **genau beschreiben**, wie man sich den **Urlaub vorstellt** (eher entspannt oder mehr Action, Party oder doch lieber Ruhe, viel sehen oder langsamer reisen, etc.). Wenn man dann im Optimalfall auch noch im **Reisezeitraum einigermaßen flexibel** ist, findet sich eigentlich immer jemand.
Man sollte die Anzeige dann aber auch möglichst **frühzeitig veröffentlichen** und vielleicht nicht erste eine Woche vor Abflug.

Geld abheben im Ausland und 4 weitere Reise-Finanztipps

Wie kann ich "Geld abheben im Ausland"? Benötige ich viel Bargeld? Wird meine Karte überhaupt akzeptiert und wie viel muss ich beim Bezahlen vor Ort oder dem Abheben von Bargeld drauf zahlen?
Was, wenn etwas schief geht oder mein Portemonnaie geklaut wird? Diese und viele andere Fragen beschäftigen Reisende, wenn sie vor einer (längeren) Reise ins ferne Ausland stehen.

Damit alles glatt geht, sollte man schon ein wenig vorbereitet sein, was die Finanzen im Urlaub bzw. auf Reisen angehen. Es gibt zwar für fast alles einen Ausweg, aber man kann auch viel **unnötiges Geld** in den Sand setzen oder **Probleme** bekommen, die man nicht unbedingt haben müsste.
Mir persönlich ist es bei der ersten Asien-Reise auch schon einmal passiert, dass ich fast mittellos dagestanden war. Das war aber hauptsächlich eigenes Verschulden (1x falsche Karte mitgenommen, 1x Konto nicht richtig aufgeladen, die Ersatz-Kreditkarte hat es dann irgendwie gerettet).

1. Wie gut ist die Bargeldversorgung und wie viel Bargeld soll ich mitnehmen?

Die Bargeldversorgung ist heutzutage in fast keinem Land mehr ein wirkliches Problem. In den meisten Ländern gibt es **Geldautomaten an jeder Ecke**.

Daher ist es eigentlich auch **nicht mehr nötig** eine größere Menge der **ausländischen Währung von zuhause** mitzunehmen.

Das Einzige was ich empfehlen würde, sind um die **100€ in bar** mitzunehmen. Denn falls auf Anhieb doch etwas nicht gleich klappt, hat man wenigstens sofort etwas Geld, welches man **vor Ort umtauschen** kann.

Da die Bargeldversorgung ansonsten aber eigentlich immer funktioniert, wenn man gut ausgerüstet ist, nehme **ich persönlich gar kein Geld in der Landeswährung** mehr mit, sondern hebe direkt am Flughafen nach der Ankunft etwas ab.

Pro Abhebung nehme ich immer ca. 200-300€ in der Landeswährung. Das reicht, um ein paar Tage auszukommen und ist noch nicht zu viel, falls man doch mal bestohlen wird.

In Asien, der USA, Island sowie vermutlich in vielen anderen Ländern auch, werden öfters mal **direkt am Automaten Gebühren** erhoben.
Dies sind Gebühren, die unmittelbar auf den abzuhebenden Betrag aufgeschlagen werden und auf die die **Bank keinen Einfluss** hat (meist ca. 5$).
Glücklicherweise **erstattet** der ein oder andere Kreditkarten-Anbieter diese Gebühren aus **Kulanz** im Nachhinein (**Update**: mittlerweile ist mir nur noch die Santander Bank mit der 1Plus VISA bekannt, die das erstattet)

2. Welche Kreditkarten/Bankkarten eignen sich gut zum Geld abheben im Ausland?

Speziell zum **Geld abheben am Automaten** empfehle ich die kostenlose **1Plus-VISA Kreditkarte der Santander**. Diese hat keinerlei Gebühren beim Bargeld abheben und erstattet die eventuell anfallenden Automatengebühren aus Kulanz im Nachhinein.

Bisher hatte ich damit in verschiedenen Ländern noch **keine Probleme** an **Bargeld** zu gelangen. Auch beliebt bei Reisenden ist die VISA der DKB.

Natürlich gibt es auch andere Bankkarten/EC-Karten und dergleichen mit denen sich teilweise kostenlos Bargeld abheben lässt. Ich hatte zum Beispiel auch noch eine "Sparcard" von der Postbank, mit der ich früher immer Geld abgehoben habe. Nachdem bei dieser allerdings die **Automatengebühren nicht erstattet** werden, mache ich **Bargeldabhebungen** grundsätzlich nur noch mit der **Kreditkarte**.

Ebenfalls aufpassen muss man bei **EC-Karten/Girocards mit dem V-Pay-Symbol**. Diese scheinen in fast keinem Ausland für die Bargeldversorgung zu funktionieren und sind für Reisende daher recht nutzlos im Ausland.

3. Und wie zahle ich am besten vor Ort?

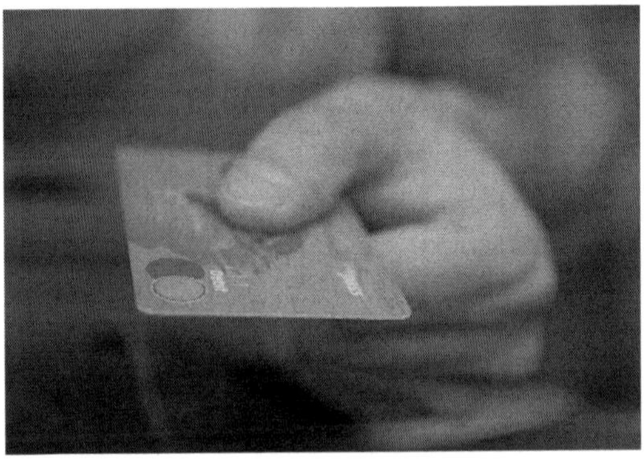

Ob es die Tankstelle ist, das teure Dinner im Restaurant oder das nächste Hotel. Des öfteren muss/will ich auf Reisen auch **bargeldlos in der Landeswährung bezahlen**. Dies macht man in der Regel immer mit der Kreditkarte. Gerade wenn man etwas reservieren will, z.B. ein Hotelzimmer, dann geht das ausschließlich über eine Kreditkarte.
Normalerweise wird bei Kreditkarten immer eine sogenannte **Auslandseinsatzgebühr** berechnet, die meist zwischen **1-2%** vom Kaufpreis beträgt. In meinem ersten Urlaub in den USA hatte ich immer je 1,75% gezahlt, was sich bei verschiedenen Hotels, die ich für alle Mitreisende gebucht hatte und Sonstigem dann immerhin auf etwa 30€ summiert hatte.

Mittlerweile nutze ich deshalb für sämtliche Bezahlungen in der Landeswährung die kostenlose Mastercard Gold der Advanzia Bank.

4. Online Banking/Überweisungen während der Reise?

Wenn man nur 2-3 Wochen Urlaub macht, schafft man es meist auszukommen, ohne sich um seine Bankangelegenheiten zu kümmern.
Bei längeren Reisen muss man aber zwischendurch vielleicht doch mal die Kreditkartenrechnung oder andere "Verpflichtungen" bezahlen. Ich persönlich brauche für mein komplettes **Online Banking** nur meine Zugangsdaten und mein Smartphone (für die **mobilen TANs**).
Ich habe bisher schon oft auf Reisen irgendetwas überwiesen und es hat so auch bisher gut geklappt. Selten kann es vorkommen, dass die mobile TAN, die bei einer Überweisung als **SMS** auf das Handy geschickt wird, zunächst **nicht ankommt**. Dies lag dann jeweils am aktuellen **Mobilfunknetz**, in dem ich verbunden war. Normalerweise kann man mit jedem Handy eine Netzsuche machen und ein anderes Netz auswählen. Dies hatte bei mir geholfen. Ob es in manchen Netzen vielleicht gar nicht funktioniert, kann ich nicht sagen, da es mir so noch nicht passiert ist. Ausschließen kann man es aber nicht.

Wer mit seinem Konto nicht die Möglichkeit für "mobile TANs" hat, benötigt unter Umständen einen **TAN-Generator** (die wenigsten Banken benutzen, soweit ich weiß noch iTAN-Listen in Papierform).

Am besten schaut man vorher mal bei seinem Bankkonto/Online-Zugang nach, welche **Methoden zur TAN-Generierung** die Bank überhaupt anbietet.
Am einfachsten ist wie gesagt die "mobile TAN". Wenn es nur per TAN-Generator geht, kann man sich diesen z.B. **direkt bei der Bank** besorgen.

Am sichersten ist man natürlich, wenn man beide Möglichkeiten zur Verfügung hat.

5. Safety first - Wie deine Finanzen gesichert sind

Damit auch nichts schief geht, du sicher an Bargeld kommst und deine Überweisungen machen kannst, solltest du **ein wenig vorbereitet** sein. Ich habe einmal den Fehler gemacht und nicht gut aufgepasst, ob ich alle richtigen (Kredit)Karten und PINs dabei habe und wäre dann prompt fast nicht mehr an mein Geld gekommen.

Vor der Abreise daher:

- **Bankkarten/Kreditkarten checken**. Sind diese noch gültig? Sind es auch die richtigen? Und: Muss ich eventuell vorher noch Geld auf das Kreditkartenkonto/Bankkonto aufladen?

- **PINs checken** und dafür sorgen, dass du dir diese entweder alle merken kannst (meist wohl nicht) oder diese auf andere Weise sicher aufbewahrst und Zugriff hast.
Ich würde, wenn man zuhause Angehörige/Freunde hat, die in die eigene Wohnung können, alle relevanten PINs irgendwo aufschreiben, sodass dir diese notfalls telefonisch oder anderweitig durchgegeben werden können. Alternativ bzw. zusätzlich würde ich die PINs z.B. auf dem Smartphone verschlüsselt sichern (z.B. Secure Safe Android App). Ich persönlich habe es bisher zwar eher spartanisch gemacht und die PINs als Telefonnummer in meinen Handy-Kontakten gespeichert, sodass es wie eine lange Telefonnummer aussieht ... entsprechende Apps sind aber sicherlich sinnvoller.

- **Kontaktdaten und Notfall-Nummern/Hotlines zur Sperrung** der Karte vorher notieren und mitnehmen.
Als mir einmal der Geldbeutel inklusive Kreditkarten gestohlen wurde, musste ich mir die Nummern, um die Karten sperren zu lassen erst mühsam auf der Homepage der Banken zusammensuchen. Am besten hat man solche Nummern irgendwo notiert und mitgenommen.

Sicherheit vor Ort/Aufbewahrung:

- **Die Kreditkarten und das Geld nicht alles zusammen aufbewahren**.
Grundsätzlich empfehle ich sowieso, **mindestens 2 Kreditkarten dabei zu haben**, mit denen man bezahlen oder Bargeld abheben kann. Damit bei einem Diebstahl des Geldbeutels oder Rucksacks, etc. nicht gleich alle finanziellen Mittel flöten gehen, sollte man das Geld und die Kreditkarten aufteilen.
Also zum Beispiel eine Kreditkarte in den Geldbeutel, den man bei sich trägt und eine Karte in das Gepäck, dass man zum Beispiel gerade im Hotel lässt. Diesen Fehler hatte ich bereits gemacht, alles im Geldbeutel aufzubewahren (außer dem Großteil an Bargeld). Dann waren alle Kreditkarten weg und hätte die Reise nicht sowieso bald geendet, wäre ich irgendwann nicht mehr auf regulärem Wege an Geld gekommen (sondern

nur über Western Union, o.ä.)

- **Hotelsafe nutzen und nur das Nötigste für unterwegs mitnehmen.**
  Zugegeben, leider gibt es nicht in jedem Hotel oder Hostel einen Safe. Manchmal muss man aber auch fragen, da manche Safes nur an der Rezeption vorhanden sind. In Hostels gibt es auch oft Schließfächer, für die man manchmal sein eigenes Schloss mitbringen muss.

- **sicherere Aufbewahrung unterwegs statt Hosentasche**. Naja, ich bin ehrlich gesagt zwar kein Fan von Brustbeuteln, Bauchtaschen und Ähnlichem. Mehr Sicherheit bietet diese Art der Aufbewahrung aber schon, da man sein Hab und Gut meist besser im Auge hat.

- **In Ländern, in denen häufiger Raubüberfälle passieren**, kann es sinnvoll sein, einen extra Geldbeutel anzulegen, mit etwas Bargeld und eventuell bereits ungültigen Bankkarten/Kreditkarten, den man im Falle eines Überfalls dem Täter in die Hand drückt. Diese Art von Vorsichtsmaßnahme musste ich bisher aber noch nicht anwenden.

6. Wenn man doch mal ganz mittellos ist?

Eigentlich sollte dir das, nach Lesen dieses Artikels bis hierher, nicht passieren. Trotzdem kann ja mal alles schief gehen, deine Kreditkarten verlieren, kein Bargeld mehr haben, keine Reisebegleitung.

Für diesen Fall fällt mir als erstes nur der **Service von Western Union** ein - zumindest wenn es einigermaßen schnell gehen soll. Hierzu braucht man natürlich auch entsprechende Verwandte/Bekannte/Freunde, die bereit sind, **Geld zu schicken.** Diese müssten sich dazu entweder online anmelden und das Geld einzahlen oder sich an einen Western-Union Standort in der Nähe wenden. Als Empfänger geht man ebenfalls an einen Western Union Standort/Filiale, die einem das Geld dann in bar auszahlen können.

Alternativ gibt es natürlich auch über die **eigene Bank** Möglichkeiten, sich zum Beispiel eine neue Karte per Expresszustellung ins Ausland liefern zu lassen. Möglicherweise könnte man auch eine Ersatzkarte in einer Filiale im Ausland, also vor Ort erhalten, falls die Bank überhaupt dort vertreten ist.

In diesem Fall wäre Western Union aber wohl sogar noch **günstiger**, als die meist extrem teuren "Spezial-Services" der Bank.

50+ nützliche Ressourcen, die dir das Reisen einfacher machen

Auf Reisen, vor Reisen und nach Reisen greife ich auf eine Menge an verschiedenen **Ressourcen** zurück, die mir bei der Reiseplanung helfen, mich vor Ort nicht im Stich lassen und auch nach dem Urlaub gute Dienste leisten, um die Erlebnisse aufzubereiten.

Von guten **Informationsquellen**, über **Programme** und Apps, bis hin zur **Ausrüstung** und mehr gibt es Einiges, was ich selbst nutze, um Zeit und Geld zu sparen, den Überblick zu behalten und das Reiseerlebnis zu verbessern.

Im Folgenden stelle ich daher **mehr als 50 Ressourcen** vor, unterteilt in verschiedene Kategorien, die ich größtenteils selbst nutze oder für empfehlenswert halte.

- Flüge suchen und finden
- Hotels und Unterkünfte
- Mietwagen und mehr
- Infos zu Reiseländern und Reisezielen vor Ort
- Reisepartner und Leute unterwegs treffen
- Finanzielles
- Digitales und Digitales und Elektronik
- Gesundheit und Gesundheit und Krankenversicherung
- Ausrüstung und Sonstiges

Flüge suchen und finden

- **MOMONDO.de** - Meine meistgenutzte und bevorzugte Flugsuchmaschine. Schön übersichtlich mit Preisdiagramm und der Möglichkeit nach Gabelflügen zu suchen.

- **SKYSCANNER.de** - Meine zweite Wahl, die ich meist parallel zu Momondo nutze. Hier kann man leider (noch) keine Gabelflüge suchen. Allerdings hat Skyscanner einige weitere Features, vor allem für Flexible. Z.B. nach Flugdaten über einen bestimmten Zeitraum suchen oder die landesweite Suche nach dem günstigsten Abflughafen und vieles mehr.

- **KAYAK.de** - Wer auf Nummer sicher gehen will, kann als dritte Alternative auch die Flugsuchmaschine Kayak nutzen, welche bei meinen Versuchen stets gute Ergebnisse ausgespuckt hat. Hier ist, wie bei Momondo, auch die Suche nach Gabelflügen möglich.

- **URLAUBSPIRATEN.de** - In der Flüge Sektion bei Urlaubspiraten lassen sich ab und zu besondere Schnäppchen finden. Gezielt nach Urlaubsziel und Zeitraum zu filtern ist dabei eher schwierig, aber wer einigermaßen flexibel oder ggf. offen für verschiedenste Urlaubsziele ist, kann hier fündig werden

- **URLAUBSGURU.de** - Im Grunde das Selbe wie Urlaubspiraten, nur etwas kleiner und nicht so bekannt, wie die Konkurrenz. Dennoch einen Blick wert.

- **TRIPDOO.de** - Tripdoo scheint noch ein wenig spezialisierter auf "Error fares"(fehlerhafter Preis im System der Airline) zu sein, wie die anderen beiden genannten. Jedenfalls sehen die Schnäppchen auf Tripdoo nicht schlecht aus. Man muss nur eben schnell sein, da gerade Error Fares schnell weg sind.

- **FLIGHTFOX.com**: Portal, um eine gewünschte Flugverbindung gegen Gebühr von Experten finden zu lassen. Kann sich insbesondere bei entfernten Flugzielen lohnen und im Gegensatz zur normalen Flugsuche Geld sparen.

Hotels und Unterkünfte

- **BOOKING.com** - Das Portal mit einer der größten Datenbanken an Hotels weltweit, zu einem guten Preis. Ich benutze booking.com bevorzugt und am häufigsten, da es übersichtlich ist, unkompliziert funktioniert und eine sehr gute Auswahl an Hotels hat.

- **EXPEDIA.de** - Expedia habe ich vor allem in den USA als Alternative zu booking.com genutzt, da es dort eine ganz gute Auswahl gab und in wenigen Fällen das Hotel hier günstiger war. Allerdings ist die Auswahl in manchen Ländern auch sehr eingeschränkt.

- **AGODA.com** - Ist von der Übersichtlichkeit und der Bedienung nicht so gut, wie die anderen beiden Portale. Insbesondere in Asien gibt es auf Agoda aber eine große Auswahl an Hotels und es lohnt sich oftmals ein Blick.

- **HOSTELBOOKERS.de** - Eines der 2 großen Portale, um eine günstige Unterkunft, bzw. ein Hostel weltweit zu finden.

- **HOSTELWORLD.com** - Das zweite Portal für Hostels, welches ich empfehlen kann und eigentlich immer parallel zu Hostelbookers nutze.

- **AIRBNB.de (Link mit 25€-Gutschein: http://bit.ly/airbnb-rabatt)** - Private Gastgeber vermieten ihre Wohnungen oder Häuser. Eine etwas andere, aber meist kostengünstige und interessante Möglichkeit zu übernachten.

- **9FLATS.com** - Im Grunde das gleiche Prinzip wie AirBnB.

- **WIMDU.de** - Eine weitere Plattform wie 9Flats, aber mit ein wenig mehr Auswahl.

- **COUCHSURFING.com** - Eine alternative und sehr interessante Möglichkeit, kostenlos bei Einheimischen zu übernachten. Hier geht es neben dem Schlafplatz aber natürlich vor allem auch um den sozialen Aspekt und der Möglichkeit, das Leben gleichgesinnter "locals" ein wenig kennenzulernen. Mittlerweile über 10 Millionen Profile.

Mietwagen und mehr

- **CHECK24.de:** Der Mietwagenvergleich von Check24 kann sich inzwischen wirklich sehen lassen und löst für mich sogar mittlerweile billiger-mietwagen.de ab.
  Zum Einen, weil die Suchergebnisse mindestens genauso gut sind. Zum Anderen hat Check24 ein sehr schönes Bonussystem, wodurch man eigentlich bei jeder Buchung einen 10€-Gutschein oder mehr einlösen kann und bei fast jeder Buchung wieder einen bekommt, den man z.B. auch für Hotelbuchungen anwenden kann. Bei meiner letzten Buchung hatte ich zusätzlich sogar einen 20€ Shopping Gutschein bekommen, den ich für ein paar Kleinigkeiten wie Micro-SD Karte usw. einlösen konnte, welche somit geschenkt war (Mindestbestellwert war 20€). Daher buche ich eigentlich nur noch über Check24 meinen Mietwagen.

- **BILLIGER-MIETWAGEN.de:** Meine bisher bevorzugte Mietwagensuchmaschine, mit guten Filtermöglichkeiten und einer stets guten Auswahl an Mietwagen für jeden Geschmack. Außer in den USA habe ich billiger-mietwagen.de eigentlich für alle Länder weltweit, in denen ich auf der Suche nach einem Leihwagen bin, genutzt. Mittlerweile nutze ich aber in der Regel Check24 (s. oben).

- **FLIXBUS.de**: Seitdem sich meinFernbus und Flixbus zusammengeschlossen haben, bietet Flixbus eine Reihe von günstigen Busverbindungen, insbesondere innerhalb Deutschlands. In das europäische Ausland gibt es auch schon Verbindungen; das Netz befindet sich teilweise aber noch in der Ausbauphase. Für innerdeutsche Städtetrips oder wenn man z.B. nicht am Heimatflughafen losfliegt, daher sehr gut geeignet, um günstig zu reisen.

- **BUSLINIENSUCHE.de:** Eine gute Seite, um insbesondere bei europäischen Fernbus-Verbindungen das günstigste Angebot zu finden. Leider kann man hier keine Hin/Rückfahrt-Suche machen, daher etwas umständlich. Dennoch hat es mir, im Vergleich zu anderen Seiten, die besten Ergebnisse ausgegeben.

- **GoEuro.de:** Ein Portal, welches sämtliche Transportmittel (Bus, Bahn, Flug, etc.) miteinander vergleicht und versucht, die günstigste Route zu einem Reiseziel zu finden. Sehr praktisch, da man vor allem auch die preisliche Differenz zwischen Flug und Bus sieht. In manchen Fällen ist der Flug beispielsweise nur geringfügig teurer.

Infos zu Reiseländern und Reisezielen vor Ort

- **TRIPADVISOR.de:** Mittlerweile schon sehr bekannt und überall genutzt. Die Seite, bzw. auch Smartphone-App, bietet zu nahezu jedem Reiseziel, Sehenswürdigkeit oder Hotel einen Eintrag mit Erfahrungsberichten, Bewertungen und Infos. Sehr nützlich, wenn man sich z.B. nicht sicher ist, ob man eine bestimmte Sehenswürdigkeit ansehen oder einen bestimmten Ausflug o.ä. machen soll.

- **PRICEOFTRAVEL.com/world-cities-by-price-backpacker-index/:** Mit dem Backpackerindex auf dieser Seite kann man ganz gut einschätzen, wie hoch ein low-Budget-Trip im jeweiligen Land bzw. der jeweiligen Stadt wird. Zürich gilt in dieser Liste übrigens als teuerste Stadt für Backpacker.

- **AUSWÄRTIGES-AMT.de:** Reise-und Sicherheitshinweise des Auswärtigen Amtes von A-Z

- **WIKITRAVEL.org**: Nach dem Wikipedia-Prinzip sind hier sämtliche Informationen zu Reisezielen und Sehenswürdigkeiten vorhanden. Die Datenbank füllt sich stetig und kann von jedem erweitert werden.

- **KRIMINALITÄT(http://www.numbeo.com/crime/rankings_by_country.jsp)**: Kriminalitätsindex nach Ländern

- **REISEZEITEN(http://weltreise-info.de/route/reisezeiten.html)**: Eine Kurzinfo zur besten Reisezeit zum jeweils gewünschten Reiseziel

- **GOOGLE MAPS.de:** Die ganze Welt als digitale Karte. Benutze ich besonders häufig, sowohl zur Routenplanung zuhause, als auch zur Navigation vor Ort. Und für vieles mehr.

Reisepartner und Leute unterwegs treffen

- **JOINMYTRIP.de**: Eine der größten Börsen, um Reisepartner aus Deutschland zu finden. Hier liegt der Fokus darauf, Reisen im Voraus zu planen und dafür die richtige Begleitung zu finden. Die meisten Mitglieder sind zwischen 20 und 30.

- **URLAUBSPARTNER.net**: Dieses Portal dient dem gleichen Zweck wie joinmytrip und hat sogar noch ein wenig mehr Mitglieder. Hier sind alle Altersgruppen vertreten.

- **REISEPARTNER-GESUCHT.de**: Dieses etwas kleiner Portal dient quasi zur Ergänzung.

- **COUCHSURFING.com - Meetings**: Couchsurfing.com ist mittlerweile ein großes Netzwerk. Daher werden insbesondere in größeren Städten regelmäßig Veranstaltungen/Treffen/Partys/Unternehmungen veranstaltet, zu denen sowohl Reisende, als auch "locals" willkommen sind und teilnehmen. Außerdem gibt es zum Beispiel die Möglichkeit, in der Rubrik "Diskussionen" einen Beitrag zur aktuell besuchten Stadt schreiben um z.B. zu fragen, ob sich jemand treffen bzw. etwas unternehmen will oder sogar ein Stück mitreisen möchte. Klappt durchaus.

- **MEETUP.com:** eine international ausgerichtete Seite, um Treffen zu organisieren zu verschiedensten "Themen".

- **FACEBOOK.com**: Auf Facebook gibt es mittlerweile schon relativ viele Gruppen, die das Ziel haben, sich untereinander zu treffen. Neben Reisepartner-Gruppen gibt es auch Gruppen für Reisende, die gerade in einem Reiseziel unterwegs sind und vieles mehr. Einfach mal suchen.

Finanzielles

- **FINANZEN100.de** Um zu wissen, was die Fremdwährung in Euro wert ist und wie sich der Kurs entwickelt, nutze ich den Währungsrechner von Finanzen100. Passend zur Website gibt es auch eine praktische Smartphone-App

- **Santander 1Plus Kreditkarte (VISA):** Die mittlerweile beste Kreditkarte zum Verreisen weltweit (kostenlos Geld abheben im weltweiten Ausland, keine Fremdwährungsgebühren, Tankrabatt, usw. (Link: http://bit.ly/santander-karte)

- **PAYVIP Kreditkarte (Mastercard):** Neben der Santander die beste Kreditkarte zur Nutzung im Ausland mit Fremdwährung (keine Auslandseinsatzgebühr). Außerdem gibt's ein paar weitere nette Features (Link: http://bit.ly/advanzia-karte)

- **WESTERNUNION.com**: Wenn im Ausland doch mal alles schief geht und man mit eigenen Mitteln an kein Geld mehr kommt.

Digitales und Elektronik

- **DROPBOX.com**: Bekannter und zuverlässiger Cloud Service um alle Dateien zu sichern und überall darauf zugreifen zu können. Ich nutze dies, um unterwegs Fotos als Backup hochzuladen oder vor der Reise wichtige Dokumente dort zu lagern, auf die ich dann vor Ort zugreifen kann. Kostenlos sind generell 2 GB Speicherplatz verfügbar.
  Alternativ kann man z.B. auch Google Drive nutzen.

- **SKYPE.com**: Zum kostenlosen kommunizieren (Audio oder Video) in die Heimat

- **GOOGLE MAPS - App:** Nutze ich oft, um zu sehen, wo ich bin, bzw. zum Navigieren. Im Voraus kann man sich die Karten aus einem gewünschten Gebiet auch als "Offline-Karte" aufs Smartphone laden, sodass man vor Ort auch ohne mobile Datenverbindung zurecht kommt.

- **WAZE (App)**: Alternative zu Google Maps

- **MAPS.ME:** Offline-Karten inkl. Offline Navigation für Mobilgeräte

- **GOOGLE TRANSLATE - App:** Schöne Übersetzungs-App direkt von Google. Bestimmte Sprachpakete kann man auch zur Offline-Nutzung herunterladen.
- Außerdem gibt es zu fast allen der hier vorgestellten Seiten eine zugehörige App, die ich jeweils häufig nutze (z.B. die App zu Hostelbookers, Tripadvisor, Couchsurfing, usw.

- **EVERNOTE.com**: Für Notizen oder z.B. für Reisepläne. Umfangreiche App (bzw. Website)

- **PHOTOSHOP**: Die umfangreichste Bildbearbeitungssoftware. Die meisten Anwender benötigen eigentlich nicht den vollen Umfang. Es gibt daher auch die "Elements"-Version. Studenten/Schüler erhalten Rabatte. Ich benutze ausschließlich Photoshop um meine Urlaubsbilder im Nachhinein zu bearbeiten.

- **SIMLYSTORE.com:** Prepaid Sim-Karten fürs Ausland bereits im Voraus bestellen und nach Hause liefern lassen. Inklusive Aktivierungsservice und andere Dienste für eine komfortable Möglichkeit, mobiles Internet/Freiminuten im Ausland zu nutzen.

- **ADAPTARIO.com**: Web-App um schnell und übersichtlich zu sehen, welche Steckdosen im gewünschten Reiseland verwendet werden und ob bzw. welchen Adapter man benötigt.

Gesundheit und Krankenversicherung

- **HANSEMERKUR.de**: Meine Wahl für Langzeit-Auslandskrankenversicherungen (außer USA). Guter Schutz und die mitunter günstigsten Konditionen.

- **ADAC.de**: Eine gute Wahl als Auslandskrankenversicherung für einen längeren Aufenthalt in den USA

- **DEBEKA.de**: Meine Wahl als Auslandskrankenversicherung für einen Auslandsaufenthalt bis 10 Wochen.

- **AUSWÄRTIGES AMT zu Gesundheit**: Hier gibt es umfangreiche Informationen zur Gesundheit, Vorsorge und Sicherheit im Ausland

- **IMPFUNGEN**: Das "Centrum für Reisemedizin" (http://bit.ly/impfungen-crm) bietet einen schönen Überblick über Länder von A-Z und deren Impfvorschriften, bzw. den empfohlenen Impfungen in den jeweiligen Ländern.

Ausrüstung und Sonstiges

- **KOFFERFUCHS.de**: Wer einen neuen Koffer für seine nächste Reise benötigt, findet auf Kofferfuchs.de einen sehr ausführlichen und übersichtlichen **Reisekoffer Test**. Egal ob klein oder groß, Hartschalenkoffer oder Business Trolley. Hier wird jeder Koffer-Bedarf gedeckt.

- **GROUPON.com**: Für schöne Schnäppchen, sowohl in Deutschland, als auch in aller Welt, bieten Anbieter auf Groupon sogenannte "Coupons" für ihre Dienstleistungen, Restaurants, Aktivitäten, etc. Zum Beispiel gibt es häufig 50% Rabatt auf einen Restaurantbesuch. Ich persönlich habe zum Beispiel schon viel Geld gespart bei Helikopterflügen in New York, Club Crawls in Las Vegas oder Restaurantbesuchen in aller Welt. Lohnt sich hier immer, mal reinzuschauen.

- **LIVINGSOCIAL.com**: Selbes Prinzip wie Groupon, allerdings auf die USA beschränkt. Auch hier habe ich allerdings schon gut sparen können.

Das waren nun einige Ressourcen, von denen ich einen Großteil selbst nutze und die für viele Reisende bestimmt hilfreich sind.

Kurzes Schlusswort und persönliche Bitte

Ich hoffe dieser Reiseführer hat dir bei deiner Reiseplanung geholfen, inspiriert und motiviert, deine Reise in die USA zu starten.
Daher wünsche ich dir nun viel Spaß bei der weiteren Planung und auf deiner Reise durch dieses wunderschöne Land!

Eine kleine Bitte an Dich:

Der Erfolg dieses und anderer Reiseführer auf Amazon hängt zu einem großen Teil von den **Rezensionen** ab. Leider sind wir Deutschen was das angeht, ja meistens etwas verhalten (mich eingeschlossen) und es wird auch bei Zufriedenheit nur sehr selten bewertet.
Daher würde ich dich bitten, dir die lediglich 2-3 Minuten Zeit zu nehmen und deine Meinung kurz auf Amazon abzugeben.
Ob Lob oder Kritik, beides hilft mir und den Kunden.

Das Buch rezensieren – So geht's:

- Gehe auf Amazon.de und logge dich (wenn nötig) ein
- Klicke auf „Bestellungen" (rechts oben am PC) bzw. „Meine Bestellungen (im Menü in der Handy-App)
- Scrolle zu der Buch Bestellung und klicke auf „Schreiben Sie eine Produktrezension"
- Nun einfach den Titel und (kurzen) Text schreiben, die Sterne-Bewertung geben und „Absenden"
- Fertig!

Ganz einfach und schnell, aber enorm wichtig für den Reiseführer und andere Kunden.

Link zum PDF-Download des Reiseführers:

http://bitly.com/usa-westen-pdf

Impressum

Robin Runck
Geißäckerstraße 46
90768 Fürth

Tag der 1. Veröffentlichung: 16.05.2019

Druck:
Amazon Media EU S.à r.l., 5 Rue Plaetis, L-2338, Luxembourg

Printed in Poland
by Amazon Fulfillment
Poland Sp. z o.o., Wrocław

14481919R10170